Buda

Série Biografias **L&PM** POCKET:

Albert Einstein – Laurent Seksik
Andy Warhol – Mériam Korichi
Átila – Éric Deschodt / Prêmio "Coup de coeur en poche" 2006 (França)
Balzac – François Taillandier
Baudelaire – Jean-Baptiste Baronian
Beethoven – Bernard Fauconnier
Billie Holiday – Sylvia Fol
Buda – Sophie Royer
Cézanne – Bernard Fauconnier / Prêmio de biografia da cidade de Hossegor 2007 (França)
Freud – René Major e Chantal Talagrand
Gandhi – Christine Jordis / Prêmio do livro de história da cidade de Courbevoie 2008 (França)
Jesus – Christiane Rancé
Júlio César – Joël Schmidt
Kafka – Gérard-Georges Lemaire
Kerouac – Yves Buin
Leonardo da Vinci – Sophie Chauveau
Luís XVI – Bernard Vincent
Marilyn Monroe – Anne Plantagenet
Michelangelo – Nadine Sautel
Modigliani – Christian Parisot
Oscar Wilde – Daniel Salvatore Schiffer
Picasso – Gilles Plazy
Rimbaud – Jean-Baptiste Baronian
Shakespeare – Claude Mourthé
Van Gogh – David Haziot / Prêmio da Academia Francesa 2008
Virginia Woolf – Alexandra Lemasson

Sophie Royer

Buda

Tradução de Ana Ban

www.lpm.com.br

L&PM POCKET

Coleção **L&PM** POCKET, vol. 1051
Série Biografias/26

Texto de acordo com a nova ortografia.
Título original: *Bouddha*

Primeira edição na Coleção **L&PM** POCKET: junho de 2012
Esta reimpressão: 2024

Tradução: Ana Ban
Capa e projeto gráfico: Editora Gallimard
Ilustrações da capa: em cima, imagem de Buda em um templo perto de Varanasi, na Índia. Foto de Alvaro Puig © Shutterstock; embaixo, Thangka – Bendao © Shutterstock
Preparação: Jó Saldanha
Revisão: Marianne Scholze

CIP-Brasil. Catalogação na Fonte
Sindicato Nacional dos Editores de Livros, RJ

R937b

Royer, Sophie
    Buda / Sophie Royer; tradução de Ana Ban. – Porto Alegre, RS: L&PM, 2024.
    272p. : il.   (Coleção L&PM POCKET; v. 1051)

    Tradução de: *Bouddha*
    Apêndice
    Inclui bibliografia
    ISBN 978-85-254-2677-2

  1. Buda. 2. Budistas - Biografia. 3. Budismo. 4. Biografias religiosas - Índia.
I. Título.

12-3153.   CDD: 294.363
                                CDU: 24-1

© Éditions Gallimard 2009

Todos os direitos desta edição reservados a L&PM Editores
Rua Comendador Coruja, 314, loja 9 – Floresta – 90220-180
Porto Alegre – RS – Brasil / Fone: 51.3225.5777

Pedidos & Depto. comercial: vendas@lpm.com.br
Fale conosco: info@lpm.com.br
www.lpm.com.br

Verão de 2024

Para minha mãe.

Na verdade, que mais aprendi com os mestres que escutei, com os filósofos que li, com as sociedades que visitei e com esta própria ciência da qual o Ocidente se orgulha senão fragmentos de lições que, unidos uns aos outros, reconstituem a meditação do Sábio ao pé da árvore?

CLAUDE LÉVI-STRAUSS,
Tristes Trópicos

Sumário

Nota sobre a grafia e os textos canônicos / 9
Prólogo / 10
Nascimento / 14
Lumbini, 1896 / 19
Criação / 32
Na fronteira / 40
Partida / 48
Índia, por volta de 1800 a.C. / 56
Busca / 66
Vale do Ganges, por volta de 500 a.C. / 76
Iluminação / 86
A lenda ilustrada / 94
Sermão / 106
Europa, século XIX / 113
Conversões / 123
De Sarnath a Varanasi / 130
Milagres / 140
Autópsia literária / 148
Recrutamento / 160
Nagpur, 1956 / 172
Missão / 182
Ajanta, 1819 / 190
Rivalidades / 206
Semelhanças perturbadoras / 213
Extinção / 225
Kushinagar, 637 / 235
Epílogo / 249

ANEXOS
Cronologia / 254
Referências / 257
Notas / 261
Sobre a autora / 271

O vale do Ganges na época de Buda

Nota sobre a grafia e os textos canônicos

No âmbito da literatura canônica budista, os nomes e os termos têm várias transcrições diferentes e/ou um grande número de variações. A autora deu preferência à versão do sânscrito, que é mais conhecida dos leitores ocidentais. Da mesma maneira, para facilitar a leitura, as citações de textos canônicos foram ligeiramente modificadas em algumas ocasiões.

Prólogo

A intenção de retratar a vida de Buda de maneira realista pode ser considerada um desatino pelos budistas, porque, na verdade, a única coisa que importa é o ensinamento "Daquele que Alcançou a Iluminação". Mas reconstituir a vida de Buda também é um desafio para os pesquisadores científicos, já que os materiais históricos e arqueológicos disponíveis são escassos ou estão sujeitos a controvérsias. Frente a esta constatação dupla, uma questão se coloca desde o início: qualquer biografia de Buda seria equivalente a uma tentativa em vão. Em comparação com o interesse que existe hoje pelo budismo – que se classifica em quarto lugar na lista das grandes crenças mundiais –, aquilo que sabemos efetivamente a respeito da vida de seu fundador histórico, nascido na Índia há cerca de 2,5 mil anos, parece bem pouco consistente: é possível praticamente resumir em uma frase o conjunto das informações estritamente históricas que temos disponíveis a respeito de sua existência.

De fato, as fontes que permitem estabelecer uma biografia detalhada de Buda encontram-se, em sua quase totalidade, nas escrituras canônicas do budismo. Esses textos formam um *corpus* de amplitude considerável, que foi escrito e traduzido em diversas línguas por várias gerações de monges à medida que o budismo foi se expandindo pela Ásia.

Transmitido no âmbito da escola Theravada, ou o "Caminho dos Antigos", o cânone redigido na língua páli foi conservado na íntegra pelos monges do Sri Lanka e do Sudeste Asiático. O cânone páli é notável, tanto pela diversidade de seu conteúdo quanto por sua idade: o *Tipitaka*, a "Coroa Tripla", é um texto que supostamente contém as palavras pronunciadas pelo Iluminado em pessoa, tal como foram tomadas por seus primeiros discípulos e registradas por escrito por volta do século I a.C.

O cânone redigido em sânscrito é, por sua vez, originário da tradição Mahayana, ou o "Grande Veículo", escola de budismo que pertence ao início da era cristã. Ainda que incompleto, ele é igualmente rico em ensinamentos a respeito do personagem de Buda, especialmente no *Mahavastu*, o "Grande relato", e mais ainda por todo o *Lalitavistara*, o "Desenvolvimento dos jogos", muito popular. Infelizmente, quase todos os textos se perderam em suas versões originais, às quais só temos acesso por meio de traduções tendenciosas em chinês e tibetano, estabelecidas quase dez séculos depois da morte de Buda.

À margem das escrituras canônicas, citaremos o *Budacharita*, ou "A vida de Buda". Essa epopeia, de estilo hagiográfico, foi redigida em sânscrito pelo famoso poeta Ashvaghosha, no século II.

Esse corpus imenso foi redigido pelos próprios budistas, com o objetivo primordial de fornecer um testemunho da sua fé e glorificar a lembrança de seu mestre, e não de restituir os fatos. Fontes inesgotáveis de inspiração para pintores e escultores, esses materiais tradicionais ainda assim apresentam, aqui e ali, informações preciosas sobre a vida de Buda para os biógrafos. Mas, submetidas a um exame atento, elas em sua maior parte se revelam insatisfatórias. Apesar de vários episódios convergirem, as variações são muito numerosas – até demais. Além disso, a lenda e a poesia andam sempre lado a lado com aquilo que é sobrenatural e simbólico. O anacronismo é recorrente. Quanto mais se avança na leitura desses textos, mais a análise racional vacila, o bom-senso se rebela e a esperança de conseguir realmente estabelecer fatos diminui.

Talvez o trabalho dos arqueólogos e dos epigrafistas pudesse servir para dar autenticidade a alguns vestígios do personagem histórico. Infelizmente, eles estão longe de serem capazes de responder a todas as perguntas – e muitas delas são objeto de polêmica. É necessário se entregar às evidências. Não existe acontecimento algum na vida de Buda, do modo como é narrada pela tradição budista, que possa ser tomado como fato concreto; o mais frequente é descobrir que as lendas constituem por si sós a única certeza. Em resumo, a vida do Buda histórico é uma verdadeira existência lendária.

Nesse ínterim, como o indianista Hermann Oldenberg já ressaltava no final do século XIX, há mais uma questão fundamental a ser levada em conta: "Não existe nenhuma biografia de Buda que tenha sido conservada desde uma época muito antiga, a época dos textos sagrados em páli, e podemos dizer com toda a segurança que ela jamais existiu[1]*".

A própria ideia de um relato preocupado com o realismo histórico é, de fato, totalmente alheia a esse tempo e, mais ainda, a essa cultura. Ancorar a vida de um indivíduo em um momento determinado, em uma situação concreta, jamais ocorreria a um contemporâneo de Buda ou a um de seus sucessores. Diferentemente dos gregos ou dos chineses, os indianos não se interessavam pelo tempo em que viviam, nem pelos acontecimentos que o marcavam. Apaixonados por mitologia, filosofia, gramática ou ciência, os indianos letrados deixaram imensos tratados cheios de sabedoria, mas nenhum verdadeiro arquivo ou cronologia que possa esclarecer com precisão aos historiadores detalhes a respeito de batalhas, dinastias ou os grandes nomes da época. A Índia não deixou sua história por escrito. A ignorância da história, ou pelo menos um desinteresse manifesto em relação a ela, chega a ser um dos traços fundamentais e paradoxais da abordagem primária da civilização indiana. Portanto, é revelador constatar que somente a partir da identificação do *Snadrokottos* dos historiadores de Alexandre com a *Candragupta Maurya* das tradições indianas, estabelecida ao fim do século XVIII pelo estudioso britânico sir William Jones, foi possível instituir uma data precisa no meio da névoa da antiguidade do subconsciente que pudesse servir de referência cronológica.

Assim, já que a biografia, por sua vez, é um exercício de caráter eminentemente ocidental – apesar de não ser

---

* As notas bibliográficas estão agrupadas no final do volume, à página 261.

exclusivo dessa sociedade –, como então conciliar as duas abordagens para ser capaz de apreender um pouco que seja do Buda histórico?

Para seguir os passos do Iluminado, sem dúvida, a única alternativa é tentar abrir mão do olhar ocidental e utilizar o ponto de vista de seus adeptos; ir e vir sem cessar entre a fronteira problemática que separa a lenda da história; tanto caminhar ao lado dos discípulos do mestre espiritual – de ontem e de hoje – quanto seguir os arqueólogos, filólogos, historiadores e pensadores dos tempos modernos que tentaram esclarecer sua existência; aproximar-se de Buda pelos olhos de uns e também por meio do olhar dos outros e vice-versa; oscilar constantemente entre as duas abordagens de mundo, crente e leiga, tradicional e moderna, ou, ainda, indiana e ocidental – que parecem tão diferentes em essência.

Para ir ao encontro do Buda histórico, às vezes é necessário tomar caminhos enviesados. Deixar-se perder um pouco. Porque essas trilhas jamais formarão um caminho único, firme e demarcado. A ausência de certeza dá a cada pessoa o direito de reconstruir sua própria representação de Buda. Nas entrelinhas.

Nascimento

Em um dia sufocante de *vaisakha*, fim de abril ou talvez início de maio, um palanquim avançava lentamente por uma estrada de terra batida. Envolvido por uma nuvem de poeira, o cortejo parecia deslocado na vasta planície que se perde nos contrafortes do Himalaia. As montanhas coroadas de neves eternas parecem bem longínquas avistadas dali – longe demais, em todo caso, para esmagar a planície de sua altitude soberana. Ao olhar na direção do céu aberto ao norte, era possível distinguir contornos turvos e azulados no horizonte. Apesar do calor de primavera já escaldante, a imensidão do céu e a vegetação abundante eram uma espécie de convite para imaginar que tudo é possível.

A liteira, ricamente ornamentada, está rodeada por uma escolta numerosa de serventes e soldados. Como é contumaz, o *Lalitavistara* pinta um quadro especialmente grandioso da cena, onde se encontram "84 mil carros com cavalos atrelados", "84 mil carros carregados por elefantes, ornamentados com enfeites de todo tipo" e "um exército de 84 mil soldados com coragem heroica, belos e de boa constituição, bem armados com escudos e couraças[1]". Outros relatos, por sua vez, dão preferência à visão encantada do cortejo suntuoso, com uma carroça pesada puxada por bois. Então... seria uma charrete modesta, um palanquim ornamentado ou um carro de bois fulgurante? Não faz muita diferença. Para o narrador, trata-se, em primeiro lugar, de cativar o público.

A rainha Maya está instalada com todo o conforto em cima de almofadas, protegida dos raios do sol. Seus cabelos têm "a cor da abelha negra", mas também se diz que "seu rosto é claro como o diamante[2]". Ela tem quarenta anos, idade já muito avançada para dar à luz pela primeira vez... e a rainha está grávida de "dez meses lunares[3]". Como dita o costume, ela se dirige à casa dos pais para o parto, em Devadaha, no local onde ela mesma veio ao mundo.

Maya não está preocupada, a sua irmã mais nova e todas as que vieram antes estão lá para cuidar dela e a cidade de sua infância fica a apenas cinco *yojana* de Kapilavastu, onde mora desde que se casou com o rei Sudodana. Além disso, a estrada que leva a Devadaha é bem cuidada, alguns dizem até que foi pavimentada especialmente para esta ocasião... Se isso é verdade ou não, o fato é que os trajetos menos frequentados são caóticos e perigosos. Há tantas histórias circulando a respeito de embates aterrorizantes que às vezes é necessário levar um elefante, um tigre ou até um rinoceronte para se proteger. Apesar de fértil, a região ainda é muito selvagem, tirando algumas pequenas áreas habitadas e cultivadas. A paisagem é dominada por florestas densas com espécies variadas, onde a árvore *sal* se impõe – trata-se de uma árvore gigante que se ergue a até trinta metros de altura. Das profundezas úmidas e sombreadas, de vez em quando se ouve o grito conhecido do pavão. Uma imensidão de pássaros corta o ar, periquitos ou martins-pescadores. Por todos os lados há riachos, pântanos e rios cheios de tartarugas, botos e gaviais.

Algumas horas depois de ter partido de Kapilavastu, o comboio chega aos limites do jardim aprazível de Lumbini, onde Maya tem o costume de fazer passeios. Agora que o sol já anunciou seu declínio, a rainha ordena ao cortejo que pare, porque ela quer esticar um pouco as pernas. Roseiras, bambus, mangueiras e tamarineiros, figueiras-dos-pagodes com folhas que parecem corações e figueiras-de-bengala com raízes exuberantes, além de jasmins em flor, fazem de Lumbini uma parada deliciosa, protegida dos perigos que rondam os arredores selvagens. Diz-se até que é possível se refrescar com toda a tranquilidade em um laguinho de águas claras e límpidas. Depois de um banho relaxante, Maya passeia de arvoredo em arvoredo, passa de uma árvore a outra, avançando cada vez mais para dentro do bosque sombreado, "regado com água perfumada[4]", que supostamente se enche com o canto melodioso do *bulbul*.

A lua cheia já toma conta do céu, e ela se aproxima de uma árvore *sal* magnífica – mas também pode ser um *ashoka* majestoso, cujas flores alaranjadas, agrupadas em cachos redondos, são tão fragrantes nessa estação. Sempre exímio em maravilhar sua audiência, o *Lalitavistara* deu preferência, é claro, à "mais preciosa entre as grandes árvores preciosas", uma figueira *plakcha*, "toda coberta de flores dos deuses e dos homens, que exalam perfumes dos mais suaves, com galhos nos quais estão suspensas roupas de várias cores, que reluzem com o brilho variado de diversas pedras preciosas, totalmente ornamentada com todo tipo de joia, das raízes à copa, e também nos galhos e nas folhas, com ramos bem proporcionais e estendidos, enterrada em um local que é como a palma da mão, coberto por um tapete de grama verde como o pescoço de um pavão[5]".

Seja *sal*, *ashoka* ou *plakcha*, as lendas se unem para dizer que Maya pegou um galho da árvore com a mão esquerda. Ela ficou imóvel, gritou olhando para o céu que se estendia a sua frente e quase de imediato, em pé, deu à luz. Com mais precisão, a criança saiu de repente de seu flanco direito, "sem feri-la[6]" em absoluto. Quando os deuses apareceram para acolher o recém-nascido em seus braços, sessenta mil *apsaras* formaram uma fileira de honra. Derramando-se da noite estrelada, dois generosos jatos de água, um quente e um frio, purificaram a mãe e a criança.

Esse nascimento extraordinário não tem, no fundo, nada de realmente surpreendente. A concepção da criança também foi milagrosa, por ter sido imaculada. Por ter feito voto de castidade com seu marido, o rei, Maya foi fecundada em uma noite de lua cheia quando viu em sonho um enorme elefante branco "dotado de seis defesas" penetrá-la pelo lado direito. Durante a gestação, absolutamente maravilhosa[7], a criança ficou protegida no seio de uma carapaça de pedras preciosas no ventre de Maya, onde apenas uma gota de elixir foi suficiente para alimentá-la.

Mal tinha nascido, o bodisatva, também chamado de o "Ser prometido à Iluminação", já tinha pleno controle de suas faculdades. Ele se colocou em pé. Sob seus pés, uma imensa flor de lótus surgiu da terra; por cima de sua cabeça, um guarda-sol branco e dois lindos mosquiteiros o acompanhavam como se ele fosse um soberano importante. A criança era dotada do "olho divino que nada pode deter". Graças a ele, a criança enxergou, instantaneamente, "tudo em sua totalidade, a reunião dos três mil grandes sistemas de mil mundos, com suas cidades, seus vilarejos, suas províncias, suas capitais e seus reinos, assim como os deuses e os homens", tudo como se conhecesse "perfeitamente o pensamento e a conduta de todos os seres[8]". O bodisatva deu então seus primeiros passos, sete para ser mais exato, e sob cada um deles apareceu espontaneamente uma flor de lótus. Depois ele olhou, sucessivamente, em cada uma das seis direções do universo – ou melhor, para os quatro pontos cardeais e também para a região "inferior" e a "superior"[9]. Em seguida, ele apontou com o indicador para o céu e pronunciou suas primeiras palavras. Esta é a cena, a mais memorável de todas, do "Rugido do leão":

> Eu sou o maior deste mundo, eu sou o melhor deste mundo, eu sou o mais avançado deste mundo, este é o meu último nascimento; agora não haverá mais reencarnações em vidas futuras.[10]

A partir de então, os relatos, que são mais ou menos semelhantes em relação ao teor desta declaração, competem entre si para ver qual consegue ser mais criativo para descrever a infinidade de prodígios que se sucede. Em uma atmosfera serena e repentinamente luminosa, a terra treme de "seis maneiras[11]", ao mesmo tempo em que um vento suave como seda se ergue. "Os instrumentos de música dos deuses e dos homens, sem serem tocados[12]", fazem com que uma sinfonia celestial se faça ouvir. Pós perfumados, guirlandas de flores, pérolas e ornamentos preciosos caem do céu como se fossem uma chuva fina e benevolente. Os homens de repente se livram de todas as suas aflições: paixão e ódio, ignorância e orgulho, tristeza e desânimo, medo e inveja desaparecem dos corações.

Os sofrimentos dos seres doentes se acalmaram. Os seres acometidos pela fome e pela sede foram apaziguados. As pessoas inebriadas e prejudicadas pelos licores deixaram de ficar embriagadas. A memória foi reencontrada pelos insensatos, a visão, obtida pelos cegos, a audição, obtida pelos seres privados da audição. Aqueles cujos membros ou parte dos membros e dos sentidos fossem imperfeitos ganharam órgãos sem imperfeições. Riquezas foram obtidas pelos pobres; os prisioneiros foram soltos de suas amarras [...]. A miséria dos seres reduzidos à condição de animais que se devoram uns aos outros assim como todos os outros males foram apaziguados.[13]

No mesmo instante, vários seres privilegiados que teriam a sorte de cruzar o caminho do bodisatva no futuro ganharam vida: sua esposa, seu cocheiro e seu cavalo, assim como diversos grandes soberanos.

Durante sete dias, o universo todo celebrou o acontecimento. "Uma luz com o brilho de cem mil cores" iluminou "a reunião dos três mil grandes sistemas de mil mundos", tudo que é vivo se encheu de alegria, as árvores de todas as estações se cobriram de flores e de frutas, os homens "sentiram seus poros se arrepiarem de prazer![14]". A comoção foi total, claro, mas ninguém devia se surpreender: "Quando um bodisatva que está em sua última existência nasce, e quando ele se reveste da qualidade perfeita e completa, então essas manifestações de seu poder sobrenatural se dão", como avisa o *Lalitavistara*.

Depois dessa chegada extraordinária ao mundo, já não adiantava mais para Maya seguir viagem até a morada de seus pais em Devadaha. As lendas são unânimes. A rainha e seu filho deixaram o jardim de Lumbini e o cortejo tomou o caminho de volta para a cidade de Kapilavastu.

Lumbini, 1896

Apesar de a descoberta de Lumbini não ratificar a lenda, a ela não faltam zonas de sombras e de encenações...

Primeiro de dezembro de 1896. Era um dia fresco e ensolarado. Alois Führer atravessa a selva nepalesa a pé, acompanhado de vários carregadores. Ele consulta seu relógio de bolso: é um homem apressado e preciso, que não tem tempo para parar e meditar perante a beleza de uma paisagem. Dali a uma hora no máximo, se seus cálculos estiverem certos, ele chegará ao acampamento de base. O arqueólogo alemão está ansioso para chegar a seu destino e começar as escavações. Ambicioso, ele quer ser o primeiro a desvendar o grande enigma do nascimento de Buda: onde será que se esconde Lumbini, no seio desta região imensa, chamada de Terai, que se estende de um lado ao outro da fronteira que separa a Índia britânica e o reino do Nepal? Será que esse jardim maravilhoso, situado em algum ponto ao norte da bacia do médio Ganges, realmente existiu? Se ele conseguisse encontrar seus vestígios, a descoberta teria tanta repercussão!

De fato, os conhecimentos que os ocidentais tinham no final do século XIX sobre a vida de Buda, e mais amplamente sobre o budismo, eram bastante confusos. Apesar de progressos imensos, lacunas importantes persistiam. O estudo do budismo, nascido de modo tardio no final do século, no rastro da indologia, continua sendo uma disciplina bastante jovem: a própria palavra "budismo" nem existia um século antes no Ocidente.

Foi Clemente de Alexandria o primeiro entre os antigos a mencionar "um tal Buta[1]". A partir da Idade Média, os missionários enviados ao Oriente em busca do reino do Preste João, como dizia Guilherme de Rubrouck, começaram a coletar informações sobre Buda e sua religião; mas esse saber ficou confinado às profundezas de suas bibliotecas eruditas:

o estudo notável realizado pelo jesuíta Hipólito Desideri, no início do século XVIII, sobre o budismo no Tibete, só foi descoberto no século XX – em outras palavras, tarde demais para ser útil. O veneziano Marco Polo trouxe de sua viagem ao Ceilão um relato bastante completo sobre a vida do sábio, mas, ainda assim, seria necessário ter conseguido identificá-lo sob o nome de "Sargamonyn Borcam[2]"...

Em meados do século XVIII, apesar de indícios encontrados aqui e ali, Buda continuava sendo uma figura obscura para os europeus e mal se fazia notar por meio de algumas obras raras. Na época, as teses mais malucas eram apresentadas com frequência. A *Enciclopédia* de Diderot e de Alembert afirmava a respeito de "Budda ou Xekia" que "este chefe de seita era africano, que foi educado em filosofia e nos mistérios dos egípcios; que a guerra que assolou o Egito o forçou a sair de lá, e ele se refugiou com seus companheiros junto aos indianos; que ele se tomou por um outro Hermes e por um novo legislador, que ele ensinou ao povo não apenas a doutrina hieroglífica dos egípcios, mas também sua doutrina misteriosa[3]".

No início do século XIX, as teorias imprudentes ainda eram as mais disseminadas. A dos dois Budas era uma das mais em voga, defendida particularmente pelo (autoproclamado?) barão de Ekstein, um personagem curioso apelidado de "barão Buda[4]". Segundo os partidários dessa tese, o Primeiro Buda teria vivido no século XVIII a.C., e o Segundo Buda, no século VI. Outras pessoas o assimilavam ao deus nórdico Odin, que teria mudado de nome. Em 1833, também era possível ler no *Dictionnaire de la conversation et de la lecture* um artigo sobre "Boudha", "que não deve ser confundido com Bouddha": este era apresentado como "o gênio do planeta Mercúrio". A conclusão que podemos tirar de tudo isso é que, em relação ao tema de Buda, os ocidentais imaginaram tudo e mais um pouco, cada um por sua vez e durante um período muito extenso.

No entanto, no decorrer do século XIX, enquanto ainda havia especulação em torno das teses mais malucas, a descoberta acadêmica do budismo e de seu fundador começava a alçar voo. Na sequência de um panfleto publicado em 1817, em que o termo "budismo" era usado para designar a "religião de Bouddon[5]", a palavra "budismo" começou a ocupar seu lugar a partir da década de 1820 em artigos científicos, cada vez mais numerosos. Pouco a pouco, o horizonte enevoado dessa *terra incognita* começou finalmente a se desanuviar!

Quando Führer empreendeu suas escavações, em 1896, é inegável que passos gigantescos já tinham sido dados pelos estudiosos orientalistas. Entre as descobertas já estabelecidas, a origem indiana de Buda era unanimidade. Apresentada por alguns eruditos isolados, essa informação indispensável foi ratificada pelos pesquisadores científicos de mais destaque da época, como por exemplo o britânico Brian Hodgson, em meados do século XIX. Esse fato essencial estava longe de parecer evidência já de início: o desaparecimento do budismo em sua região de origem, a diversidade das nomeações e das representações do sábio, a variedade dos rituais religiosos observados na Ásia, do Japão ao Ceilão, já tinham apagado todas as pistas havia muito tempo.

Mas se era certeza que Buda era uma figura de origem indiana, os pesquisadores daquele fim de século tinham que preencher várias outras lacunas que diziam respeito a sua identidade, começando pela dimensão histórica do fundador do budismo – uma questão capital que dividia os estudiosos. Para alguns deles, Buda não passa de um mito, um personagem de lendas. Sua existência seria pura invenção, nascida da imaginação dos indianos, e os diversos relatos de seu nascimento eram apenas fábulas: não é verdade que o nome de sua mãe, Maya, significa "ilusão" em sânscrito? Esta é a tese do indianista francês Émile Sénart que, no primeiríssimo estudo científico a respeito da lenda de Buda, publicado no *Journal asiatique*, em 1873, associou a vida do Iluminado ao mito do herói solar comum nas mitologias indo-europeias.

De maneira oposta, por outro lado, havia quem compartilhasse da ideia de Hermann Oldenberg, segundo a qual, apesar do caráter mítico de certos aspectos da vida de Buda, os textos comportam "um cunho de realidade terrestre[6]" que serve como testemunho da historicidade do personagem. Führer compartilhava a visão de seu compatriota. Empregado pelo governo das províncias do Noroeste e de Oudh desde 1885 como responsável local pelo Archaeological Survey [levantamento arqueológico], ele queria apresentar a prova da existência de Buda por meio da localização de Lumbini. E ele também não escondia o fato de que tinha o desejo de, com isso, associar seu nome à história nascente, mas já prestigiosa, da arqueologia indiana.

Durante muito tempo, essa disciplina permaneceu como obra de amadores. A arqueologia só foi aparecer oficialmente no seio da Índia britânica em 1861, com a nomeação oficial de Alexander Cunningham como o primeiro Archaeological Surveyor. Sua missão era estabelecer, nem mais nem menos, "uma descrição exata – ilustrada com plantas medidas, desenhos ou fotografias e com cópias das inscrições – de todas as ruínas dignas de interesse, acompanhada sempre que possível de um relato sobre as tradições ligadas a elas[7]". Esse projeto gigantesco até hoje não foi colocado em prática.

Apesar de o arqueólogo alemão ter o direito de reivindicar sua posição oficial, ele não é o único candidato ao posto. Um médico militar empregado como professor do Calcutta Medical College, o dr. Lawrence Austine Waddell, também enfiou na cabeça que seria ele o descobridor do jardim onde o fundador do budismo teria vindo ao mundo. O oficial britânico fazia parte do clube restrito dos amadores versados na arqueologia budista e tinha em sua lista de feitos várias descobertas que não são exatamente insignificantes. Waddell passou muitos anos dedicando todo o seu tempo livre ao passatempo; sem poupar esforços, ele percorreu milhares de quilômetros em suas buscas. Como a Índia é vasta!

Sobre o que esses dois concorrentes se apoiavam para orientar suas prospecções? Infelizmente, mal podiam se basear nos textos budistas que tinham sido traduzidos até então. As descrições do famoso jardim que eles procuravam, principalmente as do *Lalitavistara*, são feéricas demais. E apesar de Lumbini ser citado nos antigos textos pális, apenas as escrituras canônicas mais tardias, e portanto menos confiáveis, são prolíficas a este respeito.

Pior ainda, acredita-se amplamente que os relatos budistas sirvam para dar ainda mais crédito à tese daqueles que consideram Buda um personagem lendário... De fato, por meio das narrativas, percebe-se que a vida de Buda remonta a um período bastante anterior a seu nascimento: os textos não se contentam em retraçar sua vida, por mais maravilhosa que tenha sido, mas retratam também, com detalhes, suas vidas anteriores, assim como as condições para seus renascimentos sucessivos.

A tradição Mahayana conta que, depois de inumeráveis vidas anteriores, o bodisatva reinava, antes de seu último nascimento, entre os deuses nos céus do Tusita, o reino dos "Satisfeitos", onde um dia equivale a quatrocentos anos do nosso mundo. Conhecido pelo nome de Svetakatu, "Estandarte Branco", ele teria, um certo dia, tomado a "Grande Decisão": depois de ter tido uma visão detalhada das condições de seu renascimento, ele teria decidido retornar à terra para uma última encarnação. Já a tradição Theravada, no famosíssimo *Jataka* – "Vida" –, faz a descrição de nada menos do que 547 existências anteriores de Buda. Nesses textos, é possível encontrar uma ou outra entre suas vidas edificantes, no decurso das quais ele pode ter sido ladrão, mulher casta, elefante, pássaro e rei das gazelas, mas também deus dos macacos, asceta, pária e até mesmo um crustáceo. Ao ler essas histórias, dúvidas logo se instalam no espírito dos ocidentais – até mesmo nos partidários e nos mais otimistas em relação à historicidade do personagem.

Assim, lendário ou não, como que para confundir ainda mais as pistas, nem o tradicional "era uma vez" serve para descrever o nascimento de Buda. O personagem ilustre tem biografias múltiplas e anteriores a seu nascimento em Lumbini. Este seria apenas um nascimento predestinado, fruto de um longo processo em virtude da crença indiana da transmigração das almas, o misterioso *samsara* que já assombrava tanto Novalis...

Nesse ínterim, nossos dois pesquisadores europeus felizmente dispunham de outras fontes de informação. Führer e Waddell puderam se basear nos testemunhos dos peregrinos chineses que percorreram a Índia budista: Lumbini foi visitado por Fa Hian em 403, depois por Huan Tsang em 636. Os relatos fascinantes que eles fizeram a respeito de suas viagens, traduzidos e publicados na Europa já fazia alguns anos, contêm informações preciosas para possibilitar a localização do lugar. Além de fornecer coordenadas geográficas indispensáveis para situar a região do "Lunmin", segundo a transcrição de Fa Hian, eles apresentam um indício-chave que poderia permitir a identificação precisa desse "pedaço de paraíso sobre a terra[8]": a presença no local de uma coluna erguida por Ashoka no século III. À frente do maior império que a Índia já viu, aquele que é considerado o primeiro soberano budista da história teria feito uma peregrinação ao local de nascimento de Buda. Ali, o piedoso Ashoka teria mandado erguer especialmente uma estela para homenagear a memória do Bem-Aventurado.

O chefe do império Maurya, convertido ao budismo oito anos depois de sua ascensão ao trono, mandou colocar em exposição dezenas de textos gravados em pedra, em diversas línguas, espalhados por todo o seu imenso território. Com o intuito tanto de celebrar o poder dos mauryas quanto de divulgar os novos valores espirituais e morais do soberano perante seus súditos, os éditos de Ashoka "constituem os documentos escritos mais antigos de caráter histórico que chegaram até nós[9]" da Índia antiga. No final do século XIX, um certo número deles já tinha sido descoberto e desvendado pelos epigrafistas. O grande conquistador, que formou seu império na ponta da espada, apresenta-se como o benfeitor dos homens e dos animais, um imperador que prega pacifismo e tolerância, compaixão e perdão. Mais uma vez, é difícil desvencilhar o mito e a realidade!

Em relação ao pilar de Lumbini, Huan Tsang detalha que ele é enfeitado com um motivo equestre e que foi quebrado em dois pedaços "pelo estratagema de um dragão maléfico[10]", de acordo com a terminologia imaginada pelos chineses para descrever um raio. Os relatos de viagem chineses especificam também que estupas teriam sido erguidas nas proximidades da pilastra.

Munidos de indícios preciosos como esses, os dois rivais passaram um bom tempo peneirando as pistas até chegarem ao Terai. A região é ampla, e eles inicialmente deram mais atenção ao Terai indiano, por comodidade. O lado da Índia era menos selvagem, tinha acesso mais fácil e, sobretudo, não exigia autorização oficial para ser explorado. Mas, ao utilizar o procedimento de eliminação e entrevistando as populações locais, nossos dois aventureiros pouco a pouco foram se rendendo às evidências: todos os indícios convergiam para o Terai nepalês, do outro lado da fronteira.

Em 1893, ao retornar de uma expedição de caça na selva, um oficial nepalês anunciou a presença de um antigo pilar de pedra gravada perto do vilarejo de Nigliva. A descoberta do major Singh teve o efeito de uma bomba. Para atender ao pedido urgente do British Raj, o governo nepalês autorizou Führer a atravessar a fronteira para estudá-lo. À primeira vista, o vestígio de Nigliva era exatamente um édito de Ashoka. Infelizmente, quando a tradução do texto foi finalizada, dois anos depois, constatou-se que não se tratava da peça que Führer buscava. Apesar da decepção, o acontecimento serviu para reforçar as esperanças dos dois arqueólogos de logo encontrar o édito de Lumbini, como tinha sido descrito pelos peregrinos chineses.

Abril de 1896. A bola agora estava no campo de Waddell. O britânico foi o primeiro a compreender que o pilar de Nigliva correspondia a um dos locais visitados por Huan Tsang: ele indicaria com muita exatidão a localização da estupa de Kanakamuni. A partir disso, bastava seguir com atenção o relato das peregrinações do monge chinês na região para situar

Lumbini. A partir das indicações deixadas por Huan Tsang, Waddell chegou à seguinte conclusão: o jardim sagrado ficava muito próximo de Nigliva; o pilar de Lumbini devia estar escondido em algum ponto da selva nepalesa, provavelmente na direção do noroeste, a poucos quilômetros de distância da estrutura examinada por Führer. Waddell resolveu não informar ao outro suas conclusões, porque ele não queria lhe facilitar a tarefa.

Para dizer a verdade, ele não tinha Führer em muita alta conta. Além da disputa entre os dois homens, a falta de *fair play* da parte do alemão deixava o britânico chocado. Na ocasião da descoberta do pilar de Nigliva, o oficial entrara em contato com ele diversas vezes para obter informações sobre a inscrição, mas Führer nunca lhe retornou. Decidido a tirar o máximo de crédito possível do arqueólogo titular, Waddell escreveu à Asiatic Society para observar que a importância do pilar de Nigliva ia "muito além da simples inscrição, porque fornece indício preciso a respeito do local do nascimento de Buda[11]". Ele ficou surpreso com o fato de "ninguém" ter percebido isso antes dele... Sua carta foi devolvida com uma nota informando que ele deveria esperar meses para receber uma resposta. Decepcionado com a falta de pressa, Waddell levou a público suas deduções ao publicar um artigo no *Calcutta Englishman*, intitulado "Onde fica o local de nascimento de Buda?". Depois de fornecer os indícios necessários para localizar Lumbini, ele conclui o texto declarando que os ingleses estão às vésperas de "uma das descobertas arqueológicas indianas mais importantes do século" e que o governo deveria "tomar medidas rápidas[12]". Republicado por todos os jornais de língua inglesa do império, o artigo do arqueólogo amador causou muita agitação, a ponto de o governo de Bengala logo lhe fazer uma proposta atraente: financiar suas escavações nos arredores de Nigliva durante seis semanas. O governo nepalês rapidamente lhe enviou a autorização, e Waddell, bem feliz, começou a arrumar as malas para a expedição... Em um golpe de má sorte, o Indian Medical Service recusou-se a lhe dar uma licença especial para que se afastasse.

Pouco depois disso, enquanto fazia o que podia para conseguir a licença, Waddell ficou sabendo que o governo indiano acabara de nomear Alois Führer como diretor da exploração.

Uma vez que o arqueólogo amador do budismo foi descartado, o caminho ficou livre para Führer. Ele preferiu esperar pelo fim da monção para iniciar as escavações no Terai nepalês. Lamacenta e infestada de mosquitos, a região tem a fama de ser particularmente insalubre durante a temporada de chuvas, quando a terrível "febre do Terai" grassa. A estação do inverno é de longe a melhor para explorar a selva.

No final de novembro de 1896, sob sol radiante e céu sem nuvens, Führer finalmente deixou sua residência em Lucknow. Tomou o trem até a fronteira com o Nepal e então chegou à região de Nigliva, que já tinha visitado em 1893. Ele tinha encontro marcado com o governador do distrito, o general Khadga Shamsher Jang Rana, que as autoridades nepalesas haviam designado como seu assistente oficial. Seu acampamento estava instalado a vinte quilômetros de Nigliva, e ele providenciou para colocar seus homens à disposição do alemão. Depois de dois dias de caminhada cansativa pela selva, Führer, acompanhado de seus carregadores, finalmente chegou ao local do encontro na tarde do dia 1º de dezembro, mas o general não estava presente para recebê-lo. Enquanto o arqueólogo fumegava de raiva, um soldado chegou com uma mensagem: Shamsher o convidava para se juntar a ele imediatamente, nas proximidades do vilarejo de Rummindei, onde tinha feito uma descoberta sensacional...

O general nepalês tinha recebido naquele mesmo dia uma carta de Waddell, transmitida pelo British Resident de Katmandu, sugerindo que fosse procurar o pilar de Lumbini ao lado desse vilarejo. Sem esperar pelas instruções de Führer, ele logo se dirigiu para Rummindei.

Os moradores locais confirmaram a existência de uma antiga pedra com inscrições ilegíveis que se encontrava no meio da floresta, perto de um pequeno templo. Um senhor de idade avançada até lhe contou como a pedra tinha sido encontrada por acaso, fazia muito tempo, por aldeões que cortavam lenha na floresta. "Ah, sim, podemos levá-lo até lá imediatamente!" O britânico Duncan Ricketts, que morava a alguns quilômetros do vilarejo, uniu-se então à equipe. Administrador de uma propriedade agrícola, ele também conhecia o local e era apaixonado pelo assunto. Dez anos antes, tinha até chegado a submeter uma cópia da inscrição do pilar a um arqueólogo amador da região, mas ele não tinha conseguido decifrar aquela "estranha escrita medieval[13]"!

Depois de uma caminhada curta pelo bosque, o pequeno grupo chegou a seu destino, no local em que um pilar de pedra surgia do solo e se elevava a mais de três metros de altura. Sua base, que parecia estar quase toda enfiada na terra, deixava aparecer algumas inscrições. O topo tinha desaparecido... como se tivesse sido quebrado por um raio. As ondulações do terreno ao redor lembravam dolmens, mas podiam revelar estupas em ruínas. Logo depois de escrever o bilhete a Führer, o general nepalês ordenou a seus escavadores que desenterrassem a coluna...

Quando o arqueólogo alemão chegou, sem fôlego, o trabalho ainda não estava terminado. Assim que avistou o pilar, seu coração deu um salto dentro do peito. De imediato sentiu que aquele era mesmo o pilar de Lumbini. Sua intuição logo se confirmou. Totalmente desenterrado, o monólito de pedra tinha seis metros e meio de altura. Era possível distinguir nele uma inscrição de cinco linhas perfeitamente preservada, redigida em escrita brâmane. Fiel à vontade de Ashoka, de que suas inscrições fossem sempre inteligíveis às populações locais, o texto era composto na linguagem maghadie, misturada com palavras que pertencem ao dialeto da região.

Depois do anúncio da descoberta do pilar de Lumbini no jornal *Times* de 28 de dezembro, uma tradução em inglês da inscrição misteriosa, que permaneceu tanto tempo ignorada, foi publicada em fevereiro de 1897 no boletim da Royal Asiatic Society:

O rei Piyadasi, querido dos deuses, vinte anos depois de sua consagração, veio pessoalmente a este local para prestar homenagem e disse: "Aqui nasceu o Buda Sakyamuni". Ele mandou construir um muro de pedra, fez erguer uma coluna de pedra e declarou: "Aqui nasceu o Venerado".

A terceira frase, mais difícil, foi traduzida um pouco mais tarde, nos seguintes termos: "Como o Felizardo nasceu aqui, o vilarejo de Lummini foi liberado dos impostos, e classificado em um oitavo[14]". A proximidade de "Lummini" e Lumbini não representava nenhuma dificuldade. Já em relação à identificação entre "Piyadasi" e Ashoka, ela já tinha sido confirmada desde a década de 1830 por James Prinsep, o secretário eminente da Asiatic Society.

Alguns meses depois, a descoberta de um baixo-relevo no pequeno templo situado nas proximidades veio a confirmar a identificação do local. Datado aproximadamente do século II a.C., ele representa uma mulher dando à luz uma criança, em pé, segurando um galho de árvore. Considerada uma deusa hindu, ela parecia ser venerada pelos moradores da região sob o nome de "Rummin" desde tempos imemoriais... Todas as provas estavam, assim, reunidas. Os orientalistas, e também os budistas, aplaudiram a descoberta fundamental. Graças ao pilar de Ashoka, o jardim mítico de Lumbini, cuja lenda se perpetuava na memória havia séculos, tornara-se realidade.

Alois Führer saboreou sua vitória sozinho. O espírito colonial privilegiava o "Sahib" em todas as circunstâncias, assim concedendo todas as honras da descoberta sensacional ao arqueólogo alemão, deixando o general nepalês de lado. Führer ficou satisfeito com o "esquecimento" de Shamsher. De caráter nada escrupuloso (voltaremos a cruzar o caminho dele na questão das relíquias de Buda), o alemão também fez questão de negligenciar a contribuição de Waddell por serviços prestados. Quando ficou sabendo dos elogios feitos a Führer no boletim da Royal Asiatic Society, o oficial se amargurou. Enviou uma carta de reclamação à prestigiosa instituição, insistindo na "leviandade característica[15]" do arqueólogo em relação aos outros protagonistas da descoberta. Desolado, Waddell abandonou suas buscas arqueológicas sobre a vida de Buda e se voltou para outros horizontes: assim como Kim, o herói de Rudyard Kipling, tornou-se agente secreto a serviço do *Big Game* conduzido pelos britânicos nos confins da Índia. Depois de não ter conseguido chegar a Lhasa a pé, disfarçado de peregrino, ele participaria, em 1904, da expedição militar britânica ao Tibete. Publicada no ano seguinte, sua obra, *Lhasa e seus mistérios*, finalmente lhe traria a notoriedade com a qual sonhava.

Mas vamos retornar ao édito de Lumbini, cuja descoberta fez levantar a cortina de névoa que cobria até então a figura de Buda. Naquele fim do século XIX, um passo capital tinha sido dado: a coluna atestava não só a existência do famoso jardim de Lumbini, mas também, e sobretudo, por extensão confirmava a historicidade de Buda. O testemunho de Ashoka (que, calcula-se, tenha sido redigido por volta de 245 a.C.) dá autenticidade ao nascimento do sábio e obriga os mais céticos a reconhecerem a evidência.

Ainda assim, essa descoberta de peso está longe de colocar fim às discussões. Mesmo que todos os especialistas admitissem agora que Buda realmente existiu, uma nova questão logo surgiu: a datação da existência do personagem histórico. Com base em recortes complexos efetuados a partir de indicações deixadas por historiadores gregos e chineses, as crônicas cingalesas e os éditos de Ashoka, a maior parte dos indianistas considera que Buda nasceu por volta de meados do século VI a.C.: geralmente, tomamos o ano 563 como a data de seu nascimento. Como não há prova direta alguma que permita confirmar a datação, ela é vista com cautela; diversos especialistas a questionam amplamente, até hoje. Voltaremos ao assunto da eterna discordância dos especialistas em mais detalhes quando falarmos da morte do mestre.

Para finalizar a parte sobre a descoberta de Lumbini, é surpreendente constatar que a questão respondida pela ciência do final do século XIX já se colocava na Índia antiga:

A existência do Buda é comprovada?
– Nagasena, você viu o Buda?
– Não.
– Os seus mestres o viram?
– Não.
– Então o Buda não existiu.
– Você viu, ó rei, o rio Uhâ no Himalaia?
– Não.
– Seu pai o viu?
– Não.
– Então o rio Uhâ não existe!
– Sim, existe, apesar de nem meu pai nem eu o termos visto. A mesma coisa pode ser dita a respeito do Buda.[16]

Esta é a informação que nos dá o *Milinda-Pañha*, famoso texto budista que faz as vezes de manual de conversão e que se apresenta sob a forma de diálogos entre o monge Nagasena e o monarca Milinda – que viveu no século II a.C. Seu reino se estendia pelo norte do Punjab, no sopé das cristas nevadas da Caxemira. Mais conhecido no Ocidente sob o nome de Menandro I, esse rei indo-grego, que teria feito a conversão ao budismo, era descendente dos macedônios que acompanharam Alexandre, o Grande. Será que isso explicaria o caráter estranhamente "ocidental" em relação a sua pergunta relativa à prova da existência de Buda?

Só nos sobra a resposta dada pelo monge Nagasena, confrontado com as "dúvidas da raposa[17]" de Milinda, bem diferente da dos pesquisadores científicos europeus. Indiferente à materialidade da prova, sua demonstração, que procede por analogia, tem caráter bem indiano.

Criação

Sete dias depois da partida, o retorno do cortejo a Kapilavastu, uma grande cidade "excelente entre as excelentes[1]", aconteceu com grande pompa e circunstância: Maya era ninguém menos do que a primeira esposa do rei Sudodana, "Alimento Puro", o chefe do clã dos sakyas. E, acima de tudo, a criança que ela tinha acabado de dar à luz era na época o único herdeiro do trono.

Na capital "próspera, feliz e florescente[2]", localizada à beira do rio, a novidade logo se espalhou. Os moradores não pouparam esforços para receber a rainha e o pequeno príncipe com grandes honrarias: todas as ruas que conduziam ao palácio real tinham sido limpas, decoradas e livradas de todos "aqueles que não são de bom agouro[3]": doentes, enfermos, zarolhos, corcundas... Ao mesmo tempo em que faixas, guirlandas e estandartes de cores vivas se desfraldavam nos portões da cidade e decoravam as fachadas das casas, flores frescas e vistosas cobriam as ruas.

Quando a carroça real, puxada com a ajuda de uma "guirlanda de pérolas" por "vinte mil Apsaras", finalmente entrou na cidade dos sakyas, "cinco mil moças agitaram leques de penas de pavão reluzentes e cinco mil moças carregando vasos de ouro cheios de água perfumada[4]" molharam o chão à frente dele. O *Lalitavistara* informa ainda que "vinte mil elefantes, enfeitados com todos os ornamentos", e "vinte mil cavalos, todos cobertos de adornos de ouro", também abriram caminho para o cortejo. Por todos os lados, o povo se apressa para ver "a nata dos seres", segundo a expressão do *Mahavastu*. No momento em que o cortejo passa, cada pessoa se coloca solenemente "no batente da porta de entrada da casa, com as mãos unidas, o corpo inclinado e cheio de respeito[5]".

Levado para o palácio como o bem mais precioso do mundo, o recém-nascido foi apresentado a seu pai, o rajá

Sudodana, que não escondeu sua felicidade. Mas os anciões da corte o lembraram de suas obrigações... Seguido por uma multidão de oficiais e de súditos ainda em maior número, Sudodana logo levou o filho ao templo para prestar homenagem às divindades. Observando escrupulosamente os rituais apropriados dos sakyas, o rei e a criança primeiro se voltaram para a deusa protetora do clã, denominada de Abhaya, "sem medo". Foi então que um milagre se deu. Por ser pouco comum, deixou a audiência enormemente impressionada. O boato se espalhou e, com muita rapidez, todos os habitantes de Kapilavastu foram informados do acontecimento incrível: em vez de aceitar a homenagem que lhes era prestada, todas as imagens das deidades se ergueram... e se prostraram aos pés da criança!

Os rituais de nascimento não pararam por aí. Depois da visita ao templo, era necessário consultar os adivinhos em relação ao futuro do jovem príncipe. Assim, os oito melhores astrólogos foram convocados ao palácio, onde deveriam proceder ao exame atento da criança, em busca de sinais corporais que permitiriam estabelecer a previsão de seu destino. Do rei ao mais humilde de seus servos, todo mundo desejava ardentemente que o futuro do príncipe fosse radiante: isso significaria um futuro feliz para Kapilavastu.

Os sinais físicos que permitem identificar um *Mahapurusha*, o "Grande Homem", foram todos listados, numerados, classificados e descritos com muito cuidado em relação à precisão em um catálogo de referência. Durante horas, a criança permaneceu impassível, sendo examinada da cabeça aos pés pelos oito adivinhos que, com a lista em riste, buscavam minuciosamente as 32 marcas essenciais: crânio bem arredondado, cabelo escuro e cacheado, testa larga e lisa, tufo de pelos "com o brilho da neve e da prata" entre as sobrancelhas, olhos escuros, "quarenta dentes" brancos e regulares, língua delgada e comprida, "mandíbula de leão", costas robustas, pele fina em tom dourado, "braços longos até os joelhos"[6]...

Terminado o primeiro exame, os especialistas logo repetiram a inspeção no sentido oposto: pés estáveis, arcos das plantas dos pés que revelam duas rodas, "bonitas, luminosas, brancas, com mil raios e aros e uma roda central[7]", dedos dos pés e das mãos "unidos por uma membrana até a primeira falange", tornozelos altos, calcanhares grandes, dedos longos, pernas "de gazela", coxas arredondadas, "parte pubiana escondida em uma cavidade[8]", pelos encurvados "para a direita", tamanho igual ao do caule de uma figueira...

Os oitenta sinais secundários também foram verificados escrupulosamente, um a um: "número 40: ele tem a postura heroica de um leão; número 41: ele tem a postura heroica de um touro; número 42: ele tem a postura heroica de um ganso[9]"...

No fim dessa inspeção interminável, os oito adivinhos se reuniram para conversar sobre o que anunciariam ao soberano. A criança tinha todos os sinais e os subsinais do "Grande Homem": não havia dúvida alguma de que o filho do rei levaria vida excepcional! Mas que vida? Segundo um deles, chamado Kondana, o pequeno príncipe só podia estar destinado a se transformar em um Iluminado perfeito e completo, um Buda. Seus colegas mais prudentes rejeitaram a afirmação categórica, que atribuíram à pouca idade de Kondana. Eles preferiram adotar uma posição menos categórica...

Eles então se apresentaram com toda a cerimônia perante o rei Sudodana para anunciar-lhe suas conclusões: seu filho iria se tornar ou um monarca todo-poderoso e universal, quer dizer, um *Cakravartin*, ou iria abandonar tudo para seguir o caminho do ascetismo e assim iria se tornar um grande mestre espiritual possuidor do conhecimento máximo, ou seja, seria um Buda.

Depois de refletir, o rajá chegou à conclusão de que a previsão dupla dos homens da arte não o tinha deixado plenamente satisfeito. Será que eles não podiam se decidir entre duas conjecturas tão diferentes? Será que os astrólogos, que aliás eram sustentados generosamente pela corte, não estariam tentando agradá-lo de maneira insidiosa ao afirmar que seu filho seria um soberano fora do comum? E se o filho um dia deixasse o palácio, quem seria seu sucessor?

É aí que o sábio Asita aparece. Ele tinha sido o grande sacerdote na corte do pai de Sudodana. Apesar da idade muito avançada, ainda não tinha perdido nada de suas "cinco faculdades sobrenaturais[10]"... Depois de ficar sabendo do nascimento do bodisatva graças a seu poder visionário, Asita desceu de seu retiro no Himalaia ou, melhor ainda, voou pelos ares até Kapilavastu – não havia nada de mais banal para um grande santo... Segurando em uma aba de seu xale, seu discípulo e sobrinho Nalaka também empreendeu a viagem. Logo que chegou à corte de Kapilavastu, Asita não demonstrou nenhuma hesitação ao examinar a criança, que agora estava com três dias: "Entre toda a raça bípede, ele é único[11]!", ele exclamou, no ápice da alegria. Diante dos sakyas reunidos, o velho sábio fez o anúncio profético de que chegaria o dia em que o príncipe iria se transformar em um Buda perfeito. Chorando devido a sua própria velhice, que não lhe permitiria assistir ao acontecimento, ele recomendou a seu jovem sobrinho que estivesse pronto para se juntar àquele que seria chamado de o Iluminado para se beneficiar de seus ensinamentos.

Agora já tinham se passado dois dias depois da previsão do velho Asita. Chegara o momento da cerimônia de dar o nome à criança. Em presença de todos os sacerdotes da corte, Sudodana lhe deu o prenome de Sidarta, ou "aquele que alcança seu objetivo". A partir desse dia, o príncipe então passaria a ser chamado de Sidarta Gautama, por causa do nome da linhagem dos Gautama, da qual seu pai fazia parte.

A alegria provocada no coração de cada um por esse nascimento excepcional foi então ofuscada pelo estado de saúde de Maya, que definhava dia após dia. Depois de sete longos dias de cama, sem reclamar, a mãe do bodisatva finalmente abandonou o mundo terrestre. As pessoas se consolaram com o fato de que ela, sem dúvida, não tinha mais papel algum a desempenhar entre os homens depois daquele parto. Sidarta foi então confiado aos cuidados da segunda esposa do rei, Mahapajapati, que era, aliás, a irmã mais nova da rainha. Apesar de também ter dado à luz um menino havia pouco tempo, ela aceitou a responsabilidade de criar o pequeno Sidarta com uma mistura de alegria e gravidade. Felizmente, ela não estava sozinha para assumir aquele dever tão pesado. De maneira reconfortante, o *Lalitavistara* especifica que "32 amas de leite foram escolhidas para servir o bodisatva. Oito amas de leite para carregá-lo nos braços, oito para amamentá-lo, oito para lavá-lo e oito para brincar com ele[12]".

Sossegada, agradável, protegida das realidades do mundo externo, a infância de Sidarta se passou sem percalços... ou quase. Durante os primeiros anos, Mahapajapati passava o tempo todo cuidando dele. Para isso, ela entregou o meio-irmão dele, Nanda, aos cuidados de uma ama de leite, e o mesmo iria acontecer com os outros filhos que ela teria de Sudodana. Como o rei alimentava em segredo a esperança de que o filho mais velho fosse seu sucessor, ordenou a seus súditos que se encarregassem de inundar a criança de novos prazeres todos os dias, de modo que se tornasse cada vez mais apegada à vida de soberano.

De acordo com as escrituras pális, o próprio Buda posteriormente lembraria de sua infância dourada da seguinte forma:

> Eu vivia no refinamento, no maior refinamento possível, o refinamento supremo. Lagos cheios de lótus eram construídos apenas para mim, no palácio de meu pai. Em um deles floresciam lótus azuis, em outro, brancos, vermelhos em um terceiro. Eu só usava madeira de sândalo que viesse de Benares. Meu turbante, minha túnica, minhas roupas de baixo, minha capa, tudo era confeccionado em Benares. Dia e noite, um guarda-sol branco se deslocava sobre a minha cabeça, para que eu não sentisse nem frio nem calor, nem a poeira nem a garoa pudessem me incomodar[13].

A partir dos sete anos, Sidarta recebeu a educação correspondente a sua posição, ou melhor, a sua casta, que era a dos guerreiros nobres. Ano após ano, ele foi iniciado nas "64 artes[14]" pelos melhores preceptores. Durante a primeira infância, o bodisatva já tinha surpreendido suas amas de leite com suas capacidades precoces. É necessário destacar que, para grande satisfação do pai, o menino rapidamente se tornou exímio em todas as disciplinas: artes marciais, manejo do sabre e da espada, tiro de arco e flecha, equitação e natação, além de pintura, música, canto, dança... Conduzir uma charrete ou domar um elefante eram para ele brincadeira de criança, assim como a escrita e o cálculo. Segundo o *Lalitavistara*, aliás, Sidarta se destacava em todas as artes possíveis e imagináveis, da "explicação dos sonhos" à "linguagem dos pássaros", do "trançar das mechas de cabelo" até a "disposição das guirlandas[15]"! Sua presença frequente nas reuniões do conselho presididas por seu pai permitiu a ele familiarizar-se com a gestão dos negócios do reino; o protocolo e a etiqueta da corte logo deixaram de ter segredos para ele. Nada disso impedia que o jovem príncipe encontrasse tempo para brincar com os meninos de sua idade e de sua classe. Ele passava horas cheias de despreocupação com o meio-irmão Nanda, jogando bola, brincando de macaco, fazendo adivinhas, jogando dados e xadrez com oito ou dez casas...

No entanto, à medida que Sidarta crescia e adquiria com brio as qualidades de um nobre guerreiro, o rei Sudodana foi ficando preocupado. De vez em quando, o jovem príncipe assumia um ar alheio, sonhador, como se estivesse absorto em si mesmo. Será que ele se sentia atraído pela introspecção? O rei ainda não sabia, mas tinha razão. Sempre temeroso de que o filho tomasse o rumo previsto pelo sábio Asita, decidiu providenciar seu casamento quando chegou aos dezesseis anos. Sudodana preferiu acreditar que, depois de se tornar amante e pai, seu filho certamente não iria desejar abandonar tudo!

Convidadas a se apresentar ao palácio para que Sidarta pudesse escolher entre elas uma esposa, as princesas vieram de todos os cantos do país. Apesar de a perspectiva de se casar não o atrair nem um pouco, o filho do rei sabia que devia se dobrar ao desejo do pai. Durante horas, as pretendentes se apresentaram ao rapaz sem suscitar a menor reação... E, então, a última moça apareceu. "Não muito grande, não muito pequena, não muito gorda, não muito magra, não muito clara, não muito escura[16]", ela se chamava Yasodara e tinha nascido exatamente no mesmo dia que ele.

Só restava efetivar o casamento... Mas o pai de Yasodara, o sakya Dandapani, logo exprimiu suas dúvidas em relação à valentia de Sidarta que, segundo boatos, teria sido criado em meio ao luxo e ao ócio totais. Ele exigiu que o rapaz desse provas de sua coragem e de sua força. Sudodana rapidamente organizou um torneio. Convidou todos os jovens nobres que se distinguiam nas artes da guerra para que viessem enfrentar o príncipe. Confiante nas capacidades do filho, propôs que a bela Yasodara fosse o prêmio da vitória...

Sete dias depois, quinhentos jovens sakyas dirigiram-se para o amplo terreno do lado de fora das muralhas de Kapilavastu, onde deveria se dar a competição. Na frente deles, marchava altivo Devadatta, bem conhecido por seu orgulho. Quando se preparava para atravessar o portão da cidade, o rapaz reparou em um grande elefante branco. Desejoso de mostrar sem demora que era o mais forte entre todos os sakyas, Devadatta pegou o animal pela tromba e o matou "com a palma da mão direita, com um único golpe[17]". Quando o bodisatva chegou a bordo de sua carruagem alguns instantes depois, condenou o ato odioso de Devadatta. "Depois de ter pegado o elefante pela cauda com um dedão do pé[18]", o príncipe lançou o cadáver para bem longe de Kapilavastu, de modo que seu odor não incomodasse os moradores. Todos que assistiram à cena ficaram tomados de admiração pela força extraordinária de Sidarta!

Durante o torneio, o príncipe conquistou a moça de maneira triunfal ao superar todos os outros participantes. A audiência iria lembrar durante muito tempo que Sidarta tinha vencido a prova de tiro com o uso de um arco formidável, herdado de seus ancestrais, que ninguém jamais conseguira erguer! Aos olhos de todos os sakyas, já não havia mais dúvida de que o rapaz era "um nobre de grande beleza, capaz de conduzir um exército de homens ou uma tropa de elefantes[19]".

Depois de casado, Sidarta descobriu a sensualidade. Todos os dias, ele se dedicava com volúpia aos "cinco prazeres dos sentidos[20]" e às delícias do gineceu: "Eu tinha três palácios: um para o inverno, um para a estação quente, um para as monções. No palácio da estação das chuvas, menestréis me distraíam sem que houvesse um só homem entre eles[21]", Buda se lembraria. E completaria: "Na casa de meu pai, os servos, os ourives e os membros da minha comitiva comiam arroz branco e carne", ao passo que em outras partes só eram alimentados com "pratos de arroz quebrado e sopa de lentilhas[22]". Na corte de Sudodana, a vida era agradável e doce para todos... E não é verdade que a abundância é a marca da felicidade?

Como tanto desejava o rei, Sidarta parecia se apegar duplamente à condição de príncipe, com suas distrações e seus prazeres sempre renovados. Durante anos, parece que nada incomoda o passar dos dias, tão agradáveis como um céu sem nuvens, sem tempestade. Até o momento em que o príncipe, que secretamente se sentia cada vez mais tomado por dúvidas, finalmente descobre que esta vida é com certeza... perfeita demais.

Na fronteira

No pequeno vilarejo nepalês de Tilaurakot, o sítio arqueológico está prestes a receber seus primeiros visitantes. Depois de ter guardado sua velha bicicleta, Vikram, o guarda, abriu as três correntes grossas da grade de entrada. Dentro do pequeno escritório da recepção, protegido da vista, ele guardou o molho pesado de chaves e também a gamela de metal que acomodava seu almoço e logo foi conferir com muito esmero os talões de ingresso, os maços de dinheiro e as moedas.

Eram exatamente dez horas, o museu também abria suas portas. De todo ponto de vista, a construção é modesta; ao mesmo tempo, parece quase imponente comparada às fazendinhas vizinhas minúsculas, na frente das quais pastam duas ou três vacas com costelas salientes. Assim como Vikram, os funcionários do museu estão a postos. Um está atrás do guichê para vender os ingressos, três outros estão acomodados nas salas de exposição para vigiar os visitantes e lhes dar informações. Relaxados, todos esperam que a manhã seja, como sempre, bem tranquila. Tirando grupos de escola que às vezes aparecem sem avisar, todos sabem que nenhum visitante costuma chegar pela manhã. Os turistas de modo geral só aparecem depois do almoço, até mais para o fim da tarde. De todo modo, os funcionários podem atestar que nunca há multidão por ali... Os grupos de turistas sempre dão prioridade a Lumbini, a 25 quilômetros de distância.

Por outro lado, como observa o vigia, os peregrinos budistas que visitam o local são cada vez mais numerosos a cada ano que passa. Vikram garante até que, várias vezes, ele viu monges recolherem um pouco de terra do sítio arqueológico em um gesto de devoção... como se Tilaurakot fosse um local tão sagrado como Lumbini!

É bastante legítimo dedicar mais tempo à visita do jardim de Lumbini. Desde que entrou para a lista do Patrimônio

Mundial da Unesco, em 1997, o lugar descoberto por Führer desenvolveu-se bastante. Hoje, há tantos hotéis e mosteiros em seus arredores que existem até estudos para a construção de um aeroporto internacional na região. Cuidado com todo o zelo, talvez até excessivo, o jardim que viu Buda nascer se tornou tanto destino turístico célebre quanto local de peregrinação importantíssimo para os budistas do mundo todo.

Ao chegar, os peregrinos japoneses, coreanos, chineses, tailandeses, birmaneses, tibetanos, nepaleses, indianos ou ocidentais se recolhem longamente perante uma figueira-de-
-bengala gigantesca, com centenas de bandeiras de oração multicoloridas penduradas, que representa a árvore na qual Maya teria se apoiado há mais de 2,5 mil anos. Além da coluna de Ashoka e o baixo-relevo que representa o nascimento de Buda, os visitantes podem também admirar na região sagrada o fruto das escavações e das restaurações, praticamente reconstituições, efetuadas já há alguns anos: vestígios de estupas e de templos, tanques de purificação e um santuário da deusa Rummindei – que de lá para cá foi rebatizada de Mayadevi. Entre as descobertas recentes, feitas pelos arqueólogos, a mais sensacional é sem dúvida uma pedra que indicaria o local exato do nascimento de Buda. Segundo o testemunho de um peregrino chinês do século III, o próprio imperador Ashoka teria marcado o ponto com uma pedra colocada no alto de uma plataforma feita de sete camadas de tijolos. Os visitantes então se dirigem sem demora ao amplo hangar que abriga, no meio de um labirinto de ruínas, a famosa pedra.

Para os budistas, mais ainda do que para os simples turistas, não há dúvida alguma de que Lumbini realmente merece uma visita prolongada. Só depois, e se não for muito tarde, eles vão ver os vestígios de Kapilavastu. É isso o que recomendam os guias de viagem e também o que se faz nos circuitos com títulos como *Seguindo as pegadas de Buda* ou, com ainda mais pompa, *Percurso de iniciação nas terras de Buda*.

Mas ainda seria necessário saber aonde ir exatamente para visitar as ruínas da cidade fabulosa... Há várias décadas, dois vilarejos disputam a paternidade das ruínas de

Kapilavastu. Situadas uma de cada lado da fronteira entre a Índia e o Nepal, as duas rivais localizam-se a apenas alguns quilômetros de distância uma da outra. O visitante que dispuser de pouco tempo precisa escolher entre o sítio arqueológico de Tilaurakot, no Nepal, e o de Piprahwa, em território indiano. Cada um dos dois sítios tem entre seus defensores, é claro, milhares de especialistas... Esta é mais uma controvérsia, uma questão que não foi elucidada entre tantas outras. No final das contas, não passa de algo banal para aqueles que buscam lançar uma faísca de luz sobre a escuridão espessa que rodeia a vida do Buda histórico. Mas como escolher? De acordo com que critérios? Fora as lendas, que conhecimentos nós temos hoje em relação ao reino onde Buda foi criado?

De Jean Filliozat a André Bareau, de Arthur Basham a Romila Thapar, todos os grandes especialistas há muito tempo são unânimes em admitir que, se o Buda histórico sem dúvida nasceu no seio de uma família aristocrática, Kapilavastu não parece estar à altura da cidade delineada pela literatura budista. A Índia de meados do século VI a.C. já contava com reinos grandiosos e também com centros urbanos importantes, mas eles não se situavam na região do Terai.

A geografia política da Índia antiga compreendia dezesseis grandes monarquias, chamadas *janapadas* – "o lugar em que o povo põe os pés" –, estabelecidas de maneira global ao longo do vale do Ganges. Na época do bodisatva, as regiões selvagens e atrasadas que, a nordeste, ladeavam as montanhas do Himalaia eram, por sua vez, divididas em uma infinidade de "repúblicas" aristocráticas, conhecidas sob o nome de *gana sanghas* ou "Assembleias dos Iguais". Kapilavastu era simplesmente a capital de uma entre essas numerosas *gana sanghas*, cujo sistema de governo permanecia bem próximo do modelo de chefes tribais dos estados monárquicos que tinham se desenvolvido ao sul. Por outro lado, a "república" à qual Sidarta Gautama pertencia só contava com uma tribo, a dos sakyas – da qual ele tirou seu nome. Seu território, portanto, certamente era menos extenso do que o das *gana sanghas* formadas pela união de diversas tribos, como a confederação dos vrjis. Em resumo, se o Estado dos sakyas ainda era independente durante a infância do futuro Buda, ele desapareceria pouco tempo depois para se tornar vassalo, entre tantos outros, de seu vizinho poderoso, o reino de Kosala. Para concluir, é ainda necessário admitir que a pequena "república" dos sakyas não ocupou espaço muito grande na história política da Índia. De fato, sua importância era tão pequena que apenas os textos budistas a mencionam.

Confrontada com a realidade, a lenda esboçada pelos hagiógrafos em torno da cidade de Kapilavastu perde sua aura dourada. A capital real, populosa, resplendorosa e próspera é eclipsada ao dar lugar a um burgo modesto. O palácio era certamente uma construção bem rústica, e Sudodana era um pequeno rajá entre outros. Diferentemente de outras *gana sanghas* em que diversos chefes compartilhavam o poder, ele governava o pequeno território dos sakyas apoiado por um conselho de que dependia para tomar as grandes decisões. Ainda de acordo com o modelo que vigorava de maneira geral nas "repúblicas" aristocráticas, o pai de Sidarta certamente tinha sido eleito pelos membros da nobreza de guerreiros, e seu mandato, com duração que não era estabelecida de antemão, provavelmente não era hereditário. Assim, contrariamente ao que as lendas dão a entender, o "príncipe" Sidarta não era herdeiro do trono de seu pai... A não ser que um dia viesse a ser eleito rajá, por sua vez, pelo conselho dos sakyas.

A transição da lenda para a história geralmente carrega consigo um certo desencantamento. Já no decurso do primeiro milênio, os peregrinos chineses ficavam enormemente decepcionados ao conhecer o reino onde o futuro Buda tinha sido criado. Se acreditarmos no testemunho de Fa Hian, "tudo era só ruína e tristeza[1]" já no início do século V. Independentemente de qual tenha sido seu passado grandioso, a cidade estava abandonada: "A região de Kapilavastu apresenta um quadro vazio e desolado. Os habitantes são pouco numerosos e vivem afastados. Nas estradas, as pessoas andam atentas por causa dos elefantes e dos leões e não devem viajar sem precaução[2]". Dois séculos depois, Huan Tsang também foi até o lugar. Apesar de ter constatado que "a terra é gordurosa e fértil, a semeadura e a colheita ocorrem em épocas regulares e as estações nunca se perturbam[3]", ele fica consternado com o "aspecto selvagem" de toda a região. Em relação ao que ele identifica como o palácio em ruínas, parece-lhe estar "deserto há séculos[4]".

Mil e trezentos anos depois dos intrépidos peregrinos chineses, a mesma decepção recai sobre os visitantes desavisados que se aventuram hoje a Piprahwa ou Tilaurakot. Autênticos ou não, os dois lugares não têm nada de grandioso: ali se buscam em vão os restos de uma cidade imensa e de um palácio florescente. Apesar de o canto dos pássaros, as árvores centenárias e a atmosfera bucólica dos locais serem capazes de encantar o simples turista, apenas os budistas mais fervorosos e os especialistas são capazes de se entusiasmar com os vestígios minuciosamente desenterrados e conservados com o passar dos anos.

Desde o fim da dominação colonial sobre a Índia, a arqueologia relacionada ao budismo no subcontinente indiano já não está mais sob a alçada dos britânicos. De lá para cá, equipes indianas e nepalesas, às quais se juntam especialistas do mundo todo, são as responsáveis pela ressurreição do passado.

O sítio de Piprahwa foi descoberto primeiro, no final do século XIX, logo depois de Lumbini. Ele se localiza na Índia, a apenas dezesseis quilômetros da fronteira. Ali se veem vestígios de diversas estupas e também um mosteiro que data do século III a.C. Sabendo que Kapilavastu se transformou pouco a pouco em lugar elevado do budismo, essas ruínas constituem indícios apropriados para localizar a cidade. Com o passar do tempo, além de numerosas moedas e objetos da vida cotidiana – tigelas, pratos, pesos... –, também foram encontradas ali urnas de pedra que continham, segundo a inscrição gravada na tampa de uma delas, relíquias que pertenceram a Buda. A esta veio se juntar a descoberta de um tablete de barro cozido em 1973, sobre o qual estava gravado "comunidade dos monges de Kapilavastu". Não havia vestígio de um palácio real, a não ser em um local a um quilômetro de distância; mas isso não faz sentido na medida em que o uso de tijolos só apareceu na Índia no século III a.C. e em que as construções importantes do tempo de Buda eram feitas de madeira.

Situada no Nepal, a cerca de vinte quilômetros da fronteira indiana, Tilaurakot parece ter ganhado mais importância do que Piprahwa desde que lá foram descobertos, em 2001, diversos fragmentos de cerâmica cinzenta. Fabricado no sul da Ásia entre os séculos IX e VI a.C., esse tipo de peça é bem conhecido dos arqueólogos. Os fragmentos atestam a ocupação de Tilaurakot na época da juventude de Buda. Outro indício é que o local se situa perto de um rio, como se situava a capital dos sakyas – que o utilizavam para irrigação, comércio e pesca, sem esquecer os banhos e a lavagem da roupa. Já em relação aos outros vestígios de ocupação humana, há silos para cereais, fornos e choupanas de argila que correspondem perfeitamente à economia rural que vigorava nas *gana sanghas*, que praticavam a criação de animais e o plantio de arroz, de cevada e de gergelim. Como Huan Tsang havia descrito, finalmente foram descobertas as ruínas elevadas de um muro de cerca de oito metros de comprimento. Esse vestígio constitui um último argumento de peso para fazer a balança pender a favor de Tilaurakot. É possível supor, de fato, que Kapilavastu devia ter sido fortificada e rodeada de fossos, como eram outras cidades de seu tempo. Mas a muralha é posterior à Kapilavastu que o bodisatva conheceu... porque é feita de tijolos.

Seja qual tenha sido o local de sua criação, é inegável que as condições de vida do jovem Sidarta foram infinitamente mais rudes e austeras do que a literatura budista dá a entender. Todas as matérias-primas encontradas nos dois sítios arqueológicos são de origem local, todos os objetos da vida cotidiana indicam uma vida rural e simples. Apesar de privilegiado pela posição de rajá do pai, o futuro Buda não se vestia com brocados de seda luxuosos vindos de Benares, a prestigiosa cidade à margem do Ganges, situada a mais de duzentos quilômetros dali, mas sim com tecidos sólidos fabricados no próprio local. É certo que os três palácios suntuosos do "príncipe" se resumiam a um prédio robusto de madeira. Apenas a área construída, a presença de andares e talvez a decoração externa seriam capazes de distinguir a morada de Sudodana das dos sakyas mais ricos, ao passo que os humildes se contentavam com choupanas de argamassa. As ruas de Kapilavastu eram apenas de terra batida, assim como as estradas que partiam da cidade. Diferentemente dos caminhos que iam para o sul, na direção do vale do Ganges, relativamente seguros apesar da presença de bandidos, as estradas que partiam para o norte se embrenhavam em uma floresta virgem impenetrável povoada por tribos aborígines misteriosas, sendo que os sakyas nem compreendiam sua língua.

Sobra a questão da localização exata de Kapilavastu... A opinião dos especialistas continua dividida entre os dois locais. Alguns defendem a ideia – que serviria para reconciliar, de modo hábil, os dois endereços – de que os sakyas, depois de terem sido atacados pelo reino de Kosala, teriam se deslocado para estabelecer uma nova cidade um pouco mais adiante... Mas as parcialidades nacionais e os interesses econômicos locais, que pesam muito sobre a decisão, jamais ficarão satisfeitos com essa providência.

Assim, é necessário decidir entre Piprahwa ou Tilaurakot. Apesar de não terem revelado tesouros fabulosos, os sítios arqueológicos não podem ser considerados ordinários: tanto um quanto o outro podem se tornar locais enormemente sagrados para os milhões de seguidores de Buda que se espalham por todo o mundo. Em um revés temporal surpreendente, em que a modernidade daria lugar à tradição, é possível imaginar que, frente a provas científicas inegáveis, talvez sejam os próprios budistas que terminarão por designar, pouco a pouco e a seu modo, a localização de Kapilavastu. Afinal de contas, a identificação do lugar onde viveu o Buda histórico esteve submetida à interpretação de seus seguidores desde sempre. Deste modo, o jardim de Lumbini não oferece nenhuma prova direta do nascimento de Sidarta Gautama sobre seu solo; sua localização atual baseia-se apenas em testemunhos budistas posteriores à vida do mestre histórico, em ocasião dos éditos do peregrino Ashoka e dos relatos de viagem de monges chineses. É por isso que, até hoje, como bem pode observar o vigia Vikram, o enorme fluxo de peregrinos a Tilaurakot, ou então a Piprahwa, o grau dos indícios de respeito e as homenagens que eles manifestam em relação a um local e não ao outro representam sinais de identificação tão bons como quaisquer outros da cidade antiga onde Buda foi criado. Se a arqueologia não for capaz de desempatar o resultado entre Piprahwa e Tilaurakot, que base os budistas usarão para fazer uma escolha definitiva entre os dois locais? A fé tem razões que a ciência ignora...

De todo modo, além da importância simbólica de encontrar o lugar sagrado de Kapilavastu para ali se recolher, identificar a localização exata de Kapilavastu é tão importante para os budistas como para os pesquisadores por uma segunda razão: localizar a cidade perdida voltaria a conferir uma parte de legitimidade suplementar à lenda. De um certo modo, assim como o jardim sagrado de Lumbini é hoje testemunho da autenticidade do nascimento de Buda, a localização de Kapilavastu serviria para reforçar a credibilidade do relato lendário de sua juventude. O fecho então seria fechado.

O procedimento não é novo. Apesar de a Índia antiga não se interessar pelos fatos históricos, os indianos sempre atribuíram enorme importância ao estabelecimento e à perpetuação de uma topografia de lendas que são elaboradas e propagadas pouco a pouco em seu território. Os adeptos de Buda não se desviaram dessa tradição de estabelecer uma geografia sagrada em conjunto com o desenvolvimento das narrativas mitológicas. É assim que, no rastro do imperador Ashoka, os indianos seguem há séculos rotas de peregrinação que levam aos lugares sagrados budistas... Até que o fluxo se esgote um dia e Lumbini e Kapilavastu caiam no esquecimento. Mas ainda é muito cedo para invocar aqui o surpreendente desamor progressivo dos indianos por Buda, que levou ao desaparecimento quase total do budismo em sua terra de origem.

Partida

Os questionamentos de Sidarta e seu distanciamento do mundo e dos homens não começaram depois de seu casamento e de vários anos de luxo e volúpia. Não: suas experiências interiores, tão inquietantes aos olhos de seu pai, Sudodana, remontam à infância.

A primeira ocorreu quando ele era muito pequeno, na ocasião de uma das festas da semeadura. Naquela manhã, o rajá fora pessoalmente até as plantações de arroz, nos arredores de Kapilavastu, para participar, como fazia todos os anos, da cerimônia ritualística do primeiro trabalho no campo. Sudodana se fez acompanhar por toda a família e por membros da corte. Do primeiro-ministro ao mais humilde dos camponeses, todos os sakyas tinham colocado roupas novas e enfeitadas para participar do evento. Ao redor de diversas carroças de boi ornamentadas com arreios de ouro e de prata, eles formavam uma imagem ainda mais deslumbrante com o sol que fazia os campos de arroz reluzirem. Antes de a cerimônia começar, o rei ordenou que o pequeno príncipe fosse acomodado sob a proteção de uma árvore grande que crescia no meio da plantação.

Como era o costume, Sudodana foi o primeiro a executar o ritual da escavação do sulco sagrado. Sidarta não tirava os olhos do pai:

> Eu me lembro de uma vez que meu pai, o rei sakya, efetuou a cerimônia do trabalho nos campos e eu estava sentado à sombra fresca de uma macieira-canela. Então, completamente fora de qualquer sensação, fora dos estados de espírito grosseiros, eu entrei e permaneci no primeiro estado de absorção meditativa: meu espírito se encheu de alegria e de bem-estar.[1]

Essa experiência, tanto inédita quanto inesperada, viria a se tornar o ponto de partida de diversas interrogações de Sidarta a respeito da aquisição do Conhecimento: "Então, ao dar continuidade a essa lembrança, ocorreu-me a ideia de que este é o caminho para a Iluminação. Eu pensei: por que tenho medo desse prazer que não tem nada a ver com o desejo, que não tem nada a ver com os estados de espírito grosseiros[2]?".

Cada lenda relata a experiência da cerimônia do plantio de maneira diferente. Em particular, elas não concordam em relação à natureza da primeira manifestação da vida espiritual do bodisatva. Contrariamente ao cânon páli, o *Lalitavistara*, o *Mahavastu* e até mesmo o *Budacharita* de Ashvaghosha consideram que o espetáculo do trabalho no campo não despertou o príncipe à meditação, mas sim à consciência excruciante do sofrimento dos homens sobre a terra e à violência involuntária que eles infligem às outras espécies por meio de suas ações. Sidarta teria então identificado ali uma "grande preocupação[3]" ao descobrir que o homem e o boi se exauriam com a tarefa. Simultaneamente, as consequências da tarefa teriam feito com que ele ficasse "transtornado[4]": por causa dos insetos esmagados, do mato arrancado, da terra revirada...

A idade exata de Sidarta no momento de seu primeiro passo na direção do caminho da Iluminação é incerta, variando de um texto a outro. Sabemos que, quanto mais o menino crescia, mais o pai redobrava o cuidado para preservá-lo de qualquer visão que invocasse o mal do mundo e a dor da existência. Nesse ínterim, Sudodana nem imaginava que a proteção excessiva estava surtindo o efeito inverso: a cada dia, fazia com que seu filho ficasse ainda mais fragilizado. Por ignorar quase tudo relativo à realidade, ele se mostrou ainda mais sensível ao drama da condição humana ao se deparar com ela por acidente.

> Quando estava com catorze anos, ele mandou atrelar sua charrete para dar um passeio e saiu pelo portão oriental da cidade. Por acaso, avistou um velho de cabelos brancos e costas recurvadas, apoiado sobre uma bengala, caminhando com dificuldade. Perguntou a seu cocheiro:
> – O que há com aquele homem?

– Ele é velho.
– O que é ser velho?
– Ele viveu muitos anos, suas faculdades estão em declínio, seu aspecto mudou, sua tez se alterou. Quando ele se senta, tem muita dificuldade de se levantar, a ele resta muito pouca vitalidade. É por isso que dizemos que é velho.
– Eu vou escapar dessa sina?
– Por enquanto, não.
Então ele deu meia-volta com a charrete e voltou ao palácio. Como ainda não estava liberado da lei da velhice, ficou triste e deixou de experimentar qualquer prazer. O rei perguntou ao cocheiro:
– O príncipe ficou contente com o passeio?
– Ele ficou desgostoso.
– Por quê?
– Por acaso, ele viu um velho. É por isso que está desgostoso.
O rei receou que os adivinhos tivessem dito a verdade e que o príncipe em breve abandonaria a vida em família. Logo fez com que o prazer dos cinco sentidos aumentasse.[5]

Vários anos depois, quando se tornou um rapaz, o bodisatva foi confrontado com mais um encontro transtornador ao atravessar de novo as muralhas de Kapilavastu, desta vez saindo pelo "portão meridional[6]". Foi então que encontrou, com pavor, a doença, na pessoa de um homem emaciado e vacilante, sem fôlego. Ao retornar ao palácio, o rei questionou o condutor da charrete:

– O príncipe ficou contente com o passeio?
– Ele ficou ainda mais desgostoso.
– Por quê?
– Por acaso, ele viu um doente. É por isso que está desgostoso.[7]

Sudodana ordenou que se fornecessem ao príncipe ainda mais "prazeres diurnos e noturnos[8]".
O terceiro encontro se passou "muito tempo depois[9]". Naquele dia, o príncipe saiu de Kapilavastu pela "porta ocidental[10]"; estava passeando tranquilamente quando um cortejo

fúnebre cruzou seu caminho. O morto, coberto com uma mortalha, era carregado em cima de uma padiola. A família ia atrás do cortejo, triste, em lágrimas. A revelação brutal da existência da morte perturbou tanto o rapaz que ele decidiu interromper o passeio. Mas, ao atravessar um parque no caminho de volta à cidade, seu olhar de repente foi atraído por um homem de aspecto incomum. Ele caminhava olhando para o chão e trazia nas mãos uma tigela. Tinha a cabeça e a barba raspadas e suas vestes consistiam em um simples pedaço de tecido em tom alaranjado. Intrigado, Sidarta questionou o cocheiro:

> – O que aquele homem é?
> – Ele é um religioso errante.
> – O que é um religioso errante?
> – Ele domou a si mesmo, tem modos dignos, se porta sempre com paciência e compaixão em relação aos outros. É por isso que o chamamos de religioso errante.[11]

Depois de um momento de reflexão, esse quarto e último encontro o encheu de uma imensa alegria... Quando o cocheiro relatou mais tarde a Sudodana as duas últimas descobertas de seu filho, o rei declarou, com amargor: "Os adivinhos disseram a verdade: ele certamente abandonará a vida em família[12]". Então ele ordenou que os prazeres do príncipe fossem multiplicados mais uma vez.

Mas agora as cartas já estavam marcadas. A partir de então, mais nada seria capaz de desviar Sidarta do destino previsto pelo velho Asita. Os quatro encontros sucessivos tinham semeado nele dúvidas profundas, cada uma delas mergulhada em reflexões intensas, cada uma delas levando-o a avançar um pouco mais no caminho de uma transformação radical. Uma após a outra, as ilusões presunçosas da juventude, da saúde e da vida terrestre o abandonaram definitivamente:

> Dotado de uma fortuna total, de um refinamento também total, eu pensei: "Quando um homem comum, sem educação, que está sujeito à morte, que não está protegido da morte, vê uma outra pessoa que está morta, ele se sente horrorizado,

humilhado e indignado. Eu também estou sujeito à morte, não estou protegido da morte, e não é correto da minha parte ficar horrorizado, humilhado e indignado ao ver uma outra pessoa que está morta". Ao considerar isto, a presunção da existência me abandonou inteiramente.[13]

Contrariamente aos três primeiros encontros, o último, com o asceta mendigo, não fez com que nada lhe fosse tirado. Ele lhe trouxe alegria profunda por lhe mostrar que outro caminho é possível, "ao ar livre", em oposição à "vida de senhor de um lar, sufocante e poeirenta[14]".

Sidarta tinha 29 anos no dia em que tomou a decisão irrevogável de renunciar ao mundo para levar uma vida de religioso errante. Naquela noite, quando todo mundo estava dormindo, ele saiu de Kapilavastu, abandonou tudo, seus privilégios, suas riquezas, seus amigos, seus criados e sua família. De acordo com o *Jataka Nidanakatha*, sete dias antes, sua esposa Yasodara lhe dera um filho, Rahula, o primeiro e único. De acordo com outras lendas, esse nascimento teria ocorrido na própria manhã do dia em que Sidarta tomou sua decisão. Ao receber a notícia, o príncipe teria se mostrado ao mesmo tempo aflito e aliviado. Aflito porque Rahula representava mais um apego à vida no mundo. Aliviado porque, ao mesmo tempo, aquilo o libertava de um peso: o nascimento de um filho permitia, segundo as crenças religiosas em vigor na época, que se pagasse a "dívida com os ancestrais".

Naquela noite, o príncipe foi até o gineceu onde cortesãs, musicistas e dançarinas o esperavam, enviadas por seu pai, como acontecia todas as noites. Pela última vez, ele experimentou os "prazeres dos cinco sentidos[15]" antes de cair no sono. Algumas horas mais tarde, acordou de um sobressalto. Os candelabros elevados continuavam queimando, mas a festa tinha acabado... Meio desnudos, os corpos das bailarinas, largados pelo chão entre harpas, alaúdes, flautas e pandeiros, pareciam um amontoado de cadáveres. O palácio lhe passava a impressão de ser um imenso crematório, lúgubre e nauseabundo. Estava na hora de partir para longe dessa felicidade enganadora, para longe desse mundo ilusório! Alguns instantes depois, o bodisatva abriu a porta do quarto de sua esposa: "Uma lâmpada de óleo perfumado queimava. Deitada em cima de um leito coberto de flores, a mãe de Rahula dormia com a mão na cabeça do filho. 'Se eu tirar a mão da rainha para pegá-lo nos braços, ela vai acordar e impedir a minha partida. Eu voltarei para vê-lo quando me tornar um Buda[16]'". Sem demorar-se mais, Sidarta desceu até o pátio interno do palácio, onde seus companheiros fiéis o aguardavam: Channa, seu escudeiro, e Kanthaka, seu cavalo de batalha. Nascidos no mesmo momento que o bodisatva, assim como Yasodara, os dois tinham papel predestinado a desempenhar em sua vida.

Era exatamente meia-noite. Sob a luz da lua cheia, o príncipe pediu a Channa que selasse seu cavalo, porque queria sair de Kapilavastu o mais rápido e mais discretamente possível. O escudeiro ficou um pouco surpreso, mas obedeceu. Ele arreou rapidamente Kanthaka, cuja pelagem imaculada evocava a brancura leitosa de uma concha sagrada. Graças aos deuses que velaram pelo sucesso da fuga do bodisatva, todos os habitantes de Kapilavastu estavam mergulhados no mais profundo dos sonos. Nenhum deles acordou com o barulho dos cascos e, quando o cavalo alcançou a muralha da cidade, o portão se abriu como que por encanto. Também adormecidos, os "quinhentos homens armados[17]" encarregados da vigilância deixaram o príncipe passar... acompanhado do corajoso Channa, que tinha se pendurado no rabo de Kanthaka.

Depois de olhar pela última vez para trás, Sidarta se afastou de Kapilavastu. Foi então que os "Anfitriões das Viagens Puras[18]", que tinham facilitado sua fuga, apareceram para formar um cortejo alegre a seu redor. Prodígios ocorreram por todos os universos para comemorar a "Grande Partida[19]" do bodisatva – que se deu precisamente na data do aniversário de seu nascimento. A terra tremeu, flores e pérolas caíram do céu aos milhares... Enquanto manifestações das mais feéricas acompanhavam esse "segundo nascimento", o terrível Mara

– literalmente, "aquele que faz morrer" – entrou em cena. O deus maléfico, tão temido por sua astúcia, tentou persuadir Sidarta a retroceder em seu caminho, acenando com a possibilidade de lhe conceder a soberania sobre todo o universo. O príncipe rejeitou a proposta e prosseguiu em seu caminho ainda mais belo...

O amanhecer surpreendeu os fugitivos nas margens arenosas do rio Anoma. Depois de ter atravessado os territórios dos três rajás, ele se encontrava a boa distância de Kapilavastu, trinta léguas em direção ao sudeste, exatamente. Assim que desceu do cavalo, Sidarta se livrou de suas vestes suntuosas, retirou suas joias pesadas e raspou o cabelo preto com o punhal. Depois ordenou a seu escudeiro que levasse o cavalo e tudo aquilo que acabara de abandonar até o palácio de seu pai. O bodisatva também lhe confiou a missão de anunciar aos seus que os estava abandonando para se tornar um religioso errante, que iria se embrenhar pelos caminhos da realização espiritual, mas que retornaria um dia. Concluiu sua mensagem com estas palavras simples: "Desejo que eles não fiquem tristes[20]". Channa ficou completamente transtornado com a resolução do príncipe. Segundo o *Budacharita*, Kanthaka também ficou desamparado: o cavalo "lambeu os pés de seu dono e derramou lágrimas ardentes". Mas eles precisavam obedecer, e os companheiros fiéis do príncipe retomaram o rumo de Kapilavastu.

Livre de todos os bens e de todos os laços que o obstruíam, cheio de serenidade, Sidarta se afastou das margens do rio e penetrou em um bosque de mangueiras, perto do vilarejo de Anupiya. Logo cruzou com um caçador paupérrimo e trocou sua última túnica de seda pelos andrajos amarelados do homem, feliz de ter encontrado o estrangeiro. Irreconhecível, o rapaz se enfiou ainda mais fundo na floresta, da mesma maneira que se mergulha no oceano. Um mundo novo se abriu para ele. Estava completamente sozinho, talvez pela primeira vez desde o início de sua existência. O nobre guerreiro, o filho do rei não existia mais. Aos olhos dos homens, Sidarta a partir de então seria o asceta Gautama.

No entanto, o caminho da renúncia é difícil, e a busca da salvação, perigosa. Depois de uma semana de meditação solitária na floresta de mangueiras, o jovem noviço foi tomado por mil perguntas. Ele tomou consciência de sua ignorância. Percebeu que tinha necessidade de ser ensinado e guiado em seu novo caminho. Então se lembrou de ter ouvido dizer que mais ao sul, no vale sagrado do Ganges, a vida religiosa era intensa e que as comunidades de ascetas floresciam. Diziam também que lá se encontravam os mestres espirituais mais renomados.

O bodisatva se levantou e tomou seu rumo. O longo e tortuoso caminho do ascetismo tinha começado.

Índia, por volta de 1800 a.C.

Eles avançavam muito devagar, progredindo a cada dia mais um pouco na direção do sol nascente. Conheciam a roda e sabiam lidar com cavalos. Originários das grandes estepes da Ásia central, tinham atravessado as temíveis montanhas do Afeganistão, abrindo caminho pelas passagens de Khyber e de Bolan, portas abertas para o gigantesco subcontinente indiano. Não foram os primeiros a penetrar nessa terra desconhecida. Em pequenos grupos, alguns integrantes de seu povo já os tinham precedido. Outros os seguiriam... Eles não se assemelhavam a hordas de invasores, mas sim a pequenos grupos nômades que se deslocam com suas manadas de bois. Desde o início do segundo milênio eles migram, século após século, tribo após tribo, em busca de novas pastagens. E de pilhagens também, quando a ocasião se apresenta.

Por volta do ano 1500 a.C., vários clãs já tinham chegado ao vale do Indo. Será que atravessaram as cidades em ruínas da brilhante civilização harappiana, desaparecida? Ninguém sabe. De todo modo, eles logo chegaram ao Punjab, nas planícies férteis do "País dos Cinco Rios". Progressivamente, aqui e ali, os nômades foram se sedentarizando. Por algum tempo, pelo menos. Os pastores também se tornaram agricultores, os artesãos desenvolveram seu ofício. De língua indo-europeia, começaram a compor oralmente hinos sagrados que, de lá para cá, jamais se afundariam no esquecimento... Em resumo, *eles* saíram da noite dos tempos, apresentando aquele que viria a ser o relato do *Rig Veda*, "a Sabedoria" apresentada em estrofes, com a denominação de Arya, "nobre", em sânscrito arcaico.

Para entrar em contato com os deuses e garantir sua proteção, os arianos se reuniam ao redor do fogo. Entoando sempre seus hinos sagrados, eles recorriam ao sacrifício. Do ponto de vista deles, o sacrifício é primordial porque permite também, e sobretudo, a manutenção daquilo que eles chamam de *rta*, ou melhor, a ordem cósmica e temporal. Se os rios correm sossegados, é porque correm de acordo com o *rta*; se a aurora surge a cada manhã, é porque "a aurora nascida do céu se manifesta de acordo com o *rta*[1]".

Cumprir os rituais da maneira correta ao redor do fogo de sacrifício também é agir de acordo com o *rta*. Com o passar do tempo, os rituais vão ficando cada vez mais complexos... As grandes cerimônias que incluem sacrifícios de cavalos são as mais solenes e necessitam da presença de diversos oficiantes especializados. São inevitavelmente ritmadas pela ladainha de hinos aos deuses que, quando não estão representados por imagens, são nomeados, classificados, enumerados e contados sem descanso nas novas estrofes compostas pelos sacerdotes chamados de brâmanes. Entre as numerosas divindades do panteão, Agni, o deus do fogo doméstico e do sacrifício, assim como Surya, o sol, são particularmente venerados; mas Indra, o deus da guerra que carrega o relâmpago, vai conquistando cada vez mais terreno... Porque travar batalhas é uma atividade que ocupa os arianos cada vez mais. Quando as tribos não estão lutando umas contra as outras, atacam os dasas, as populações locais. Graças a Indra, o temível "touro branco da manada humana[2]" que "odeia as peles escuras[3]" e que os arianos com frequência lançam para cima dos "Sem-Leis"... De fato, sua supremacia militar é inegável: montados em carros leves de tração animal, com rodas com raios, os "nobres", recobertos com couraças espessas, sabem atirar com precisão mortal "a flecha divina, untada com veneno[4]"...

Essas batalhas vitoriosas são pretexto para novas migrações. Elas vão levando os arianos cada vez mais para o leste, nas pegadas do deus Indra, que adora se embriagar com Soma, a ambrosia celestial do sacrifício. A partir do ano 1000 a.C., essas tribos penetraram no vale do Ganges. Com a ajuda do deus Agni, incendiaram as amplas florestas que ladeiam o rio antes de ará-las – logo começariam a usar utensílios de ferro. À medida que foram ocupando novos territórios, ocasionando fusão pelo conflito, os arianos se misturaram às populações autóctones dominadas. Apesar de imporem suas tradições e crenças em grande parte, não há dúvidas de que sua cultura também foi enriquecida por elementos não arianos.

O acampamento nômade formado por um simples círculo de carroças passou a ser uma memória longínqua. A partir de então, os arianos começaram a viver em cidades rodeadas de grandes cercas de madeira, capitais de pequenos reinos com sistema administrativo ainda rudimentar. Postos fortificados estabelecidos ao longo do Ganges e das fronteiras são testemunho da insegurança permanente que persistia. Como ficou registrado no *Mahabharata*, a guerra travada pelos arianos parece não ter fim... Encabeçando cada um dos reinos, a aliança entre soberanos e sacerdotes se reforçava e parecia inabalável. Os reis detinham a ordem por meio da força militar, ao passo que os brâmanes garantiam a ordem cósmica e temporal por meio dos rituais: na ocasião de grandes cerimônias públicas que tinham o objetivo de garantir a proteção do reino, o sacrifício era executado em nome do soberano pelo oficiante brâmane. Complementares, sacerdotes e guerreiros eram os atores principais dos rituais de sacrifício; a preservação da harmonia do mundo se funde nessa aliança.

No século VI a.C., na época em que o futuro Buda nasceu, a sociedade "arianizada" dominava todo o Norte da Índia. Ainda continuava em expansão, mas seu núcleo prosseguia localizado no vale do Ganges, onde os reinos modestos tinham se transformado em verdadeiras monarquias. Eternamente rivais, todos eles buscavam alcançar a supremacia. As pequenas repúblicas independentes, como a dos sakyas, que se constituíram às margens dessas monarquias, não tinham como escapar do modelo sócio-religioso imposto pelos descendentes dos primeiros arianos. Apenas os *adivasis*, "os primeiros ocupantes", viviam nas florestas mais recuadas e escapavam de sua influência cultural.

Mil anos tinham se passado desde a época da composição do *Rig Veda*. Transmitido oralmente de geração em geração, o texto sagrado foi sendo progressivamente estendido e àquela altura já contava com quase mil hinos. Três outros conjuntos de textos também tinham sido adicionados a ele, o *Yajur Veda*, que trata das fórmulas litúrgicas; o *Sama Veda*, com as melodias litúrgicas; e o *Arthava Veda*, com fórmulas mágicas. Juntos, eles passaram a formar um corpus imenso chamado de *Veda*, ou "Saber" por excelência, que é a autoridade em relação às crenças, às práticas religiosas e, de maneira mais ampla, aos costumes de toda a sociedade. Como o primeiro monumento literário da civilização indiana, o Veda começou a ser escrito em sânscrito pelos brâmanes, pouco a pouco, no século VI a.C. O fato de o período de transmissão oral ter sido tão longo e de ter se perpetuado ainda mais de um século depois de a escrita ter entrado em uso não tem nada de surpreendente: o Veda, considerado a "Revelação", deve ser "escutado". Para seus adeptos, essa literatura sagrada não é uma obra humana. Eterna, sua inspiração é divina. Espíritos excepcionais, poetas inspirados chamados de *rishis*, tiveram a intuição na aurora dos tempos e transportaram essa revelação para as palavras humanas. É por isso que o Veda, também chamado de "Audição", deve ser aprendido de cor, da boca de um mestre. A palavra, a voz, *vak*, termo próximo do latim *vox*, do ponto de vista etimológico, é considerada divina desde sua origem por esse motivo.

Assim, no seio das monarquias e das repúblicas, nem todo mundo tem o direito de escutar esse Saber: a sociedade indiana do século VI a.C. é segmentada em diversas classes especializadas, sendo que nem todas tinham o mesmo acesso à religião. O fato não era novo. Desde sempre, a literatura sagrada estabelecia a sociedade ideal dividida em quatro grandes classes hierarquizadas entre si, cada uma chamada de *varna*, palavra que significa ao mesmo tempo "cor" e "categoria". Essa concepção religiosa do corpo social se baseia no mito de Purusha: do sacrifício primordial do homem cósmico, de seu corpo desmembrado, nasceram as quatro grandes categorias sócio-profissionais. "Sua boca se transformou no brâmane; o guerreiro foi o produto de seus braços; suas coxas se transformaram no artesão; e de seus pés nasceu o servo[5]", ensina o *Rig Veda*.

No alto dessa hierarquia, que rapidamente se tornou hereditária, está o *varna* dos brâmanes e, em razão da pureza associada a sua função, eles podem exercer o sacerdócio. Letrados por excelência, eles têm o poder de executar os rituais de sacrifício, de estudar, de preservar e ensinar o Veda. São seguidos pela categoria real dos *kshatriyas*, os guerreiros, *varna* ao qual Sidarta Gautama pertence por nascimento. Por dispor de armas, esta categoria detém o poder político e tem a vocação de estender seu território. Para garantir a proteção de seu reino, os *kshatriyas* devem mandar executar, a sua custa, sacrifícios conduzidos pelos brâmanes. Em escala ainda mais baixa na hierarquia estão os *vaishyas*, os protetores dos bens materiais. Estes últimos têm a função de trabalhar, cultivar a terra, negociar e cuidar dos animais de criação. No final vem a classe dos *shudras*, pessoas que não têm outra especialização além de servir aos *varnas* superiores. Diferentemente das outras três classes, essas pessoas não têm direito de estudar nem de escutar os textos sagrados. Enquanto os *shudras* são reduzidos apenas ao nascimento biológico, os integrantes dos três primeiros *varnas* têm em comum o privilégio de estar entre os *dvijas*, ou "nascidos duas vezes": os meninos recebem iniciação no Saber que representa um segundo nascimento. Não há dúvidas de que os autores do Veda impuseram muito cedo o sistema hierárquico às populações nativas. Talvez o *varna* dos servos tenha sido constituído originalmente pelos famosos dasas, os "inimigos" dos arianos...

Enquanto isso, nos grandes reinos do século VI a.C., a sociedade evoluía: a urbanização e o crescimento do comércio traziam modificações ao cerne das estruturas sociais. Os produtos que circulavam cada vez mais por meio das rotas das caravanas – que iam para o oeste até a Pérsia e para o leste até a China – garantiam prosperidade cada vez maior à classe mercante. A influência dos comerciantes se reforçava dia a dia nas cidades florescentes das margens do Ganges.

Os artesãos também enriqueciam e se multiplicavam. Na medida em que os ofícios iam se diversificando por causa da especialização, foram aparecendo subcategorias dentro de cada *varna*. Naturalmente, essas castas hereditárias – que logo passariam a se chamar *jatis*, ou "nascimentos" – passam a se hierarquizar entre elas mesmas e cada uma deve se conformar de maneira rígida à função que está sob sua incumbência no seio da sociedade. Ninguém pode fugir dessa estratificação dos homens, que é considerada sagrada e inalterável, já que ela se ordena de acordo com a organização sociocósmica do mundo, o *Darma*.

Essa opressão tão acentuada fez com que as novas classes urbanas a contestassem. Em primeiro lugar, elas questionam a supremacia dos brâmanes, e principalmente seu controle total sobre a vida religiosa. Na função de depositários do Veda, eles continuavam sendo em efeito as únicas pessoas habilitadas a efetuar as cerimônias de sacrifício, seja para si próprios ou, por meio de recompensa financeira, em nome de outros *dvijas*. Os *vaishyas*, cuja vocação consistia em enriquecer cada vez mais, demonstravam indisposição em participar desses rituais custosos aos quais não estavam habituados. Os novos notáveis prefeririam empregar os brâmanes, letrados por excelência, para serem contadores de suas atividades comerciais... Já os *shudras*, excluídos do estudo do Veda, simplesmente não tinham direito de mandar executar sacrifícios aos grandes deuses védicos.

Existiam pessoas até mesmo no seio da classe religiosa que colocavam em dúvida o estado das coisas. Apesar de os brâmanes continuarem a honrar as divindades por meio de rituais sanguinolentos de sacrifícios, alguns deles tomaram a iniciativa de introduzir novas perspectivas à religião herdada dos tempos antigos. Na ausência de um clérigo centralizado, as correntes que agitavam a vida religiosa indiana se manifestavam por meio do surgimento de numerosas correntes reformistas e de uma infinidade de movimentos sectários. No momento em que o jovem Sidarta Gautama se dirigia aos grandes reinos para procurar um mestre espiritual, a religião védica estava, portanto, em plena transformação, dando lugar ao que chamamos de bramanismo. Este, por sua vez, daria origem, alguns séculos mais tarde, ao hinduísmo como o conhecemos hoje.

Assim como os primeiros rituais dos arianos podem ser apreendidos com o estudo dos textos do *Rig Veda* que chegaram até nós, essa mutação religiosa é perceptível no estudo da literatura em sânscrito elaborada na época. No século VI a.C., a composição dos textos pertencentes à Revelação ainda não tinha sido concluída. Às quatro narrativas de referência, os brâmanes renovadores tinham juntado uma nova camada de textos, composta de tratados em prosa que explicam, interpretam e comentam os mitos, as fórmulas e os rituais. Trata-se dos *Brâmanas*, ou "interpretações sobre o *brâman*", e depois dos *Aranyaka*s, "tratados florestais", e finalmente os primeiros *Upanixades*, as "abordagens" que vão ainda mais longe no afastamento da herança védica.

Utilizando analogias com frequência, esses textos sagrados desenvolvem em toda a sua amplitude certas doutrinas que mal aparecem germinadas nos antigos hinos. Ilustram especulações que até então eram quase inéditas, como por exemplo as ideias fundamentais que dão conta da identificação entre microcosmo e macrocosmo e o conceito do ciclo das reencarnações. A ênfase é dada à busca pessoal que permite atingir a fusão da alma individual, *atmã*, com a alma universal, *brâman*. Essa união é sinônimo de salvação porque coloca fim ao *samsara*, a transmigração contínua da alma. Nessa perspectiva, as figuras dos grandes deuses védicos dão lugar para o *brâman*, que se localiza bem no alto, por cima dos destinados ao mundo terrestre.

O bramanismo rejeita as grandes cerimônias solenes e dá lugar a outras vias, como a meditação e as práticas do ascetismo, que permitem a cada um a ascensão pessoal até a fusão com o absoluto. O ritual coletivo deixa de ocupar posição central nas práticas religiosas; o modelo em vigor passa a ser o da renúncia ao mundo. Mas apesar de o ritual perder sua primazia, os sacrifícios não são abandonados. São, sim, reinterpretados: segundo os autores dos Upanixades, a meditação é comparável à fricção de gravetos que serve para acender o fogo do sacrifício, o atmã está presente em todos os homens, de maneira latente, assim como a fagulha está nos gravetos. Interiorizado deste modo, o sacrifício tomou nova dimensão.

A antiga religião védica não ignorava as práticas de ascetismo nem as especulações metafísicas. Em seus primeiros textos sagrados, os arianos já consagravam um hino ao "Asceta peludo[6]". Eles também questionavam, com profundidade surpreendente, o princípio único e neutro que está na origem da criação do mundo visível, que foi precedida pelo nascimento dos deuses: "De onde veio essa criação secundária, se foi ou não fabricada, só Aquele que vigia este mundo das maiores alturas do céu sabe – a menos que não saiba[7]?". Enquanto isso, o ritualismo e até mesmo a magia dominavam a vida religiosa da era védica. A busca pessoal e a mística estavam praticamente ausentes. Não há dúvida de que, com o bramanismo, engendrado pela emergência da civilização urbana, uma página da história religiosa indiana foi virada. E isso aconteceu bem no momento em que Sidarta Gautama tomou o caminho espiritual.

Essa longa viagem no tempo, às origens da civilização indiana, permite lançar um outro olhar sobre as lendas que narram a juventude do bodisatva. Ela chega a ser indispensável para apreender com mais exatidão as condições do percurso, passado e futuro, do fundador histórico do budismo.

Se levarmos em conta a infância e a juventude de Sidarta Gautama, tudo indica que ele foi criado na religião dominante de sua época. Mas a república dos sakyas, situada nos confins da região "arianizada", era apenas um posto avançado da civilização bramânica. Assim, ele provavelmente recebeu educação religiosa mais conservadora no que diz respeito às mutações que se operavam no vale do Ganges. Em diversas ocasiões, os textos budistas atestam que havia brâmanes presentes à corte de Sudodana. Ele devia lhes dar suporte financeiro, em forma de doações, em troca de seus serviços bons e leais. Assim, os oito adivinhos consultados pela ocasião do nascimento do bodisatva seriam brâmanes, assim como os sacerdotes que oficiaram na ocasião de seu casamento. O rapaz também conhecia os grandes deuses do panteão védico, como atesta por exemplo a aparição mencionada na lenda das "Trinta e Três[8]" divindades, tendo à frente o poderoso Indra, na ocasião de sua partida de Kapilavastu. Da mesma maneira, a cerimônia de arar o campo também é um antigo ritual védico que, supervisionado pelos brâmanes, abria a temporada de trabalho no campo.

Na posição de nobre *kshatriya*, o rapaz ocupava posição privilegiada no âmbito da hierarquia social e religiosa. Assim, talvez ele até tenha recebido a iniciação no Saber reservada apenas aos *dvijas*. Seja lá como tenha sido, ele devia se conformar às numerosas prescrições inerentes do sistema dos *varna*, principalmente às que diziam respeito ao casamento. Sua esposa, assim como ele, era uma *kshatriya*, e teria sido difícil para ele se casar com uma mulher que pertencesse a um *varna* inferior. Por sua posição social, o rapaz provavelmente não tinha direito de compartilhar a refeição com um *shudra*. Por outro lado, tinha a obrigação de assistir regularmente aos rituais detalhados operados pelos brâmanes a pedido de Sudodana. Entre as "64 artes[9]" às quais Sidarta foi iniciado na juventude, segundo as lendas, aparecem com destaque a manutenção do fogo sagrado, os rituais dos sacrifícios e o estudo do Veda. Mas como tinha inclinação espontânea à meditação e à especulação, o rapaz logo passou a considerar o caminho ritualista particularmente formalista e repetitivo. Depois de deparar por acaso com um asceta errante, ele teve a intuição de que a busca da salvação empreendida por aquele religioso atípico carregava consigo uma aventura espiritual bem mais emocionante do que as cerimônias ancestrais perpetuadas pelos brâmanes na corte de Kapilavastu.

Ao combinar o conhecimento histórico atual da Índia religiosa com as lendas antigas – escritas pelos próprios budistas com a intenção de aumentar a lembrança de seu mestre –, diversos episódios da vida de Sidarta Gautama de repente assumem um tom mais familiar. Desde as numerosas reencarnações que precederam o último renascimento em Lumbini até sua escolha de renunciar à vida mundana, o trajeto espiritual e religioso do bodisatva só oferece informações muito comuns no âmbito do contexto indiano. Aquele que é apresentado como a "Nata dos Seres[10]" é descrito como um homem de seu tempo e de seu meio. Por volta da idade de 29 anos, ele se enveredou em sua busca pessoal pela salvação, como acontecia com outros contemporâneos seus. A partir de então, ano após ano, por meio do contato com diversos mestres espirituais e outros renunciantes, o jovem asceta foi amadurecendo lentamente até começar a elaborar sua própria doutrina... Não a partir do nada, mas sim em função do meio em que evoluiu, em interação com o contexto religioso de sua época.

Um exemplo entre outros que refletem a profunda transformação que agitava a religião dominante na Índia do século VI a.C., o budismo não foi fruto do acaso.

Busca

O bodisatva avançava passo a passo para sudeste, a direção dos deuses. Essa era também a rota de caravanas que levava ao reino de Magada, um dos mais poderosos da época. Sob seus pés nus, o solo era seco e poeirento. Ao redor dele, a luz era tão clara e a natureza era tão luxuriante como tinham sido 29 anos antes, no dia de seu último renascimento entre os homens.

A cada dia que passava, Sidarta mendigava com humildade para se alimentar quando atravessava vilarejos. Eles iam se tornando cada vez mais numerosos à medida que ele se aproximava das cidades prósperas às margens do Ganges. À porta de entrada dos casebres de barro, os aldeões entregavam de bom grado ao jovem renunciante biscoitos de cereal e arroz cozido, frutas maduras e leite fresco. Às vezes, ofereciam até abrigo para passar a noite. Se não, o noviço dormia no meio do mato, enrolado em um pano, sozinho sob a cobertura das estrelas.

Depois de alguns dias de caminhada, o asceta Gautama chegou a Vaisali, a capital dos licchavis. Como nunca tinha saído da pequena cidade de sua infância, ele se demorou ali um pouco, até ouvir falar de um mestre espiritual de boa reputação que vivia rodeado de numerosos discípulos nos limites da cidade. "Em busca do estado supremo da paz sublime, fui visitar Alara Kalama e lhe disse: 'Amigo Kalama, desejo viver como um santo de acordo com esta doutrina e esta disciplina'." O guru aceitou seu pedido sem dificuldade: "Você pode ficar aqui, meu amigo. De acordo com esta doutrina, uma pessoa sábia é capaz de atingir rapidamente o conhecimento daquele que o ensina e realizá-la por meio do conhecimento direto daquilo que seu próprio professor sabe[1]". O mestre não mentiu. Por força de recitações e repetições, o novo aluno aprendeu rápido a doutrina de Alara Kalama. Ele adquiriu ao mesmo tempo o domínio sobre novos conceitos que eram debatidos entre os religiosos reformistas. Com boa segurança, Sidarta não hesitou em se lançar em discussões profundas com os outros discípulos. Sentados no chão em roda, os noviços com vestes cor de açafrão, a cor da renúncia, passavam longos períodos jogando com seu novo saber, comparando seu nível de conhecimento.

Semanas se sucediam a semanas. O jovem discípulo se destacava na doutrina ensinada por Alara Kalama, mas o conhecimento teórico, por mais perfeito que fosse, não lhe bastava. Agora precisava experimentar esse saber com profundidade, precisava realizá-lo pessoalmente. Sidarta foi ao encontro de seu mestre espiritual. Perguntou a ele até onde era possível viver interiormente a doutrina que ele ensinava, queria saber até que nível o próprio guru chegara a experimentá-la... "Até a esfera do vazio[2]", o mestre lhe respondeu. O bodisatva mobilizou toda sua convicção e sua força de vontade, toda sua atenção e sua concentração, e rapidamente conseguiu realizar interiormente a doutrina do guru, sem necessidade de perseverar durante vários anos, como acontecia com os outros discípulos. Alara Kalama recebeu a notícia com entusiasmo: "Nós temos sorte, meu amigo, muita sorte de ter um companheiro assim na vida santa!". Em seguida, o mestre completou, em tom mais solene: "O saber que eu conheço é o mesmo saber que você conhece; o saber que você conhece é o mesmo saber que eu conheço. Venha, meu amigo, vamos agora dirigir juntos esta comunidade[3]". Era uma honra muito grande, mas a proposta do mestre deixou Sidarta acanhado. No fundo, ele sabia com pertinência que a doutrina de Alara Kalama não levava à abolição do desejo, nem à paz interior, nem ao verdadeiro conhecimento, nem à iluminação máxima... "mas somente à base constitutiva do nada[4]". Depois de ter recusado a oferta, naquele mesmo dia, o jovem renunciante abandonou o *ashram*...

Lá estava ele, mais uma vez, a caminho do reino de Magada. Depois de atravessar o Ganges em uma barcaça, ele caminhou por uma linda estrada, larga e bem plana, que acabara de ser limpa. Dia após dia, Sidarta cruzava o tempo todo com muita gente: comerciantes empoleirados em cima de charretes transbordantes de mercadorias, mulheres e crianças que iam até o rio para seu banho matinal, pastores com seus rebanhos de cabras e de vacas ou de búfalos, grupos de peregrinos a caminho de um local sagrado, soldados altivos conduzindo elefantes de guerra, trupes de saltimbancos acompanhados de ursos ou de macacos adestrados. E, às vezes, até mesmo ascetas errantes, como ele. Ao seu redor, a paisagem tinha mudado. As florestas virgens cheias de jasmins se tornavam mais raras, dando lugar a vastas extensões verdes de arroz que amadurecia. Enquanto altas colinas se perfilavam no horizonte, ele continuava caminhando em ritmo regular, sem se deixar perturbar pela agitação crescente que anunciava a chegada breve a Rajagrha, a prestigiosa capital do reino de Magada.

Finalmente, certo dia, Sidarta atravessou os portões da imponente cidade fortificada e rodeada por cinco montes íngremes que também serviam de proteção natural. Muito populosa, Rajagrha lhe pareceu, de maneira muito justa, mais extensa do que Vaisali. E também bem mais rica. Graças a seus enormes jazigos de minério de ferro, o reino de Magada era particularmente próspero; estava, de fato, em plena expansão. Giribbaja, a antiga capital, edificada em uma elevação, tinha ficado pequena demais para abrigar todos aqueles que vinham se instalar na capital com a esperança de ali fazer fortuna. Construída bem a seus pés, Rajagrha, a nova cidade vistosa, impressionava bem mais os recém-chegados. Mas o asceta Gautama permaneceu imperturbável. No meio do fluxo ininterrupto de passantes, foi penetrando tranquilamente na cidade, com o intuito de mendigar o alimento do dia. Ele logo abandonou a ampla via onde circulavam os veículos de tração animal e se embrenhou em um labirinto de vielas, ao longo das quais as moradias, os ateliês dos artesãos e as barraquinhas dos comerciantes se apertavam. Os estrangeiros se perdiam com facilidade no emaranhado ruidoso e colorido... Felizmente, Sidarta não precisou se demorar muito pelas ruelas com sua tigela de madeira para esmolas nas mãos. Do mercador próspero ao servente modesto, eram numerosos os habitantes que, desejando obter mérito, disputavam o privilégio de dar alimento àqueles que tinham feito a escolha pelo ascetismo. E ao ver aquele jovem mendigando de maneira assim tão digna, tão humilde, em silêncio e com a cabeça baixa, "sem olhar mais adiante de si do que o comprimento de uma carroça[5]", os cidadãos não hesitavam em se mostrar ainda mais generosos que de costume.

Um grande prédio tinha sido erguido havia pouco tempo no coração da cidade para abrigar os viajantes e um amplo caravançará tinha sido construído perto das muralhas para o repouso dos mercadores de passagem. O bodisatva, que preferia ficar longe da agitação dos homens, logo deixou para trás os muros da capital poderosa, antes que os portões pesados fossem fechados para passar a noite. O rapaz chegou até a encosta do monte Pandava, ali bem próximo. Enquanto esperava para encontrar um novo mestre espiritual, o lugar lhe pareceu perfeito para meditar em solidão. Durante o dia, um rochedo enorme, que todo mundo chamava pelo apelido de Pico dos abutres, devido ao seu formato que lembrava a ave, protegia o bodisatva do sol. Como já era seu hábito, ele permitia que a noite quente e estrelada envolvesse seu sono com ternura.

Todas as manhãs, logo ao amanhecer, o asceta Gautama deixava seu novo refúgio e descia até a cidade para recolher seu alimento do dia. Crente de que passava despercebido no meio da multidão, Sidarta nem desconfiava de que era objeto da observação atenta e discreta de um rapaz... Elevado ao trono com a idade de quinze anos, o soberano Bimbisara só tinha cinco anos a menos do que ele. Desde que tinha avistado o bodisatva pela primeira vez, no dia em que este chegara a Rajagrha, o rei de Magada ficava cada vez mais intrigado pelo desconhecido com vestes cor de açafrão, e sua admiração por ele crescia a cada dia devido a sua atitude exemplar. Como muitos de seus contemporâneos, ele considerava o caminho da renúncia o mais nobre de todos. A cada manhã, ele espiava o jovem renunciante da torre de seu palácio e observava com atenção o menor de seus movimentos.

Bimbisara acabou por incumbir seus homens de obter informações a respeito do asceta misterioso. Na manhã do dia seguinte, quatro agentes reais seguiram Sidarta depois de sua caminhada pela cidade para recolher esmolas e chegaram ao sopé do Pico dos Abutres, onde o sábio estava sentado à sombra de uma árvore para consumir sua refeição do dia. Logo, um deles partiu para informar ao rei: "O monge, vossa majestade, está acomodado na encosta do Pandava como um tigre, um touro, um leão[6]". O soberano então decidiu ir pessoalmente até o local para conhecer a figura que parecia ser tão fora do comum. Ele logo foi obrigado a abandonar sua charrete e percorrer o resto do caminho a pé. Ao chegar, um pouco sem fôlego, Bimbisara inclinou o corpo para "saudar seus pés com a cabeça[7]", depois se sentou com todo o respeito ao lado do bodisatva. A aura que emanava dele o impressionou sobremaneira. Depois de uma troca de amáveis cortesias, Bimbisara lhe fez uma proposta inesperada: "Você é novo, jovem, na flor da juventude, dotado da estatura e da cor de um guerreiro de nascimento elevado. Faria bonito frente a um exército, liderando um esquadrão de elefantes. Ofereço-lhe fortuna: aceite. Indago a respeito de seu nascimento: conte-me como foi[8]".

Sidarta o informa de bom grado a respeito de sua linhagem real e de pertencer ao reino dos sakyas. Mas ele não aceita a oferta do rei, digna de uma armadilha habitual do astuto Mara. Ele tinha abandonado a vida de príncipe e renunciara ao desejo, cujos perigos ele tinha compreendido, para se refugiar no caminho da renúncia e da busca da salvação porque, como ele explica com muita paciência ao soberano, "é assim que o meu coração se alegra[9]". Escondendo a decepção, Bimbisara então fez com que ele prometesse fazer-lhe uma visita no dia em que tivesse atingido a iluminação, para ensinar sua doutrina a ele.

Pouco depois desse encontro, Sidarta se tornou discípulo de um mestre espiritual chamado Rudraka Ramaputra. De acordo com o *Lalitavistara*, esse guru, "conhecido, solicitado, muito venerado, estimado entre os sábios", era um dos mais famosos da região. Incluindo a prática de mortificações e de austeridades, assim como exercícios de respiração, os ensinamentos dispensados por Rudraka Ramaputra tinham a fama de conduzir à contemplação absoluta, "à viagem em que não existem ideias nem ausência de ideias[10]". Seu retiro ficava instalado em um bosque nos limites de Rajagrha, seus discípulos "somavam o número de setecentos[11]". Sidarta não demorou em se aproximar de alguns deles. Observando o dom espiritual excepcional de seu companheiro de ascetismo dia após dia, Kondana, Bhaddiya, Vappa, Mahanama e Assaji logo adquiriram grande estima pelo recém-chegado. Imagine só, o asceta Gautama era tão bem dotado que Rudraka Ramaputra até tinha lhe proposto que assumisse a liderança de sua escola! Deste modo, assim que o bodisatva atingiu o mesmo nível de conhecimento do mestre e, insatisfeito com sua doutrina, anunciou sua partida para dar continuidade à busca pela verdade em outras paragens, os Cinco não hesitaram nem um pouco: decidiram segui-lo. "Sem dúvida, ele vai se transformar no preceptor do mundo e vai compartilhar conosco aquilo que descobrir[12]", os jovens noviços esperavam, cheios de convicção.

O bodisatva então partiu "em excursão pelo país de Magada com as cinco figuras de boa casta[13]". Lá estavam eles, deslocando-se mais para o sul, na direção da cidade de Gaya, caminhando através da planície fértil do Ganges, uma imensa colcha de retalhos de plantações e de arrozais, pontuada aqui e ali por pequenos bosques e montes rochosos. A vida dos errantes é leve e feliz, o ritmo da caminhada combina perfeitamente com a meditação, cada passo é uma promessa renovada de alcançar a revelação máxima, aquela que coloca fim ao ciclo das reencarnações.

Ao chegar a cerca de dez quilômetros de Gaya, perto da localidade de Uruvela, o asceta Gautama de repente ficou profundamente comovido com o espetáculo do "rio Nairanjana com suas águas puras, suas belas escadas de acesso, os lindos arvoredos que o margeiam, os lugarejos de pastores que o rodeiam; e ali o espírito do bodisatva ficou encantado de sobremaneira: este canto do mundo é cômodo, maravilhoso, favorável ao retiro... Preciso me instalar aqui[14]", ele teria declarado a seus fiéis companheiros de estrada. Mas, segundo outros relatos do cânone páli, foi somente nesse momento, quando o bodisatva se instalou em Uruvela, que os Cinco teriam se juntado a ele para acompanhá-lo em sua busca pela Iluminação. Deste modo, eles são descritos como figuras que não tinham nenhuma ligação com Rudraka Ramaputra... O mais velho deles, Kondana, é apresentado como o mais jovem entre os oito astrólogos que examinaram o corpo do príncipe quando de seu nascimento. Seus quatro companheiros são os filhos de seus antigos confrades, todos já mortos. Assim como Kondana, eles escolheram abandonar Kapilavastu para seguir Sidarta em sua busca pela Iluminação porque os pais os tinham informado, antes de morrer, do destino excepcional que estava reservado para o filho de Sudodana se algum dia adotasse a vida de asceta.

Seja lá como tenha sido, a instalação em Uruvela na companhia dos Cinco inaugura para o bodisatva um período intenso de busca espiritual. Apesar de ter avaliado como insuficientes as duas doutrinas ensinadas por seus primeiros mestres, o asceta Gautama não renunciou aos exercícios de ioga e às práticas de austeridade em que eles o iniciaram: chegou até a se dedicar a elas com ardor radical, experimentando em profundidade diversos caminhos religiosos considerados pouco ortodoxos pelos brâmanes mais conservadores. Começava então uma busca de conhecimento que seria tão longa como difícil.

O bodisatva se entregou primeiro a exercícios de retenção da respiração: "É necessário que, depois de cerrar os dentes e pressionar o palato com a língua, eu retenha com firmeza meu pensamento, com a ajuda do espírito, que eu o subjugue, que eu o esmague completamente[15]". Mês após mês, ele forçava cada vez mais os exercícios respiratórios... Instalado em um local afastado dos vilarejos, em uma pequena choupana rudimentar, que construíra com as próprias mãos, o asceta Gautama se via regularmente mergulhado em isolamento total, porque os Cinco não passavam todo o tempo a seu lado. Ele sentiu então, pela primeira vez, o medo de viver sozinho no meio da natureza durante períodos prolongados: "A solidão da floresta é difícil de suportar, é difícil encontrar prazer no fato de estar sozinho. Quando eu ficava à noite em um desses lugares assustadores e angustiantes e um animal passava ou um pavão quebrava um galho ou o vento gemia entre as folhas, eu me enchia de terror e de pânico[16]". Pouco a pouco, ele foi aprendendo a domar o medo e a manter seu espírito "concentrado e unificado[17]", fossem quais fossem as condições.

Sidarta prosseguiu mais e mais com seu trabalho respiratório, até a cessação total de "qualquer inspiração e qualquer expiração, pelas orelhas, assim como pela boca e pelo nariz[18]". Mas, apesar desses esforços levados ao extremo, os resultados espirituais obtidos não iam ao encontro de suas expectativas. Em vez disso, ele se viu acometido de dores de cabeça violentas, problemas intestinais e acessos de febre... O jovem asceta decidiu abandonar esses exercícios.

Ele se voltou para o jejum. Mais uma vez, foi estendendo a experiência progressivamente até o limite, ou melhor, a supressão completa de alimentação. Depois de vários meses, seu estado se tornou verdadeiramente pavoroso:

> Meus flancos, em ruínas, tinham ficado, sob o efeito do jejum, exatamente iguais às vigas apodrecidas de uma cabana velha. Minhas pupilas brilhantes, afundadas nas minhas órbitas, tinham ficado exatamente iguais ao círculo de água espelhado que se vê no fundo de um poço profundo sob o efeito do jejum. A pele da minha cabeça, enrugada e endurecida, tinha ficado, sob o efeito do jejum, exatamente igual à casca crua de uma abóbora amarga. Na verdade, eu pensava: "Vou tocar a pele da barriga" quando pegava na espinha dorsal e "vou tocar a espinha dorsal" quando pegava na pele da barriga, porque eu tinha chegado ao ponto em que, sob o efeito do jejum, a pele da barriga aderira à espinha dorsal.[19]

Um dia, relata o livro dos *Jataka*, o bodisatva perdeu os sentidos totalmente. Os boatos de sua morte então chegam até seu pai, em Kapilavastu. Sudodana, que tinha colocado fé na profecia de Asita, recusou-se a dar crédito à notícia... Um outro relato tradicional informa ainda que o jovem asceta, no fim de suas forças e incapaz de fazer o menor dos movimentos, terminou por ficar tão parecido com um cadáver que as próprias divindades começaram a acreditar que ele estava morto!

Enquanto Sidarta impunha sofrimentos terríveis todos os dias a seu corpo imóvel, a dúvida ia se instalando progressivamente em seu espírito... Até o momento em que uma velha lembrança de infância de repente lhe abriu os olhos: ao relembrar o dia em que, longe de qualquer austeridade, o espetáculo da cerimônia do trabalho no campo permitira que atingisse pela primeira vez o estado meditativo, ele tomou plena consciência da inutilidade do ascetismo extremo e até de qualquer forma de penitência. Compreendeu que, durante todos aqueles anos, se enganara em relação ao caminho.

> Pouco depois, ao abandonar definitivamente o jejum muito severo que praticara até então, o bodisatva comeu um pouco de arroz e de cozido de grãos grelhados para adquirir forças suficientes. Quando ele consumiu esta pequena quantidade de alimento, os cinco homens que o seguiam ficaram completamente decepcionados e o abandonaram, dizendo um ao outro: "O asceta Gautama é insensato, estúpido, perdeu o Caminho. Então, será que não existe um Caminho da Verdade?", e partiram pelo campo.[20]

Quando os cinco tomaram a direção de Kashi, a cidade sagrada às margens do Ganges, para ali dar continuidade à busca do conhecimento junto a um outro sábio, Sidarta resolveu ir mendigar alimento nos povoados vizinhos. Muito enfraquecido, ele mal conseguia andar. Suas vestes tinham se tornado farrapos havia muito tempo, e ele precisava cobrir o corpo. Então, encontrou no caminho a mortalha de um cadáver ou, segundo outras lendas, os andrajos de uma velha moribunda. Depois de lavar esses trapos no rio Nairanjana – alguns falam de um riachinho que teria aparecido como que por encanto –, ele os ajeitou como se fossem vestes de monge. E agora estava pronto para se dirigir ao vilarejo mais próximo. Mas não conseguiu ir muito longe. Exausto, sentou-se aos pés de uma árvore. Foi nesse momento que o destino chegou para ajudá-lo... Sujata, a filha do chefe do vilarejo de Senani, tinha enviado sua criada para fazer uma bela oferenda de arroz para a divindade que morava em uma árvore sagrada da floresta vizinha. Aliás, ela tinha dado à luz um filho naquela manhã e, como era muito devota, não tinha esquecido de honrar sua promessa. E foi assim que a criada de Sujata, acreditando que Sidarta não era ninguém menos do que a divindade encarnada, entregou a ele a copiosa oferenda!

Graças a essa oferenda providencial, o bodisatva recuperou rapidamente a força física. Mas se viu totalmente desorientado em sua busca espiritual e completamente sozinho. Ele tinha abandonado sua família, seus amigos, seus dois mestres espirituais e agora tinha sido abandonado, da noite para o dia, pelos seus cinco discípulos. Com a aproximação de seu aniversário de 35 anos, ele já tinha esgotado dois grandes domínios da experiência humana: a volúpia da vida de príncipe de sua infância e depois o ascetismo da vida de renúncia à qual ele se dedicara durante seis anos. Cada um por sua vez, ele tinha renunciado definitivamente a esses dois caminhos opostos, mas absolutamente extremos. Como acontecera depois de sua fuga de Kapilavastu, lá estava ele mais uma vez totalmente entregue a si próprio em sua busca pela salvação. No entanto, o asceta Gautama não se deu por vencido. Uma única pergunta não lhe saía da cabeça: "Será que não existe um outro caminho para a Iluminação[21]?".

Vale do Ganges, por volta de 500 a.C.

Na Índia, a efervescência intelectual chegava a seu auge. Por todos os lados, espíritos livres e críticos apresentavam novas especulações metafísicas, imaginavam novas práticas religiosas para agitar a herança védica. Nas terras férteis banhadas pelo Ganges, uma revolução filosófica estava em andamento. A sociedade mudava, e a religião dominante também. Nas cidades dos grandes reinos, as elites intelectuais se entregavam a debates inflamados a respeito das questões espirituais. Organizadas em praça pública, as disputas de oratória entre brâmanes e grandes mestres espirituais passavam a interessar mais às multidões do que os grandes rituais de sacrifício. Nas rotas de caravana, monges sem domicílio e ascetas vagabundos se cruzavam e confrontavam suas doutrinas ao mesmo tempo em que, à sombra das florestas, novos gurus atraíam um número cada vez maior de adeptos vindos para seguir seus ensinamentos. Isolados ou em grupo, esses renunciantes usavam toda a imaginação para se destacar por meio da aparência... Alguns, com o cabelo eriçado sem nunca ter sido cortado e vestes de casca de tronco, confundiam-se com as árvores; outros andavam de cabeça raspada e pés descalços, cobertos simplesmente com uma pele de tigre; outros ainda ficavam completamente nus, apenas "vestidos de ar" ou com o corpo coberto de cinzas. Muitos entre esses ascetas se faziam notar por votos quase sempre considerados excêntricos, como por exemplo o de adotar o comportamento de uma vaca...

Durante seus longos anos de busca, Sidarta Gautama inegavelmente foi iniciado no pensamento bramânico de seu tempo, assim como em um certo número de outras correntes espirituais inovadoras. É isso que conclui o estudo dos relatos budistas, que oferecem um bom apanhado do caldeirão religioso fervilhante do Norte da Índia. Já os textos originários de outras grandes tradições religiosas indianas permitem que se complete o panorama de múltiplas seitas e movimentos de reforma que se desenvolveram na época e que, de perto ou de longe, também puderam influenciar o futuro Buda em sua busca espiritual e na elaboração de sua própria doutrina: "Apesar de ter se expandido para a maior parte da Ásia no decurso dos séculos, o budismo é profundamente indiano em suas origens; nasceu em um meio inteiramente indiano, em resposta a preocupações espirituais tipicamente indianas, que é necessário conhecer para poder compreender[1]", observa, com muita propriedade, o grande especialista André Bareau.

O perfil do primeiro mestre espiritual encontrado pelo bodisatva, Alara Kalama, permanece obscuro e difícil de discernir. Por outro lado, o segundo, Rudraka Ramaputra, aparece com bastante clareza como um mestre bramânico que ensinava os conceitos desenvolvidos pelos *Upanixades*, textos que faziam parte da Revelação composta em sânscrito.

Os primeiros *Upanixades* – palavra cujo sentido literal é "sentar-se perto de, aos pés de" – apresentam-se como escritos iniciais bastante curtos em que os ensinamentos esotéricos e secretos têm como objetivo ser transmitidos do mestre aos discípulos. "A viagem em que não existem ideias nem ausência de ideias[2]" descrita por Rudraka Ramaputra pode ser aproximada da famosa fusão entre o *atmã* e o *brâman* pregada pelos *Upanixades*. Essa osmose salienta mais um conhecimento do tipo místico ou gnóstico, que ultrapassa as palavras, do que uma tomada de consciência de ordem intelectual. De acordo com o bramanismo, ela permite alcançar a máxima libertação, a *moksha*. Em outros termos, a união entre o *atmã* e o *brâman* conduz diretamente à salvação, já que permite à alma que finalmente se liberte do *samsara*, o ciclo infernal das reencarnações, no qual ela é mantida como prisioneira devido à lei do carma.

Com o significado literal de "ação", o carma é a relação de causa e efeito em virtude da qual cada ato – e mesmo qualquer pensamento e qualquer palavra para os "seres superiores" – acarreta consequências que afetam o eu profundo de renascimento em renascimento. A lei do carma corresponde ao peso dos atos, bons ou ruins, executados ao longo das existências anteriores, que condiciona cada um a nascer nesta ou naquela situação. Em outras palavras, em um lugar específico no seio de um dos quatro *varnas*: "Aqueles que se conduzem de maneira agradável na terra podem esperar entrar na matriz agradável de uma mulher da classe dos brâmanes, dos *kshatriya* ou dos *vaishya*. Mas aqueles que têm má conduta devem saber que vão entrar em uma matriz imunda, de uma cadela, de uma porca[3]...", lembra um dos mais antigos entre os 108 *Upanixades* tradicionalmente citados.

Nessas condições, o sofrimento humano encontra sua explicação e a hierarquia social se justifica... A teoria do carma força cada um a ficar em seu lugar, quer dizer, a se contentar com os direitos e deveres que sua posição compreende se quiser orientar seu destino de modo favorável – ou melhor, nascer em melhor condição. Ainda assim, os homens podem se libertar do ciclo de reencarnações, aqui e agora, no decurso de sua existência presente: para tanto, é necessário realizar em si mesmo o famoso preceito do *Upanixade Chandogya*: *Tat tvam asi*, "Você é Isso". Aquele que consegue se torna um *jivanmukta*, um "liberto vivo" que já não tem mais nenhuma obrigação social ou religiosa.

Por professar teorias e opiniões diversas, os *Upanixades* não são textos dogmáticos; eles estão na origem das seis grandes escolas filosóficas do hinduísmo clássico. A corrente filosófica denominada *Vedanta*, ou "Realização do Veda", apoia toda a sua problemática nos *Upanixades* para afirmar que o mundo empírico não passa de um reflexo e que não tem existência por si só: a osmose *atmã-brâman* é, assim, cada vez mais difícil de atingir, uma vez que o *maya*, a força da ilusão, impede que o homem perceba a essência das coisas e o mantém na ignorância metafísica. Ao idealismo do Vedanta, que é um monismo, irá se opor o realismo da escola chamada "Samkhya", ateísta, que reconhece a existência da matéria em mesmo título que a do espírito e visa ao conhecimento do universo em sua totalidade. Apesar de desconhecermos a natureza exata dos elos estabelecidos entre os dois, o fato é que a escola Samkhya e o budismo apresentam em seus desdobramentos diversos pontos de concordância.

Por hora digamos que, apesar de os primeiros *Upanixades* deixarem transparecer "visões" diferentes, a concepção geral do mundo que advém da doutrina bramânica da união com a alma universal leva a uma certa negação da vida terrestre. Esta se torna sinônimo de sofrimento, e uma certa desconfiança relativa a seus atos se instala. Para alcançar o conhecimento máximo que liberta o homem do *samsara*, o melhor caminho exaltado pelos autores dos *Upanixades* é, assim, o da renúncia ao mundo, tanto aos bens terrestres quanto aos apegos familiares. Contudo, a renúncia àquilo que é temporal não será suficiente em si para obter a união com o *brâman*. É necessário também conseguir se libertar completamente do desejo, dominar o pensamento e se concentrar no mundo imaterial. Os *Upanixades* dão diversas instruções a respeito da maneira de atingir essa absorção no infinito: para aquele que abandona tudo, as portas se abrem na direção de diversas práticas de ascetismo, tais como a meditação, o jejum ou o *tapas*, "sufocamento", exercício de autocontrole que é praticado entre quatro fogueiras sob o sol mais quente do dia.

Sinal dos tempos, na medida em que os caminhos da libertação tomam formas variadas, o vocabulário utilizado para designar os renunciantes também se multiplica. Retornando ao Veda, *yati*, que significa "asceta", continua sendo usado, assim como *uratya*, "aquele que faz um voto", e *muni*, que designa um anacoreta silencioso. A partir de então, fala-se também dos *bhikshu*, "mendicantes", dos *vanaprastha*, "eremitas da floresta", dos *pravrajin*, "aqueles que partem", ou ainda dos *avadhuta*, "despojados". Só mais tarde os *sannyasin* viriam a se transformar nos renunciantes por excelência.

Mas Sidarta Gautama não foi iniciado apenas nos conceitos bramânicos dos *Upanixades*. Às margens do Ganges, as especulações metafísicas, assim como a experimentação de técnicas psicofisiológicas, não estavam reservadas aos brâmanes ou aos "nascidos duas vezes" que escolheram a renúncia: diversos textos mencionam a existência de figuras chamadas de *shramanas*, "aqueles que se esforçam". Eles se entregavam igualmente a uma vida de ascetismo e de meditação, mas à margem do meio bramânico. Vivendo em solidão ou em grupos, eles pertenciam a movimentos alternativos, ou eram assimilados por eles. A tradição bramânica considera suas teorias ou métodos como não ortodoxos. A partir do dia que rejeita o ensinamento de Rudraka Ramaputra, o bodisatva entra progressivamente no movimento shramânico. Depois de atingir a Iluminação, Buda iria se transformar, pouco a pouco, em um dos *shramanas* mais renomados de seu tempo.

Quem serão então os "hereges" de que o bodisatva pode ter ouvido falar, ou com quem até mesmo cruzou pelo caminho? Por volta do século V a.C., contam-se pelo menos duas dezenas de seitas heterodoxas diferentes. Entre elas, muitas continuam sendo difíceis de identificar por não terem sobrevivido a seu tempo. Às vezes, os únicos vestígios deixados são seu nome ou o título de sua doutrina, citados pelos textos do bramanismo, do budismo e do jainismo, que buscavam negá-las ou condená-las.

Formando um grupo relativamente importante, mas não homogêneo, os materialistas se apresentavam em oposição total ao bramanismo, tanto em razão de sua doutrina provocativa quanto de seu modo de vida, bastante libertino. Alguns deles são bem conhecidos. É o caso de Ajita Kesakambala, literalmente, "Ajita do Tecido de Crina", o grande mestre dos lokayatas, que negava a realidade das vidas passadas ou futuras: "Quando o corpo morre, os insensatos, como os sábios, perecem. Eles não sobrevivem à morte[4]". Acreditando nos fenômenos naturais, o fundador da seita prega a realidade eterna da matéria e considera que se regozijar dos prazeres da vida presente é o objetivo supremo: "É um tolo, tanto quanto um animal, aquele que, por temor, despreza o prazer que lhe cabe[5]". Na mesma família encontram-se ainda os niilistas, ou nastikas, "aqueles que dizem não", assim como os charvakas, "belos oradores", como os brâmanes os chamam para denegrir sua filosofia ateia e hedonista.

Uma outra seita influente contemporânea de Buda é a dos ajivikas. Essa ordem de ascetas, que perduraria até o século XIV, segue os ensinamentos de um famoso guru denominado Gosala Maskariputra. Os ajivikas refutavam o conceito do carma, mas aceitavam o do *samsara*. Fatalistas e deterministas, eles pregavam uma teoria do destino segundo a qual nenhuma ação tem influência sobre o ciclo das reencarnações: "Não existe força, nem esforço, nem energia humana, nem empreendimento humano. Todos os seres vivos, toda a vida, todos os seres, todas as almas são impotentes, privadas de força, desprovidas de esforço[6]". A libertação só pode ser atingida ao cabo de um número considerável de vidas que se sucedem de maneira inexorável, "da mesma maneira que um carretel de linha, quando lançado, chega ao fim apenas se desenrolando, da mesma maneira, depois de terem transmigrado e vagado a esmo, os sábios e os tolos, igualmente, chegarão ao fim do sofrimento[7]". Considerando que tenham atingido o último renascimento, os monges ajivikas se preparam para a Libertação por meio de um ascetismo muito austero. Vários deles seguem o exemplo do mestre Gosala Maskariputra no fato de andarem totalmente nus e usarem as mãos em vez de uma tigela de madeira para recolher a esmola que lhes é dada.

Mestre espiritual próximo da seita dos ajivikas, Purana Kassapa era ainda mais radical do que Gosala Maskariputra. Ele criticava com fervor o conceito bramânico do carma e chegava a negar qualquer responsabilidade moral. De acordo com a tese de Purana Kassapa, o assassinato e o roubo não são atos repreensíveis, assim como não existe mérito algum em se tornar asceta. Por consequência, Purana Kassapa ensina uma teoria do não agir chamada *akriyavada*. Finalmente, um terceiro mestre, Pakudha Kacchayana, viria a influenciar igualmente a seita dos ajivikas com sua doutrina do atomismo e das sete substâncias "eternas" – a saber, a terra, a água, o fogo, o ar, a alegria, a tristeza e a vida.

A essas correntes materialistas e fatalistas se juntava a dos céticos, que era composta por vários grupos. Os textos bramânicos citam os tarkins, dialéticos imbuídos de especulação e versados em lógica. Já os paribbajakas formam um grupo importante de ascetas de cabeça raspada que seguem os preceitos de um mestre agnóstico chamado Sanjaya Bellatthiputta. Considerando que é impossível ter qualquer certeza em relação ao além, esse cético absoluto se recusava a responder qualquer pergunta em razão de suas dúvidas sobre a natureza do saber e os fundamentos da lógica. Por avaliar que não é possível responder nem sim, nem não, nem mesmo "nem-sim-nem-não", ele pedia a seus discípulos que se concentrassem na realização interior e na preservação da impassibilidade mental.

Os adeptos da ioga escapavam, finalmente, de qualquer classificação. Os iogues não constituíam uma seita distinta; eram encontrados tanto junto aos brâmanes quanto junto aos *shramanas*. Apesar de suas doutrinas serem diferentes, tanto Rudraka Ramaputra quanto Alara Kalama ensinam visivelmente a ioga a seus alunos.

Várias hipóteses coexistem em relação às origens da ioga, mas todas concordam em afirmar que elas remontam, sem dúvida, a muito antes do século VI a.C., época em que a palavra aparece no *Upanixade Katha*. Para alguns, a fonte principal da ioga é com certeza o *tapas* praticado desde a época védica pelos grandes brâmanes com o objetivo de adquirir poderes sobrenaturais. Para outros, a ioga teria nascido do encontro da cultura dos arianos com a das populações autóctones do vale do Ganges que praticavam o xamanismo. Finalmente, segundo uma terceira hipótese baseada na descoberta, no Paquistão, de um selo com um homem sentado em postura de iogue, a ioga seria anterior ao vedismo e remontaria à civilização do Indo, ou seja, entre 2500 a.C e 1800 a.C.

Seja como for, como atesta efetivamente o relato dos seis anos em que o bodisatva vagou, a ioga era bastante disseminada na Índia antiga. Os iogues são apresentados como filósofos especializados no domínio da técnica do corpo e do espírito, e a ioga, como uma disciplina psicossomática, uma técnica de condicionamento físico que visa a salvação individual. À imagem do termo ioga – que vem do sânscrito *yug*, "ligar", "atrelar", "domar" –, é fácil comparar o resultado da ioga sobre o pensamento com o adestramento de um animal astuto e fogoso por um cavaleiro. De acordo com os *Upanixades*, a ioga representa uma via de acesso ao *brâman* que implica reabsorção em si mesmo, uma suspensão das percepções e das sensações: "O caminho supremo é nomeado quando os cinco modos de conhecimento do pensamento estão em repouso e a razão não se movimenta. Ele é compreendido sob o nome de ioga, o domínio firme sobre os sentidos. Ficamos então concentrados, porque a ioga é produto de um mundo interior e da reabsorção das percepções externas[8]". O objetivo da ioga é, portanto, atingir, por meio do treinamento duplo do corpo e do espírito, um estado de meditação e de concentração absoluta chamado *samadhi*, uma experiência libertadora máxima que não leva ao êxtase, mas sim, segundo a expressão de Mircea Eliade, ao "ênstase".

A prática da ioga geralmente compreende o trabalho das posturas e também da fixação do espírito em um objeto determinado que deve se seguir pela meditação interior. No entanto, o exercício incontornável da ioga, que Sidarta praticou com muito ardor, é o domínio da respiração, ou *pranayama*, porque o ar é uma representação ao mesmo tempo empírica e simbólica do *atmã*, ou pelo menos é uma emanação dele. "A respiração nasce do atmã[9]", ensinam de fato os *Upanixades*, já que é o suporte permanente e indispensável da vida, a única energia que continua ativa do mesmo modo durante o sono e o estado de vigília.

O panorama da efervescência religiosa e intelectual da Índia no tempo de Buda ficaria incompleto se deixássemos de mencionar Vardhamana, mais conhecido sob o título honorífico de Mahavira, o "Grande Herói". Figura-chave entre os numerosos *shramanas* que ensinavam um caminho que levava à salvação, Mahavira é considerado pelos historiadores o fundador da religião jainista. Para seus adeptos, o jainismo remonta a uma data bem anterior à existência do mestre. Os jainistas, aliás, consideram que Mahavira tenha sido o último de uma linhagem de homens excepcionais que alcançaram o conhecimento supremo, os 24 Tirthankaras ou "Atravessadores de Vau", que eles reconhecem como os mestres históricos de sua religião.

Se acreditarmos nos relatos tradicionais, Vardhamana primeiro se associou, por seis anos, a Gosala, o chefe dos ajivikas, antes de seus caminhos se separarem devido a divergências de doutrina. Diferentemente do fatalismo pregado por Gosala, Mahavira acredita no livre arbítrio. Ele ensina a seus discípulos que os atos podem influenciar o curso das reencarnações: o termo *jain*, que vem do sânscrito *jina* – "vencedor", "vitorioso" –, designa aquele que, por sua disciplina, chegou a se livrar do ciclo dos renascimentos.

Entre todos os movimentos xamânicos de sua época, a grande ordem monástica desenvolvida por Mahavira iria se impor com muita rapidez como a concorrente e adversária mais importante do budismo. Ainda mais pelo fato de que os ensinamentos dos dois mestres históricos encontraram diversas semelhanças... Será que Buda se inspirara diretamente no jainismo para elaborar sua própria doutrina? Ou seria o contrário? Voltaremos a cruzar o caminho de Mahavira mais adiante para tentar solucionar essa questão. Mas é necessário admitir que estabelecer a cronologia, e portanto a genealogia, das ideias filosóficas e religiosas da época não é tarefa simples. Restituir precisamente o jogo de influências e de adoção de ideias entre os grupos presentes se revela como algo ainda mais difícil.

A conclusão é que o aparecimento do budismo, em solo indiano, por volta do século VI a.C., não tem nada de fortuito. Como André Bareau já repetiu tantas vezes, o bodisatva era indiano, da mesma maneira que a doutrina de Buda seria, antes de tudo, indiana. Quando começou sua pregação, o sábio não era considerado o fundador de uma nova religião, no sentido que entendemos hoje em dia, mas sim um dos numerosos reformistas da religião dominante que se afirmava no movimento do shramanismo. E devido ao fato de que a doutrina de Buda se revelou especialmente a par das transformações na sociedade indiana, o budismo acabou sendo em sua terra de origem um verdadeiro sucesso popular, superior ao que qualquer outro movimento sectário pudesse alegar, incluindo o jainismo.

Iluminação

Era primavera, a tarde ia chegando ao fim. Graças à oferenda generosa de Sujata, o bodisatva recuperou instantaneamente todo o seu vigor e sua a beleza do passado. Apesar de seus companheiros o terem abandonado da noite para o dia, ele não duvidava de que sua decisão de renunciar ao ascetismo extremo estava bem embasada. Para dizer a verdade, Sidarta nunca se sentira tão perto do objetivo que tinha estabelecido para si, seis anos antes, ao partir de Kapilavastu... Pouquíssimo tempo antes, um deus viera "das Viagens Puras[1]" para revelar-lhe que ele iria se elevar ao conhecimento máximo ao pé de uma árvore sagrada chamada figueira-dos-pagodes. Melhor ainda, na noite anterior, cinco sonhos premonitórios tinham-no avisado sobre a iminência da aquisição de *Bodhi*, a iluminação...

Sereno, o bodisatva se embrenhou em uma floresta de árvores *sal* próxima a Uruvela, que logo se transformou em cenário fantástico. As árvores se inclinavam quando ele passava, depois, "no meio de duas palmeiras[2]", apareceu um riacho "cheio de água perfumada, com o fundo de areias de ouro, coberto de flores de lótus azuis, amarelas, vermelhas e brancas[3]". Enquanto tambores repicavam à distância, "às centenas de milhares[4]", papagaios, gaios, cisnes e pavões apareciam para saudá-lo. Imperturbável, ele prosseguia tranquilamente em seu caminho. Foi então que avistou uma árvore majestosa, cujas folhas, escuras e reluzentes, terminavam em pontas compridas, recurvadas para cima. Sidarta reconheceu imediatamente a venerável figueira-dos-pagodes. Prima da figueira-de-bengala, ela cresce sempre isolada nos bosques, como se quisesse se distinguir das outras espécies. É uma planta solitária, à imagem do rapaz naquele dia. Desta vez, o bodisatva sabia que tinha chegado ao local exato onde aquilo que ele tanto procurara iria se realizar. Embaixo daquela figueira-dos-pagodes, ele chegaria à iluminação. Naquela noite... ou depois de alguns dias.

O sol deslizou lentamente para trás das árvores. Em pé ao lado da figueira gigantesca, Sidarta estava absorvido em sua concentração quando um homem, sem dizer palavra, entregou a ele oito braçadas de feno ainda verde. O desconhecido logo se retirou, como que engolido pela escuridão que começava a cair. O bodisatva deu então sete voltas na Árvore do Conhecimento e a saudou com respeito, depois se acomodou em um belo tufo de ervas de *kuça*. Voltado para o Oriente, ele se sentou com as pernas cruzadas e o tronco bem reto, na posição de lótus, em seu "trono de sabedoria[5]". O "Ser prometido à Iluminação" tocou a terra com a mão direita. Sua intenção era que a "mãe dos seres[6]" fosse testemunha de sua resolução solene: "Se minha pele ressecar, se meus músculos murcharem, se meus ossos se dissolverem, assim como a carne e o sangue do meu corpo, eu não irei me preocupar! Enquanto eu não tiver penetrado a sabedoria suprema e definitiva, não irei me mexer deste assento[7]". As divindades benevolentes se aglomeraram ansiosas ao redor da figueira-dos-pagodes para assistir à Iluminação de Sidarta... Elas queriam tanto vê-lo conseguir!

O bodisatva mal tinha entrado em estado meditativo quando Mara resolveu interferir. O deus, tão poderoso como demoníaco, tinha a intenção de não permitir que ele alcançasse *Bodhi*: se o rapaz descobrisse o caminho da salvação e o divulgasse aos homens, colocaria em perigo o domínio de Mara sobre o desejo e o *samsara*! O "Senhor das Sombras[8]" não hesitou em deslocar seu exército formidável para junto da árvore... "De deixar os cabelos em pé[9]", o exército é formado de criaturas ao mesmo tempo apavorantes e grotescas. Meio humanos, meio animais, esses demônios horrorosos e disformes, com "olhos vermelhos e faiscantes como os da serpente negra cheia de veneno[10]", erguem nas mãos, com fúria, armas mortais... Mas todas as espadas, flechas, machados, clavas, raios e foguetes, ao atingirem a aura luminosa que rodeava Sidarta, transformavam-se instantaneamente em flores frescas e caíam a seus pés sem tocá-lo. Depois dessa derrota humilhante, Mara preferiu aparecer na forma do senhor dos prazeres sensuais. Munido de flechas com pontas floridas que excitavam os sentidos, ele se fez acompanhar das mulheres mais bonitas. Ao se aproximarem do bodisatva, "cheias de desejo[11]", elas mostraram para ele toda "a magia das mulheres, que tem 32 espécies[12]". Enfeitadas com sininhos e pulseiras, algumas revelavam corpos de menina; com os cabelos untados com unguentos perfumados, outras mostravam "formas de mulheres em idade madura[13]". Algumas, com o rosto mascarado, brincavam e davam risada, desnudando-se naturalmente de suas vestes transparentes. Com o olhar ou com palavras, todas convidavam o bodisatva a se juntar a elas... Em vão. Como não conseguia desviar a atenção de Sidarta nem mesmo pelo espaço de um instante com os chamativos sensuais, Mara então desencadeou todas as forças do universo. A figueira-dos-pagodes não foi capaz de impedir que a chuva torrencial, o furacão, os ventos furiosos e os raios se abatessem sobre o rapaz. As próprias divindades logo ficaram com tanto medo que fugiram na direção de seus reinos. Mas o bodisatva, inabalável, permanece profundamente mergulhado em sua meditação. "Como a gralha que ataca um rochedo, estou me cansando de Gautama[14]", constatou com amargor o "Senhor das Sombras". E se retirou para o mundo das trevas.

Como na ocasião do nascimento de Sidarta, a lua cheia do mês de *vaisakha* iluminava a cena. Com a aparição do astro, começava uma longa noite decisiva: quando chegasse o amanhecer, o bodisatva teria dado lugar a Buda.

Os deuses reapareceram em peso ao redor da figueira-dos-pagodes para assistir ao "grande milagre[15]". Este se desdobrou em três etapas ou "vigílias[16]". Durante a primeira, Sidarta percorreu sucessivamente os quatro estados de meditação que liberam totalmente o espírito do mundo sensível. Por ter rejeitado pouco a pouco as paixões e o desejo, o raciocínio e a reflexão, a alegria e o prazer, a dor e a tristeza, ele atingiu um estado de "pureza perfeita de indiferença e de atenção, nem difícil nem agradável[17]". A segunda vigília o levou a penetrar progressivamente em todos os mundos dos seres acorrentados pela lei do carma: Sidarta primeiro adquiriu a visão grandiosa e detalhada de suas próprias vidas anteriores, depois a dos renascimentos de todos os outros seres, "humildes ou ilustres, belos ou feios, com destino bom ou ruim[18]". Durante a última fase da noite, ele meditou longamente sobre a natureza da experiência humana, até tomar consciência das leis que regem o sofrimento da existência e o ciclo das reencarnações. Só então ele alcançou a "Iluminação suprema e completa[19]".

Com as primeiras claridades da aurora, Sidarta Gautama se libertou para sempre da condição humana. Com a idade exata de 35 anos, ele se tornou um "Buda perfeito e realizado[20]". As primeiras palavras do Iluminado saudaram o acontecimento: "A vida santa foi levada até sua conclusão! Aquilo que devia ter sido conquistado foi conquistado, este é o meu último nascimento, não haverá mais volta[21]!". Outras lendas apresentam a seguinte versão: "Eu atravessei um ciclo de diversos renascimentos sem conseguir encontrar o criador desta morada; este renascimento perpétuo é doloroso. Agora que foste descoberto, ó construtor desta casa, já não construirás mais nenhuma[22]". Naturalmente, entre as diferentes versões que relatam o "Grande Milagre", a do *Lalitavistara* é a mais maravilhosa: enquanto tremores de terra e prodígios se manifestavam ao mesmo tempo "em todos os mundos", os deuses "de todas as classes", acompanhados de todos os bodisatvas e de todos os budas, apresentavam-se "aos milhares" ao redor da "rainha das árvores" para prestar homenagem ao Afortunado!

Buda passou mais sete semanas em meditação completa; outros dizem que foram "quatro vezes sete dias[23]". Na primeira semana, como um rei que não deve abandonar o local de sua consagração durante os sete dias que a seguem, ele permaneceu sentado em posição de lótus sobre o "trono da Iluminação[24]", protegido pela árvore do *Bodhi*. Quando começou a segunda semana, ele mudou de lugar. De acordo com algumas fontes, o Iluminado se instalou a nordeste da figueira-dos-pagodes, à distância de catorze passos. Depois de dar meia-volta, ele fixou o olhar no trono do Conhecimento durante sete dias, sem jamais piscar os olhos. Os deuses ficaram inquietos, avaliando que ele talvez estivesse apegado demais ao trono. Para dissipar suas dúvidas, o Afortunado deu então uma pequena demonstração de seus poderes: ele se ergueu até o céu e depois, ao retornar ao solo, deixou jorrar simultaneamente uma gigantesca tromba-d'água de uma orelha e uma forte erupção de fogo da outra!

No decurso das duas semanas seguintes, o Iluminado vagou longamente sobre uma passarela de ouro e de prata, incrustada de pérolas, de esmeraldas, de rubis e de olhos-de-gato, depois meditou na casa das sete joias que os deuses construíram para ele a nordeste da figueira-dos-pagodes. O *Lalitavistara* chega até a invocar "um curto passeio do mar do Oriente até o mar do Ocidente[25]".

Buda passou a quinta semana também em meditação. Mas agora ele tinha se acomodado a oeste da figueira-dos-pagodes, embaixo de uma figueira-de-bengala. As filhas de Mara, por iniciativa própria, tentam mais uma vez desconcertá-lo, assumindo traços de beleza lasciva. Totalmente devotas de seu pai, elas adorariam ser capazes de lhe dar um pouco de consolo! Escondido na sombra, o *deva* maléfico de fato observava todas as ações de Buda depois de sua realização. E quanto mais as semanas passavam, mais ele se cansava de esperar. A última tentativa de suas mulheres foi um fiasco: Buda permaneceu impassível e se contentou em transformá-las em "velhas decrépitas[26]".

Durante a sexta semana, o Iluminado se colocou a sudeste da figueira-dos-pagodes, embaixo de uma outra árvore, perto do lago Mucalinda. De repente, uma tempestade terrível se iniciou. Era o começo da estação das chuvas. Em poucos instantes, o dia se transformou em noite e a chuva caiu com violência. A árvore sob a qual Buda estava sentado não bastava para protegê-lo das trombas-d'água... Foi então que uma serpente majestosa saiu das profundezas do lago – ou talvez da sombra da árvore – sem fazer barulho. Mucalinda, porque este é o nome do rei dos *naga*, enrolou com suavidade seus anéis ao redor do corpo de Buda, sete vezes, até colocar seu capuz de naja por cima da cabeça dele e formar um extenso anteparo. Quando as nuvens finalmente se dissiparam, o rei das serpentes se transformou, como que por encanto, em um lindo adolescente que se prostrou perante Buda.

A sétima semana se passou ao sul da figueira-dos--pagodes. Buda, sentado embaixo da árvore chamada de "Rajayatana", "viagem de rei", terminou sua meditação. No último dia, dois homens chegaram para se apresentar a ele. Chamados Tapussa e Bhallika, eles eram irmãos e comerciantes. Estavam fazendo uma longa viagem através do Norte da Índia com uma "grande caravana de quinhentas carroças[27]". Ao chegarem à região de Uruvela, eles foram informados por um deus da presença de um ser excepcional. Depois de se prostrarem, Tapussa e Bhallika ofereceram a Buda substanciosos doces de arroz com mel. Apesar de ter passado semanas sem comer, o Afortunado permaneceu completamente imóvel, e isso significava que não podia aceitar a oferenda. Os "quatro guardiões divinos dos pontos cardeais[28]" que vigiam o universo constantemente logo compreendem o problema... Eles aparecem perante o Iluminado e o presenteiam com quatro tigelas feitas de pedras preciosas. Mas Buda recusa a oferenda deles da mesma maneira. Os guardiões lhe oferecem mais quatro tigelas, desta vez feitas de matéria comum. Desejoso de que cada um deles pudesse se beneficiar do mérito da oferenda, o Iluminado aceita todos os recipientes. Depois, como que por magia, ele instantaneamente transforma as quatro tigelas em uma só.

Buda então consumiu os doces de arroz oferecidos pelos dois irmãos. Antes de pedirem licença para se retirar, eles se prostraram com devoção a seus pés e proclamaram, por sua vez: "A partir de hoje e durante todo o tempo em que vivermos, nós confiaremos em você[29]". Depois, Tapussa e Bhallika pediram ao sábio uma mecha de cabelo para que pudessem levar para seu país um objeto de veneração. O Afortunado atendeu ao pedido deles e lhes entregou exatamente oito cabelos. Os devotos, satisfeitos, foram embora.

No quinquagésimo dia depois da Iluminação, Buda voltou para baixo da figueira-de-bengala, onde enfrentou a última investida das filhas de Mara, o astuto. No decurso das sete semanas que tinham acabado de se passar, ele meditara longamente sobre a Iluminação, aprofundara seu conhecimento da verdade, amadurecera sua doutrina. Mas, então, começou a ser acometido por dúvidas: "Este conhecimento que eu atingi é profundo, difícil de conceber, difícil de realizar, tranquilo, refinado, além da compreensão da razão, sutil, acessível apenas aos ajuizados. Mas esta geração fica feliz com o apego, emociona-se com o apego, regozija-se com o apego[30]". Quanto mais Buda refletia, mais hesitava em sair para pregar o caminho da salvação para seus contemporâneos: "Se eu devesse ensinar a doutrina e os outros não me entendessem, isso seria cansativo, seria penoso[31]". Sem dúvida, "aqueles que fazem suas delícias da paixão, cobertos pela massa da escuridão[32]", serão incapazes de enxergar a Verdade.

Ao escutar as reticências de Buda, Brahma ficou muito preocupado. Inquieto em relação à salvação do mundo, o grande deus apareceu junto ao Afortunado para convencê-lo a não se afastar dos homens. "Livre de pesar, veja que o povo está submerso na tristeza, oprimido pelo nascimento e pela velhice. Levante-se, herói, vencedor da batalha! Ó Professor, vague pelo mundo sem dúvidas. Ensine a Doutrina, ó Bendito do Céu: haverá quem o compreenda[33]." O deus argumentou: "Há seres que têm pouca poeira nos olhos, mas que desabam porque não conhecem a Doutrina. Haverá quem compreenda a Doutrina[34]". Por compaixão por aqueles que são capazes de obter a luz "à flor d'água[35]", Buda terminou por lhe dar seu consentimento. O grande Brahma deu meia-volta e logo desapareceu.

O Iluminado colocou uma nova questão a si mesmo: a quem ele iria revelar sua doutrina em primeiro lugar? Logo pensou em Alara Kalama. "Sábio, competente, inteligente[36]", seu primeiro mestre espiritual que "há muito tempo tem pouca poeira nos olhos[37]." Mas os deuses o informaram que o guru tinha morrido havia apenas sete dias. Buda pensou então em seu segundo mestre. Infelizmente, Rudraka Ramaputra também já tinha partido, e fora apenas na noite anterior... O Iluminado se lembrou também daqueles que o acompanharam durante anos em seu caminho de ascetismo extremo: "Eles me foram de grande ajuda, o grupo de cinco monges que me serviu quando eu estava dedicado às mortificações. E se eu ensinar a Doutrina a eles primeiro? Então me vem a questão: onde mora o grupo de cinco monges agora? E com o olho divino, purificado e que ultrapassa o humano, eu vi que eles moravam perto de Kashi, no Bosque das gazelas[38]".

No dia seguinte, Buda abandonou Uruvela e tomou o caminho da cidade sagrada, localizada às margens do Ganges. O tempo da busca finalmente tinha chegado ao fim, agora começaria o do ensinamento.

A lenda ilustrada

A Índia ama suas árvores com paixão, mais do que qualquer outro lugar. Do Himalaia até o cabo Comorin, o culto em torno das árvores, dos arbustos e dos bosques é onipresente. Essa prática, herdada de um passado distante, permanece especialmente vigorosa no âmbito do hinduísmo contemporâneo. As árvores, aos olhos dos hindus, podem ser veneradas sob diversos ângulos: por si sós, caso pertençam a uma espécie considerada sagrada; por serem a encarnação de uma divindade específica; por serem a morada que oferece abrigo e proteção a uma divindade. Até hoje, nas vastas áreas do interior indiano, a *gramade-vata*, ou deusa do vilarejo, sempre tem como templo um pequeno nicho aos pés de uma árvore centenária. E, nas megalópoles, nas calçadas apinhadas de Mumbai ou de Calcutá, figueiras-de-bengala continuam servindo de refúgio aos deuses. O terreno da Índia é tão coberto de árvores sagradas que ninguém jamais se deu ao trabalho de fazer um levantamento delas... Mas no meio dessa imensa floresta existe uma que se sobrepõe a todas as outras: a figueira-dos-pagodes do pequeno burgo de Bodh-Gaya, no estado de Bihar, a cerca de cem quilômetros do vilarejo de Patna. Essa árvore majestosa atrai durante o ano inteiro uma multidão de devotos, vindos do mundo todo. Os budistas a chamam de árvore do *Bodhi*, ou árvore de *Bo*. Todas as figueiras-dos-pagodes presentes nos templos budistas do mundo supostamente são descendentes desta venerável *ficus religiosa*. E como na Europa o clima não é favorável a esta árvore, os fiéis de Buda às vezes se contentam com uma simples *ficus benjamina*, que está, de todo modo, simbolicamente associada à figueira-dos-pagodes de Bodh-Gaya.

Todos os budistas sonham em poder um dia fazer a peregrinação até Bodh-Gaya. A figueira-dos-pagodes representa, de certo modo, o santo máximo deles, já que foi, basicamente, a única testemunha da Iluminação de seu mestre histórico.

Isso porque Bodh-Gaya é identificada como o local próximo da antiga Uruvela – hoje, desaparecida. Aos pés desta árvore, Sidarta Gautama se tornou Buda; sob sua proteção, o jovem asceta se livrou de sua identidade e da condição humana. A árvore do *Bodhi* é tão preciosa para os budistas que hoje é considerada tão sagrada como o acontecimento que marca. Ela é venerada ao mesmo título que o sábio, ela se confunde literalmente com ele. A cada dia, as pessoas se recolhem a seus pés, ela é enfeitada de guirlandas votivas feitas de pedaços de tecido colorido. Quando as folhas caem, são recolhidas com muito respeito, uma a uma. Ao se observar a devoção extraordinária que suscita, dá para imaginar que a figueira-dos--pagodes de Bodh-Gaya seja a árvore mais venerada de toda a Índia! É verdade que são raras aquelas que, entre suas irmãs, são capazes de reivindicar uma história tão longa, movimentada e fantástica como a dela... Uma vida feita de lendas, em resumo, à imagem do mito do homem que foi se acomodar sob sua sombra benevolente há mais de dois mil anos.

Naturalmente, é absolutamente impossível que a figueira-dos-pagodes de Bodh-Gaya seja a mesma que Buda conheceu no tempo que passou em Uruvela. Até seus admiradores mais fervorosos admitem o fato. Mas sua linhagem em relação à árvore da Iluminação é supostamente direta. Ela seria descendente da primeira, uma herdeira mais ou menos distante, em função das diversas lendas que circulam a seu respeito...

Para começar, a árvore do *Bodhi* brotou da terra em Uruvela no mesmo dia do nascimento do bodisatva em Lumbini. Portanto, tinha 35 anos quando assistiu à iluminação do mestre. Depois da morte do sábio, a árvore se transformou em objeto de devoção para os budistas e uma comunidade de monges se desenvolveu no local. Infelizmente, essa veneração também viria a causar aborrecimentos...

No século III a.C., a figueira-dos-pagodes sagrada teria sofrido seus primeiros ataques mortais. A lenda relata que Ashoka, que ainda era hinduísta no início de seu reinado, um dia ordenou que a árvore fosse derrubada e queimada. Mas, ao ver que um broto novo surgia através das chamas, o jovem imperador de repente ficou profundamente tocado. Cheio de arrependimento, decidiu então salvar a figueira e banhou suas raízes meio estorricadas com água perfumada e leite. Depois de sua conversão ao budismo, segue a lenda, Ashoka retornou a Bodh-Gaya para uma peregrinação de 256 noites, o tempo para que a planta se recuperasse bem. Infelizmente, pouco tempo depois disso, a figueira-dos-pagodes mais uma vez chegou perto da morte... Dessa vez, ainda segundo a tradição, foi a mulher de Ashoka, furiosa por ter sido deixada de lado por causa de uma árvore, que tentou eliminá-la. Ao receber a notícia, Shanghamitta, filha de Ashoka, tirou uma muda, que foi plantada em Anuradhapura, no Sri Lanka. Assim, o ciúme não foi capaz de destruir completamente a árvore de Bodh-Gaya. Graças aos cuidados dispensados pela segunda vez por Ashoka às poucas raízes que sobreviveram, a árvore voltou a renascer das cinzas. O imperador então mandou construir uma balaustrada ao redor da figueira sagrada – como o soberano de Kosala da época de Buda já tinha feito antes, se acreditarmos na lenda. Perto da figueira-dos-pagodes, nas proximidades do rio Nairanjana, Ashoka também mandou erguer um pequeno templo e uma colunata de pedra para homenagear a memória de seu mestre.

Depois da queda do império Maurya, no século II a.C., o rei hindu Pusyamitra, da dinastia Sunga, ordenou, por sua vez, a morte da árvore de Bo. Conta-se que, dessa vez, a planta não sobreviveu. No entanto, graças a uma muda vinda do Sri Lanka e plantada exatamente no mesmo local... ela reapareceu! Quatro séculos depois, por volta de II d.C., a figueira-dos-pagodes sagrada continuava lá: a tradição assinala que Nagarjuna, o mais famoso entre os filósofos budistas, mandou cercá-la com um muro alto, para protegê-la dos elefantes.

O peregrino chinês Huan Tsang, que visitou Bodh-Gaya no século VII, observou que a árvore continuava vigorosa atrás de seu cercado em ruínas. Fora esse testemunho direto, seu relato de viagem apresenta um novo episódio da história lendária da figueira-dos-pagodes sagrada. Segundo ele, uma outra tentativa de destruição da árvore ocorreu no final do século VI: a descendente da árvore do *Bodhi* trazida do Ceilão teria sido cortada por iniciativa do rei hindu de Bengala, Shasanka. Apesar de o soberano também ter mandado desenterrar profundamente suas raízes, ele não foi capaz de aniquilá-la totalmente: um broto frágil logo surgiu na terra... A lenda chega até a afirmar que a árvore teria crescido três metros em uma única noite, depois que o rei de Magadha, Puravarma, fez com que deitassem sobre ela, à guisa de oferenda, o leite de mil vacas. Mas existe uma outra versão dessa história, mais pé no chão, em que Puravarma simplesmente teria mandado replantar uma muda trazida, mais uma vez, do Sri Lanka. Enfim, conta-se que, no século XII, Bodh-Gaya foi inteiramente saqueada pelos conquistadores muçulmanos, mas que a árvore voltou a brotar espontaneamente depois que eles passaram.

Seja lá como for, o testemunho por escrito do peregrino tibetano Darmasvamin prova que, em 1234, os mosteiros de Bodh-Gaya, que tinham florescido durante séculos, estavam praticamente abandonados: ele só encontrou quatro monges. Apesar de atestar que o budismo tinha quase desaparecido da Índia no início do século XIII, a triste constatação de Darmasvamin não era surpreendente. A partir daí, a sequência da história é fácil de imaginar: Bodh-Gaya caiu em ruínas pouco a pouco, até se afundar completamente no esquecimento.

No século XVIII, ocupada por um renunciante hindu, Bodh-Gaya retomou a vida. Mas seria necessário esperar até o início do século XIX para encontrar ali vestígios budistas. Em 1811, o viajante inglês Buchanan identificou a árvore de *Bo*, ou melhor, uma de suas descendentes, que descreveu como uma planta cheia de vigor. Infelizmente, meio século depois, o arqueólogo Alexander Cunningham constatou que a figueira-dos-pagodes apresentava sinais de fraqueza... O ano de 1876 marcou o fim da velha figueira: em uma noite de tempestade, ela foi lançada por terra pelo vento. Mas logo surgiram novos brotos da velha árvore abatida, e um deles se ergueu até formar a bela árvore que hoje é venerada em Bodh-Gaya... A menos que esta, como afirmam alguns guias, tenha surgido de uma muda trazida do Sri Lanka. Qual é o grau de parentesco da figueira-dos-pagodes atual com a árvore original? Seria ela sua neta, sua bisneta ou uma descendente ainda mais obscura? Quantas vezes foi necessário trazer uma muda do Sri Lanka? Qual foi o verdadeiro destino da árvore de *Bo*?

Apesar de os recursos tradicionais não permitirem reconstituir a história verdadeira da "rainha das árvores[1]", a localização do lugar da Iluminação parece, por outro lado, indiscutível. Como acontece com outros locais ligados ao budismo, a identificação de Bodh-Gaya com a antiga Uruvela se baseia principalmente nos vestígios dos monumentos erguidos por Ashoka e nas descrições que os peregrinos chineses nos transmitiram. Desde o fim do século XIX, o local foi minuciosamente restaurado, graças à ação conjunta do Archaeological Survey of India e da Mahabodhi Society. Uma placa de arenito vermelho trabalhado, coberta por um toldo de tela, está fixada no solo, embaixo da figueira-dos-pagodes. Datada da época de Ashoka, ela costuma ser designada pelo nome de *Vajrasan*, "trono de diamante", porque supostamente marca o local exato em que Buda estava sentado quando atingiu a Iluminação. A árvore do *Bodhi* é rodeada de balaustradas de pedras esculpidas. As mais antigas, feitas de arenito, datam do século II a.C.; já as mais recentes datam de por volta do século V. E apesar de não ter sobrado nada, o pequeno templo que Ashoka teria mandado erguer, o templo de Mahabodhi, recuperou o esplendor descrito por Huan Tsang no século VII.

No entanto, todos esses vestígios não passam de testemunhos póstumos, de provas indiretas. Assim, a identificação de Bodh-Gaya como local exato da Iluminação pode ser questionada. De acordo com André Bareau, apesar de a localização do acontecimento ali com toda a certeza ser muito antiga, pode ser resultado de um erro de interpretação. O grande especialista do budismo ressalta que o termo utilizado na época antiga na região de Uruvela para designar uma árvore venerável de muita idade era apenas *bodha*. Assim, é possível imaginar que os primeiros peregrinos que foram à região à procura da "árvore do *Bodhi*" possam muito bem tê-la confundido com uma outra árvore considerada sagrada pelos moradores locais...

Como no caso de Lumbini, como no caso de Kapilavastu, é necessário deixar de lado as certezas no que diz respeito a Bodh-Gaya... Levando as dúvidas ainda mais longe, é possível também questionar a realidade do cenário da Iluminação como descrito nas lendas mais famosas: de fato, se formos nos referir exclusivamente às palavras atribuídas a Buda pelos textos canônicos mais antigos, fica claro que o mestre nunca menciona a presença da figueira-dos-pagodes quando fala sobre atingir a Iluminação! Além da incerteza que já pesa sobre a história da árvore sagrada, sua própria existência está sujeita a questionamento. É forçoso constatar que, por falta de testemunhos diretos, não há nada para comprovar a realidade da árvore do *Bodhi*. No fundo, é bem possível que as lendas simplesmente tenham integrado ao budismo um culto popular que lhe era anterior. Talvez a cena que descreve a Iluminação embaixo de uma árvore seja apenas uma tentativa de recuperar um culto local... O amor pelas árvores na Índia é uma história antiga que talvez tenha começado bem antes do surgimento da religião védica: duas grandes árvores sagradas da civilização indiana, a *neem* e a figueira-dos-pagodes, já figuravam nos selos da civilização do Indo. Posteriormente, árvores e pequenos bosques estiveram entre os primeiros templos a acolher os múltiplos deuses do panteão hindu; essa antiga tradição dos santuários ao ar livre hoje se perdeu.

Nessa perspectiva, a designação da figueira-dos-pagodes de Bodh-Gaya pelos budistas pode ter sido tanto fruto de uma confusão quanto de uma recuperação de memórias. A hipótese também vale para a árvore de Lumbini, embaixo da qual Sidarta nasceu, de acordo com a lenda: se levarmos em conta o fato de que a veneração das árvores na Índia com frequência está associada ao culto da fertilidade, é bem provável que a planta já fosse considerada sagrada na região antes que os adeptos de Buda a designassem como testemunha do nascimento de seu mestre histórico. No mínimo, é possível imaginar que esses dois acontecimentos possam de fato ter se dado embaixo de uma árvore, na medida em que os dois são descritos no período do final da primavera. Até hoje, nessa época especialmente quente e ensolarada, a sombra das grandes árvores é muito procurada pelos indianos. "A partir de agora, eu só vou poder usar as árvores da floresta como guarda-sol real[2]", teria declarado o jovem Sidarta depois de ter renunciado a todos os seus bens.

Independentemente de a árvore do Conhecimento ter ou não existido na verdade, a questão é que a figueira-dos-pagodes oferece ao olhar uma forma evocativa que constitui uma alegoria perfeita da Iluminação. Os primeiros budistas indianos, os "Auditores", compreenderam com muita rapidez a força dessa imagem. Eles não tardaram em colocar em funcionamento seu proselitismo, tanto que a *ficus religiosa* nunca mais deixou de aparecer na arte budista. Recorrer aos símbolos foi um ato que se impôs ainda mais nos séculos que se seguiram à morte do mestre, porque as primeiras escolas budistas recusavam qualquer representação antropomórfica do Iluminado. É necessário lembrar aqui que o termo "Buda", que tem origem em *buddhi*, a "consciência superior", a "inteligência", não é um nome próprio: designa, em primeiro lugar, um estado. Aos olhos deles, o Buda histórico, aquele denominado como Sakyamuni, "o Sábio silencioso da tribo dos sakyas", não era uma divindade, mas um ser excepcional. Ele é, portanto, um modelo a ser seguido; comemorar as grandes etapas significativas da vida do Iluminado fazia parte da difusão de sua doutrina.

Em razão da impossibilidade de representar o Buda Sakyamuni, a arte budista que surgia foi forçada a usar metáforas para narrar a vida do sábio. Foi assim que a escultura budista, que surgiu no século II a.C., passou a representar a etapa da Iluminação com a imagem da figueira-dos-pagodes. Para descrever em detalhes a vida do Buda histórico, os artistas multiplicaram os símbolos: o lótus marca seu nascimento, o guarda-sol e o abanador para espantar as moscas indicam sua linhagem real; já a carruagem lembra sua primeira experiência de meditação na infância. A representação da árvore se sobrepõe às outras porque ilustra o episódio fundamental da vida do mestre: sem Iluminação, Buda não existe. Por extensão, a figueira-dos-pagodes representa também o Iluminado em pessoa, ao lado de outros símbolos que têm o intuito de significar sua presença – como por exemplo as marcas de seus pés. Por não poderem prestar culto direto a seu mestre falecido, a veneração póstuma dos fiéis se transfere aos testemunhos simbólicos de sua vida.

Seria necessário esperar até o início da era cristã para que aparecessem na Índia as primeiras imagens antropomórficas de Buda. Era a época de Kushana, cujo vasto império serviu como traço de união entre a Índia e as culturas nômades da Ásia central, do Oriente helenístico e da Pérsia. No âmbito religioso, a época foi marcada pelo nascimento, no seio do mundo indiano, da corrente Mahayana. Os pensadores budistas do Grande Veículo, segundo sua própria expressão, criticam a corrente Theravada ou "Via dos Antigos", que às vezes apelidam com o nome pejorativo de Hinayana, o "Pequeno Veículo". A visão Mahayana se distingue da Theravada principalmente por sua concepção da natureza do estado búdico. A doutrina dos Três Corpos assume importância considerável no âmbito da nova corrente. Segundo ela, do corpo absoluto, *darmakaya*, que é a base de todos os fenômenos, emana o corpo de alegria, *sambhogakaya*, que é um estado de felicidade do qual surge, por sua vez, o corpo fenomenal, *nirmanakaya*, ou manifestação ilusória de Buda sob forma humana. Em consequência dessa trindade, o Grande Veículo considera que a natureza de Buda existe, oculta, em todos os seres, e que cada devoto deve então se esforçar para descobri-la. Menos austera e mais suave do que a Via dos Antigos, a nova corrente transforma o Buda Sakyamuni em ser múltiplo e transcendente: o mestre não é mais considerado apenas um sábio excepcional que atingiu a Iluminação completa, mas também um ente sobrenatural. Por conceder graça e méritos, o Buda histórico se transforma em objeto de culto e de devoção para os fiéis, assim como os Budas cósmicos e os numerosos bodisatvas.

A revolução que se opera no âmbito do budismo no início da era cristã se traduz por uma reviravolta no domínio artístico. De repente, e quase de forma simultânea, no Gandhara dos herdeiros de Alexandre e na região de Mathura, artistas oriundos da corrente Mahayana deram corpo e rosto ao Buda histórico. Apesar de ser uma figura endeusada, ele não era representado como criatura extraordinária. Diferentemente de algumas divindades do panteão hinduísta, Buda é representado em forma perfeitamente antropomórfica. As primeiras imagens do Afortunado revelavam um homem de grande estatura e de boa constituição, elegante e sereno. Com muita frequência, ele só usa vestes monásticas e tem os lóbulos das orelhas estendidos pelo peso das joias que usava antes de renunciar à vida de príncipe. Ocasionalmente, a arte do Gandhara chegava até a figurar o jovem Sidarta Gautama, de antes da Iluminação, sob os traços de um asceta terrivelmente magro.

Em que pontos esses retratos de Gandhara e de Mathura, além de suas diferenças de estilo, são capazes de se assemelhar ao personagem histórico? Provavelmente em nenhum. Em primeiro lugar porque, como afirma o cânone mais antigo, Buda "não pode ser comparado a nada[3]", de modo que os budistas que permaneceram fiéis à Via dos Antigos no início fariam críticas às representações do mestre. E, depois, porque todas as testemunhas oculares de sua vida já tinham morrido havia muito tempo quando a Índia começou a lhe dar um rosto. O Grande Veículo então iria se esforçar para justificar, na sequência, a veracidade das representações do sábio, invocando as lendas que descreviam um retrato de referência executado durante sua vida... Na verdade, não existe nenhuma imagem e nenhuma descrição autêntica do fundador do budismo. Por fim e sobretudo, a preocupação com o realismo nunca foi o principal objetivo dos adeptos do Mahayana: para eles, o que importa é acentuar o caráter extraordinário de Buda. É por isso que a iconografia budista clássica, que se fixou por volta do século IV, logo passaria a representar o Iluminado sob forma totalmente idealizada: a perfeição do *Mahapurusha*, o "Grande Homem", parcialmente descrito pela tradição, tornou-se a fonte de inspiração dos artistas. A partir de então, Sakyamuni passou a aparecer dotado das "32 características[4]": cabelos encaracolados, tufos de pelos entre as sobrancelhas, rodeado por um círculo luminoso, protuberância craniana, corpo com "a circunferência de uma figueira-de-bengala[5]"...

Essa representação estereotipada do Buda histórico não faz com que os símbolos antigos desapareçam: eles permanecem como suporte ao ensinamento da doutrina. A árvore do Conhecimento e o lótus agora aparecem junto com um Sakyamuni perfeitamente idealizado, cujos traços e poses também exprimem os acontecimentos de sua vida. Inspirada por tradições antigas da ioga e da dança, uma codificação muito precisa determina suas atitudes, *asanas*, e seus gestos, *mudras*. Assim, a cena que precede a aquisição da Iluminação passa a ser ilustrada por um homem sentado na posição de lótus – com as pernas cruzadas de modo que a planta dos pés fica virada para o céu –, com a mão no solo para tomar a terra como testemunha. O acesso à Iluminação também é representado pela posição de lótus, mas com as mãos repousadas uma sobre a outra, o símbolo da meditação e da concentração mental, o *dhyana mudra*.

Apesar de o Buda Sakyamuni ser representado como ente de carne e osso, seu físico está fora das normas. O "Grande Homem" está longe de se assemelhar aos mortais comuns. Ele também não se parece com seus pais, Sudodana e Maya. Antecipando as observações eventuais daqueles com espírito mais cético, o *Milinda-Panha* tomou o cuidado de responder a essa questão bastante legítima:

> Por que o Buda não tinha semelhanças físicas com os pais:
> – Nagasena, será que o Buda era dotado dos 32 sinais característicos do Grande Homem, ornamentado dos 24 sinais secundários, será que tinha tez dourada, pele da cor de ouro e uma auréola tão larga como uma braçada?
> – Sim.

– Seu pai e sua mãe também tinham os mesmos sinais?
– Não.
– No entanto, o filho parece com a mãe ou com os pais da mãe, com o pai ou com os pais do pai!
– Você conhece, marajá, o lótus com cem pétalas?
– Conheço.
– Onde ele nasce?
– Ele nasce na lama e cresce na água.
– Por acaso ele se parece com a lama ou com a água em cor, cheiro ou sabor?
– Não.
– O mesmo vale para o Buda.[6]

Para se configurar o aspecto do mestre, portanto, não existe nenhuma indicação além das deixadas pela tradição: Buda era um homem dotado do físico notável do "Grande Homem". O aspecto do sábio histórico com certeza deve ter sido bem diferente do desse personagem de ficção, inteiramente inspirado pelos sinais de distinção social e pelos códigos de beleza em vigor na sociedade indiana antiga. Sakyamuni certamente também não se parecia com o homem rechonchudo e barrigudo – também dotado de tez pálida – como os artistas chineses iriam representá-lo mais tarde. Ao observarmos os renunciantes da Índia de hoje, daria para imaginar um homem de corpo delgado e vigoroso, com rosto bem magro e a tez bronzeada pela vida de errante. No fundo, apenas o famoso sorriso que a arte budista colocou nos lábios de Buda talvez seja realista... Calmo e sereno, ele se conforma ao pensamento do Afortunado.

Para que a cena da Iluminação seja representada concretamente, também faltam indícios: nenhuma descrição direta do acontecimento chegou até nós. Hoje, a árvore de Bodh-Gaya constitui para os devotos e também para os visitantes profanos apenas uma metáfora vigorosa. Com seus cinquenta metros de altura e sua ampla fronde, a majestosa figueira-dos-pagodes emana uma força e uma radiância à imagem da doutrina de Buda, que se estendeu tão longe no espaço e no tempo. Tranquila, como se estivesse desligada das preocupações do mundo em movimento, ela parece convidar os homens a se refugiarem sob o abrigo de sua folhagem generosa. Das raízes que se afundam no solo aos ramos que se lançam às alturas, a árvore de *Bo* estabelece uma ligação entre dois mundos, a terra e o céu, o aqui e o além, o instante presente e a eternidade. Com suas folhas em forma de coração que tremem ao menor sopro, ela parece estranhamente habitada... No entanto, sua linguagem é difícil de decifrar, assim como o fenômeno da Iluminação sempre irá constituir, no fundo, um mistério: como dizem as antigas escrituras canônicas, a verdade máxima descoberta por Buda é "profunda, difícil de compreender, oculta, tranquila, excelente[7]". O segredo máximo da figueira-dos-pagodes sagrada não reside tanto em sua autenticidade, mas sim em suas revelações que estão além do alcance da linguagem. E, desse ponto de vista, indiscutivelmente, a árvore de Bodh-Gaya encarna à perfeição a Iluminação do sábio histórico. "Para os budistas, não existe lugar mais importante e mais sagrado[8]", declarou Huan Tsang... Hoje, no estado indiano de Bihar – cujo nome, que tem origem na palavra *vihara*, perpetua a memória dos primeiros mosteiros budistas –, o espetáculo da multidão que se aperta aos pés da "rainha das árvores" confirma a sentença do peregrino chinês: aos olhos dos budistas do mundo todo, a figueira-dos-pagodes de Bodh-Gaya continua sendo a única testemunha da Iluminação do Buda Sakyamuni, há quase 2,5 mil anos.

Sermão

Deixando para trás a árvore da Iluminação, o Buda "perfeito e realizado[1]" tomou o caminho de Kashi com o intuito de divulgar a revelação suprema a seus antigos companheiros de ascetismo. A cidade se encontrava a longos dias de viagem de Uruvela, na direção do sol poente. Depois de vários anos de sedentarismo, o Tathagata, o "Perfeito", voltava a experimentar a alegria de se deslocar dia após dia.

Um dia, quando estava caminhando tranquilamente, cruzou com um jovem *shramana* pelo caminho. Upaka se apresentou como adepto da seita dos fatalistas ajivikas, ou então, de acordo com outros relatos, como um discípulo de Mahavira, o grande mestre dos jainistas. Intrigado pela aura excepcional que emanava de Buda, o jovem renunciante logo perguntou a ele quem era seu mestre e que doutrina tinha adotado. Era a primeira vez que lhe faziam perguntas deste tipo desde que ele tinha atingido a iluminação... Talvez aquele fosse o momento certo para tentar fazer sua primeira pregação. Sakyamuni aproveitou a ocasião imprevista e respondeu com alguns versos:

> Vencedor de tudo
> sabedor de tudo eu sou,
> em relação a todas as coisas,
> sem aderir.
>
> Tudo abandonei,
> liberado pela cessação da vontade insaciável:
> depois de ter entendido tudo sozinho,
> a quem posso designar como meu professor?
>
> Eu não tenho professor,
> e não é possível encontrar ninguém como eu.
>
> No mundo com seus deuses,
> eu não tenho nenhum equivalente.
>
> Porque sou um libertado no mundo;
> eu, o professor sem igual,
> apenas eu me iluminei sozinho corretamente.

> Eu me esfriei, libertei.
> Para fazer girar a roda do Darma
> vou até a cidade de Kashi.
> Em um mundo que ficou cego,
> eu bato o tambor do Sem-Morte.[2]

Ao escutar esse discurso, Upaka, perplexo, contentou-se em sacudir a cabeça. Ele nem procurou saber mais detalhes... O *shramana* saiu para o lado da estrada e deixou passar o Iluminado, que seguiu seu caminho. "Conhecedor de tudo, que vê tudo[3]", o Tathagata não se abateu nem um pouco com essa primeira tentativa infrutífera...

Pouco tempo depois, ele chegou à margem do "grande rio Ganga[4]". Não havia ponte, e o rio parecia desproporcionalmente largo. Uma barcaça, já cheia de passageiros, esperava as pessoas que desejavam atravessar até o outro lado. Quando Buda se apressou para embarcar, o condutor pediu que ele pagasse a passagem, apesar de ter notado que ele era um renunciante. Depois de responder que não tinha dinheiro algum, o Afortunado chegou à outra margem "através do céu[5]". O barqueiro nunca tinha visto um asceta dotado de um poder assim! Ele se arrependeu amargamente de não o ter transportado de graça e lamentou longamente sua atitude, que com toda a certeza teria consequências nefastas sobre seus renascimentos futuros... A notícia desse acontecimento fora do comum se espalhou até Rajagrha, a capital do reino de Magada. Bimbisara mandou trazer a sua presença o barqueiro, para que lhe contasse exatamente o que tinha acontecido. Muito impressionado, o soberano decidiu abolir os pedágios para todos os religiosos errantes.

Seguindo sua caminhada, o Tathagata finalmente chegou aos portões de Kashi. Localizada na margem oeste do Ganges, esta era uma antiga cidade fortificada rica que também recebia o nome de Varanasi (Benares). Famosa pela qualidade de seus tecidos, a cidade era, acima de tudo, considerada havia muito tempo como local sagrado: "Kashi acende e ilumina o universo. Kashi traz a todos a libertação por meio da sabedoria[6]", proclama um hino antigo dos textos védicos. Local elevado de conhecimento, a cidade era dominada por um sindicato de brâmanes muito ortodoxos. Ao longo do dia, os sacerdotes estudavam e entoavam os antigos hinos védicos. Os oficiantes especializados obtinham muito lucro com a execução de rituais de sacrifício complicados em nome das outras castas superiores. O comércio de cremações funerárias também era muito próspero ali, porque vários devotos iam morrer na cidade sagrada, na esperança de assim escapar do ciclo das reencarnações.

Depois de ter dado uma volta para pedir esmola, Buda não se demorou. Os *shramanas* não eram muito bem vistos pelos conservadores que governavam a cidade. Ele então foi para uma floresta bem próxima que abrigava vários bandos de gazelas, Mrigadava, "o Bosque das gazelas", conhecido também pelo nome de Richipatana, a "Viagem dos Sábios": dizem que os grandes *rishis* tinham o costume de ir até lá, deslocando-se pelos ares a partir de seus retiros no Himalaia. Nesse lugar famoso por abrigar numerosos ascetas, Buda tinha certeza de que encontraria os "Cinco do grupo alegre[7]".

Claro que o Tathagata tinha razão. Mas seus antigos companheiros não estavam nem um pouco dispostos a lhe dar as boas-vindas: ao vê-lo se aproximar deles pelo bosque, Kondana, Bhaddiya, Vappa, Mahanama e Assaji logo reconheceram o "amigo Gautama[8]", mas decidiram em comum acordo fingir que o ignoravam. Aos olhos deles, o asceta não tinha lá grande valor: não passava de um fraco por ter abandonado preguiçosamente, da noite para o dia, o caminho da austeridade. Sentados no solo em roda, eles davam a impressão de não se mexerem, apesar de observá-lo discretamente com o canto dos olhos "aquele relaxado, aquele comilão, estragado pela abundância[9]". Mas, à medida que ele foi se aproximando, a dúvida tomou conta deles: Buda exalava uma tal majestade, uma tal pureza... Os "Cinco de boa casta[10]" não conseguiram resistir durante muito tempo... Logo se encarregaram, como no passado, de recebê-lo com o maior respeito. Eles se ergueram de um pulo e inclinaram o corpo perante Buda. O primeiro pegou sua toga e sua gamela, o segundo lhe ofereceu uma esteira trançada para que se acomodasse. Os três últimos trouxeram água, uma tábua e um pedaço de barro cozido para que "o amigo Gautama" pudesse lavar os pés.

Depois de descansar e de se refrescar, Buda finalmente falou com seus companheiros:

> Ascetas, não se dirijam ao Perfeito pelo nome e como um amigo. O Perfeito, ascetas, é o Santo, o Iluminado perfeito. Agucem os ouvidos, amigos: a Salvação da morte foi encontrada. Eu vou instruí-los. Eu vou ensinar-lhes a Doutrina, o Darma. Se seguirem o meu ensinamento, em pouco tempo vocês atingirão o objetivo supremo da vida santa, pelo qual os homens nobres deixam seu domicílio para levar vida de errantes, e lá permanecerão: aqui e agora, vocês conhecerão a verdade e irão realizá-la por si sós.[11]

Os Cinco se mostraram bastante céticos. Eles não se deixariam convencer assim tão rápido! Eles interpelaram o asceta Gautama a respeito do fato de ter abandonado as mortificações, sobre sua interrupção do jejum... Como ele podia dizer que alcançou a libertação suprema se estava se regozijando na abundância? Com muita paciência, Buda corrigiu as acusações deles, uma a uma, reiterando a cada vez sua proposta de instruí-los. Para conseguir convencê-los, finalmente disse: "Desde que nós nos conhecemos e durante todos os anos que vivemos juntos, estão lembrados de que eu nunca lhes fiz uma proposta assim[12]?". Acometidos pela justeza da observação, Kondana, Bhaddiya, Vappa, Mahanama e Assaji caíram a seus pés reconhecendo seu erro. Eles aceitam, finalmente, ser ensinados pelo Perfeito.

Pela primeira vez, o mestre iria expor em público, e com profundidade, a doutrina que tinha adquirido durante a Iluminação... O Sermão de Benares seria para sempre guardado na memória como a pregação mais ilustre de Buda.

O "início do movimento da roda da Lei[13]" se deu iluminado pela lua cheia do mês de *asalha*. Sentado com as pernas cruzadas, Buda permaneceu silencioso durante um longo momento. Alinhados lado a lado, os cinco ascetas estavam profundamente absortos; eles se preparavam interiormente para escutar o ensinamento. O calor úmido da noite de verão abafava os ruídos da floresta. E os deuses, lá do "céu dos três mil mundos", estavam todos com o rosto voltado para o Tathagata, "não se escutava nem um som de tosse", garante o *Lalitavistara*.

O Afortunado finalmente rompeu o silêncio e fez girar a roda da Lei, que é "uma essência porque é obtida por meio de uma ciência assemelhada a um raio[14]". Ele revelou logo de início a seus antigos companheiros que o único meio de alcançar o Conhecimento supremo é seguir o caminho do meio entre o prazer dos sentidos e o ascetismo extremo, porque ambos são "sem saída[15]". Ele expôs em seguida como, ao praticar esse caminho do meio, ele conseguiu descobrir as Quatro Nobres Verdades, cuja explicação representa o centro de seu sermão:

> Vejam, ó monges, a Nobre Verdade sobre o sofrimento: o nascimento é sofrimento, a velhice é sofrimento, a doença é sofrimento, a morte é sofrimento, a união com aquilo que detestamos é sofrimento, a separação daquilo que amamos é sofrimento, a incapacidade de obter o que desejamos é sofrimento. Em resumo, os cinco agregados do apego são sofrimento.
> Vejam, ó monges, a Nobre Verdade sobre a causa do sofrimento: é essa sede que conduz de renascimento em renascimento e que, ligada ao prazer e à paixão, busca sempre satisfação aqui e ali; sede dos sentidos, sede da existência e do futuro e sede da não existência.
> Vejam, ó monges, a Nobre Verdade sobre a cessação do sofrimento: é a extinção completa dessa sede, seu abandono, sua renúncia, sua libertação, seu desapego.
> Vejam, ó monges, a Nobre Verdade sobre o caminho que conduz à cessação da dor: é o Nobre Caminho Oculto de oito membros, a saber – a visão justa, o pensamento justo, a

palavra justa, a ação justa, o meio de existência justo, o esforço justo, a vigilância justa, a concentração justa.[16]

Kondana, o mais velho do grupo, foi o primeiro a absorver plenamente o ensinamento do mestre sobre a Lei. A compreensão da roda da Lei não se apresenta instantaneamente a todo mundo: "É difícil conhecer bem esta roda porque ela está compreendida na igualdade da ciência e da sabedoria[17]". A partir daí, o asceta idoso se transforma em "Kondana que sabe", Anna Kondana. "Venha, *bhikkhu*, a Doutrina foi bem explicada, leve uma vida de pureza a fim de atingir o fim do sofrimento[18]!" Com essa fórmula simples, Buda o aceitou como discípulo. Kondana passou a ser então um *bhikkhu*, um monge mendicante. Pouco tempo depois, ao compreenderem por sua vez o sermão de Tathagata, os outros quatro ascetas também receberam sua ordenação.

Alguns dias depois de ter feito a "roda da Lei" girar pela primeira vez, Buda aprofundou ainda mais seu ensinamento. Ele reuniu Kondana, Bhaddiya, Vappa, Mahanama e Assaji no Bosque das gazelas para expor para eles, em um segundo sermão memorável, a impermanência do corpo, da sensação, da percepção, da "tendência habitual[19]" e da consciência. Sua demonstração sobre a impermanência terminou com a doutrina da *anatta*, que nega a existência do eu profundo: "Isto não me pertence, eu não sou isto, isto não é o meu Eu[20]".

Para concluir, o Afortunado declarou:

> Considerando as coisas desta maneira, ó monges, o discípulo instruído rejeita o corpo, rejeita a sensação, rejeita a percepção, rejeita a tendência habitual, rejeita a consciência. Quando ele rejeita tudo isso, não tem desejo. Quando não tem desejo, está libertado do desejo. Quando se liberta, o conhecimento chega: "Aqui está a libertação!", e ele diz: "Todo renascimento foi anulado, a Conduta pura foi vivida, o que deve ser conquistado foi conquistado, não há mais nada a realizar, para mim não existe mais futuro[21]".

Apesar de se opor às teorias desenvolvidas pelos brâmanes, a doutrina da *anatta* pregada naquele dia por Buda não ofuscou os *bhikkhu*. Ao contrário, os Cinco apreenderam tão bem o conteúdo desse segundo sermão que se tornaram instantaneamente *arahants*: como Buda, eles de repente se viram libertados de qualquer mácula, de qualquer entrave, de qualquer desejo. "Naquele momento, passaram a existir seis *arahant* no mundo[22]", diz o relato canônico.

Em Uruvela, o asceta Gautama já tinha dado lugar a Buda. Em Benares, a Iluminação então se transformou na Doutrina, que também é chamada de Lei ou de Darma. A ordenação dos cinco ascetas no Bosque das gazelas marcou a fundação da *Sangha*, a comunidade. Com a conclusão desses três acontecimentos, o budismo nasceu. Mas, por ora, a "propagação da Lei[23]" permanecia como tarefa imensa a ser realizada... Será que a doutrina do mestre iria encontrar eco favorável? Depois de Kondana, Bhaddiya, Vappa, Mahanama e Assaji, quantos homens seriam capazes de compreender seu ensinamento?

Europa, século XIX

Paris, 7 de julho de 1834.
A.M.B.H. Hodgson, Residente inglês,
em Katmandu, Nepal.

Monsieur,
Permita-me associar-me, em meu nome pessoal, aos testemunhos de reconhecimento que todos os amigos da literatura indiana lhe devem, pela oferta tão liberal que o senhor fez de bom grado à Société Asiatique de Paris de providenciar aqueles entre os livros sânscritos relativos ao budismo cuja existência foi revelada para o mundo intelectual por meio de suas felizes descobertas. [...]

Depois de passar muito tempo em iniciativas pouco frutíferas para penetrar no conhecimento do budismo, depois de fazer sacrifícios enormes para a minha posição com o intuito de adquirir os livros sagrados dos cingaleses, dos quais possuo alguns, experimentei grande satisfação ao saber que os livros de Buda (Sakya) existem em sânscrito. Desde então tenho a esperança de poder, com a ajuda do conhecimento desta língua, com a qual comecei a me tornar familiar depois de vários anos de estudo, abordar diretamente as obras budistas; mas eu provavelmente deixaria este mundo sem ter conseguido realizar esta esperança, devido à impossibilidade de algum dia ir à Índia, se a proposição tão liberal que o senhor está disposto a dispensar à Société Asiatique não me encorajasse a recorrer aos seus amáveis favores.

Será que eu não estaria cometendo uma indiscrição condenável, e tomando seu precioso tempo, ao pedir-lhe que faça a aquisição para mim de alguns desses livros que o senhor julgar mais preciosos e mais adequados a oferecer a penetração no budismo puro? [...]

Seu servidor com muita dedicação,
EUGÈNE BURNOUF[1]

O diplomata inglês com posto na corte do Nepal, ele próprio apaixonado pelo estudo dos textos budistas, não iria decepcionar o jovem sucessor de Chézy na cadeira de sânscrito do Collège de France: depois de fazer algumas cópias de manuscritos, ele despachou para Paris várias caixas que continham quase uma centena de manuscritos originais. Graças a essas doações generosas, uma década depois de ter redigido sua carta cheia de esperança Eugène Burnouf publicaria um estudo magistral que transformaria o intelectual francês em um dos "grandes iniciadores" – de acordo com os termos de Henri de Lubac – do "encontro entre o budismo e o Ocidente[2]"...

Até hoje, apesar de ser impossível reconstituir com realismo a cena da Iluminação de Buda, as numerosas traduções dos textos canônicos, acompanhadas ou enriquecidas de explicações e comentários, oferecem aos ocidentais a possibilidade de acessar com facilidade a doutrina do mestre histórico. Nem sempre foi assim. Para "penetrar no budismo puro", os europeus do século XIX precisavam superar uma série de obstáculos. Materiais, em primeiro lugar, porque a coleta de manuscritos por toda a Ásia era difícil. Às vezes, tomava o aspecto de uma verdadeira caça ao tesouro e durava anos – aliás, até hoje não terminou. Em seguida, técnicas, porque os intelectuais demoravam a dominar línguas orientais antigas como o sânscrito e o páli. Finalmente, culturais, porque, pouco a pouco, à medida que iam desvendando os textos de referência, os filósofos se viam frente a um "alheio" mental que os desconcertava. A descoberta do budismo iria causar um verdadeiro mal-estar entre os ocidentais, provocando polêmicas intensas, já que não podia acabar em uma rejeição pura e simples... Por que tanta incompreensão? Como o ensinamento de Buda foi apreendido pelos europeus? Será que o budismo seria intragável para o Ocidente? Finalmente, o que é possível deter hoje do famoso sermão de Benares, que constitui o cerne da doutrina de Buda?

Tudo começou no fim do século XVIII. Na época, a Índia suscitava na Europa um interesse muito vigoroso da parte dos intelectuais, dos filósofos, dos artistas – e, em especial, dos alemães românticos. Fonte de inspiração e de fantasia, a Índia se tornou objeto de conhecimento ao qual se atribuía importância tal que chegavam a falar até de um "Renascimento oriental[3]". O budismo ainda não entrava em questão, permanecendo *terra incognita*. A descoberta do sânscrito e a tradução dos grandes textos védicos e bramânicos passou a constituir a prioridade dos chamados indólogos; entre eles se destaca a figura de William Jones, pai da filologia sânscrita e fundador, em 1784, em Calcutá, da Asiatic Society. Mas os europeus, que buscavam a "mãe de todas as línguas[4]" no sânscrito, ou até, para os mais entusiasmados, o "berço" de todas as civilizações na antiguidade indiana, logo iriam se decepcionar. Resolveram então se voltar para o budismo.

No início do século XIX, seu estudo foi progressivamente ultrapassando o exame dos textos do Veda: era o advento da famosa "virada budista[5]", bem descrita por Roger-Pol Droit. Mas, assim como a identidade de seu fundador permanecia obscura, a doutrina budista não se entregou com facilidade aos intelectuais europeus. Decifrar – e destrinchar – um mundo novo não é algo que se faça em um dia, o canteiro de obras é gigantesco. Os pioneiros da primeira metade do século XIX precisaram de muita intuição, sorte, trabalho, perseverança e, sobretudo, muita paixão. Pedra após pedra, o estudo científico do budismo se construiu a partir da decodificação do páli por Eugène Burnouf, em colaboração com o dinamarquês Christian Lassen, do estudo de fontes budistas chinesas pelo francês Abel Rémusat, do estudo da língua e da tradição tibetana pelo húngaro Alexandre Csoma de Körös, da decifração de manuscritos mongóis por Isaac Jacob Schmidt e Julius von Klaproth, sem esquecer a descoberta dos tratados budistas redigidos em sânscrito, feita no Nepal por Brian Hodgson... A gênese do conhecimento do budismo tomou as características de uma aventura coletiva cujo ritmo foi se acelerando e da qual os "heróis", cada vez mais numerosos, adquiriam seus conhecimentos tanto atrás de uma escrivaninha em uma capital europeia quanto nos confins do Tibete. À medida que descobertas foram sendo feitas, o saber foi se institucionalizando: a Société Asiatique de Paris foi fundada em 1822; a Asiatic Society de Londres, no ano seguinte.

Todas essas iniciativas conjugadas finalmente deram origem às obras de base que são responsáveis pela entrada de uma das religiões mais importantes da humanidade, que até então permanecera ignorada, no campo do conhecimento ocidental. Com base no exame metódico dos manuscritos enviados por Hodgson à Société Asiatique de Paris, Eugène Burnouf publicou, em 1844, a *Introduction à l'histoire du bouddhisme indien*. Primeira exposição rigorosa dos ensinamentos de Buda, esse estudo magistral foi um marco que serviria como referência durante muito tempo. Mas, infelizmente, Eugène Burnouf morreu aos 51 anos, depois de ter publicado uma tradução comentada do *Lótus da Lei benevolente*, sem ter tido tempo, como era sua intenção, de dar prosseguimento a seus trabalhos com o estudo do budismo antigo. Uma chuva de homenagens acompanharia o falecimento precoce do "gênio que soube abrir avenidas no meio do labirinto desesperador da literatura budista[6]", de acordo com as palavras do grande indianista Sylvain Levi.

Na segunda metade do século, intelectuais e filósofos tomaram conhecimento dessas descobertas eruditas. A "filosofia dos hindus" já tinha subjugado Friedrich Schlegel, Arthur Schopenhauer e Victor Cousin; a doutrina de Buda também interessava a Friedrich Nietzsche, Ernest Renan, Hippolyte Taine, Arthur de Gobineau ou ainda Jules Michelet. Toda a elite de pensadores de repente se apaixonou pelo budismo, acreditando ter encontrado aqui e ali um eco a suas próprias preocupações e até mesmo pontos de convergência com a cultura ocidental e a religião cristã. Ao contrário do bramanismo, ligado de maneira intrínseca ao sistema de castas próprio da Índia, o budismo assumiu traços de uma religião universalista e proselitista, fato confirmado por sua presença do Ceilão ao Japão. Ela afirma ter um fundador único, um personagem histórico dado à compaixão cujo pensamento, conservado pela tradição, toma forma de uma demonstração lógica e racional, mais do que estritamente religiosa e dogmática... Visto de longe, o budismo apresenta uma familiaridade de fachada perturbadora que só faz atiçar ao máximo a curiosidade tanto dos pensadores cristãos quanto dos herdeiros do iluminismo.

No entanto, depois de um breve período de entusiasmo, a leitura do Sermão de Benares logo começou a provocar polêmicas e controvérsias. A descoberta das Quatro Nobres Verdades, do Nobre Caminho Óctuplo e, mais ainda, da doutrina do "não eu" suscitou um mal-estar profundo. O budismo, visto do Ocidente, apresentava problemas. Como seria possível de fato compreender um fenômeno religioso que não se preocupa com a criação nem com deus – ou pelo menos com os deuses? Como uma doutrina que nega a existência da alma pode ter a pretensão de ser chamada de religião? Seu fundador nem se apresenta como um profeta. Buda, como observou, consternado, Jules Barthélemy-Saint-Hilaire, "ignora Deus de maneira tão completa que nem procura negá-lo[7]".

O Sermão de Benares, ou "início do movimento da roda da Lei", é, no entanto, um texto de caráter religioso. Nele, o mestre expõe, antes de mais nada, um caminho para a salvação, ou melhor, de acordo com o contexto indiano, o meio para escapar do ciclo das reencarnações. A doutrina ensinada por Buda consiste em Quatro Nobres Verdades cujo postulado de partida, conforme o pensamento indiano, baseia-se no princípio de que a vida não passa de sofrimento. A raiz desse sofrimento reside no desejo que, por natureza, nunca é satisfeito ou sempre é decepcionado. É o desejo que leva ao ato e que gera, de acordo com a lei do carma, o renascimento. A libertação do *samsara* reside, portanto, na extinção do desejo, graças à disciplina rígida apresentada no Nobre Caminho Óctuplo. Aquele que se compromete deve segui-lo até o fim se quiser atingir a libertação. Apesar de este caminho não ser o da austeridade mais extrema, ainda assim exige a renúncia aos prazeres do mundo, porque eles estão na origem do desejo e do sofrimento; por consequência, é conveniente afastar-se da vida ordinária, abandonar qualquer posse e evitar todos os objetos desejáveis. Assim, a ausência de desejo vai levando progressivamente à ausência de atos negativos, o carma continua a se perpetuar, mas passa a ser, de certa maneira, cada vez menos "alimentado". A sequência dos renascimentos assim passa a depender apenas dos atos cometidos nas vidas anteriores. Quando um dia o carma chega ao esgotamento, o homem se encontra livre do *samsara:* ele se transforma em *arahant*, uma pessoa livre de qualquer impureza. Ainda assim, precisa esperar a morte para entrar totalmente naquilo que o budismo chama de nirvana, em que todo o sofrimento deixa de existir. O nirvana tem dois níveis. O primeiro, o nirvana incompleto, é aquele que podemos atingir neste mundo, enquanto ainda estamos vivos. É o estado do *arahant*, livre das paixões e do apego à existência. O "liberto vivo" tem a garantia de nunca mais renascer, a ele só resta terminar a vida presente; mas ela "gira" no vazio, e mais nada pode aparecer para prolongar o movimento. Quando ele morrer, a roda vai parar totalmente e o *arahant* entrará então no nirvana completo.

Os relatos canônicos afirmam que, depois de escutar o Sermão de Benares, os Cinco se transformaram em *arahant*, como o Buda Sakyamuni já era: "Naquele momento, passaram a existir seis *arahant* no mundo[8]". Mas os Cinco, no entanto, não se tornaram budas, porque não adquiriram a libertação por conta própria: eles a obtiveram por meio de um ensinamento. Para chegar ao estado de buda, faltou a eles atingir a Iluminação "completa e perfeita". Ainda assim, como Buda ensinou aos Cinco em seu segundo sermão, tudo não passa de impermanência. De fato, se o nirvana equivale à salvação, ele também é literalmente a "extinção" da ilusão do *atmã*, o "eu" profundo. Contrariamente ao bramanismo, que prega a existência do *atmã*, o budismo afirma que não há existência individual do eu, da "alma". Segundo a doutrina do *anatta*, o sofrimento existe, mas não aquele que sofre. O indivíduo não passa de uma faceta de cinco "agregados" impermanentes: o corpo, a sensação, a percepção, os elementos resultantes do carma e a consciência. Depois da morte, quando existe renascimento, na verdade, nada renasce. E aquele que consegue sair do ciclo infernal do *samsara* se dissolve no nirvana sem forma. O sofrimento e a dor do mundo, portanto, são inseparáveis da inconsistência. Inevitável, a impermanência reina sobre tudo, ela é absoluta e universal.

Esse paradoxo, que está no cerne da doutrina budista, é de difícil apreensão pelos ocidentais. De fato, para os intelectuais europeus que o descobriram em meados do século XIX, o budismo logo se torna o "culto do nada[9]", segundo a expressão de Victor Cousin. Muitos baseiam suas críticas no postulado de Hegel que, apesar das parcas fontes especializadas disponíveis em sua época, escreveu, em 1827: "O nada, que os budistas tratam como o princípio de tudo, o máximo objetivo final e a máxima finalidade de tudo[10]...". Mas, por meio disso, eles fizeram uma caricatura do pensamento do filósofo, que não considerava o budismo como uma religião destruidora, mas, de maneira mais justa, como a "religião do ser em si[11]", o nada como o equivalente do Ser puro, do Ser indefinido, livre de qualquer determinação. Seja como for, tirados de seu contexto, os postulados de Hegel foram retomados por diversos pensadores que os usaram para ter mais base de rejeição a uma doutrina vinda de fora que aparece como a expressão de um desejo de nulificação, um convite quase doentio à autodestruição. Normalmente tachada de pessimista e até mesmo niilista pelos filósofos, a doutrina de Buda foi acolhida da mesma maneira negativa pelos cristãos, que condenaram o "sistema hediondo[12]" cujo objetivo seria a libertação de tudo, algo fora das possibilidades.

Nessa orquestra de críticas, algumas vozes divergentes se fizeram escutar. Foram as dos cientistas, naturalmente, que apelaram a maior prudência na hora de interpretar os textos, e, entre os filósofos, a de Arthur Schopenhauer, que defendeu o budismo sozinho contra todos, ou quase. Mas ele não negou o caráter niilista da religião... bem ao contrário. Ao perceber na doutrina do "Buda filósofo" uma concordância com a sua própria concepção de mundo, Arthur Schopenhauer de fato o elogiou por considerar a vontade de viver um absurdo e a origem do sofrimento. Assim, o filósofo se equivocou ao ver no budismo uma espécie de prefiguração extraordinária de seu próprio pensamento. De todo modo, Arthur Schopenhauer inaugurou uma espécie de "filosofia comparada". Afinal, se sua concepção da natureza da experiência fundamental do sofrimento pode efetivamente ser aproximada da concepção da doutrina de Buda, sua filosofia é definitivamente pessimista e, por isso mesmo, não pode ser qualificada de "budista".

Nietzsche também tinha em boa estima o "grande fisiologista" e sua "Religião – que seria melhor chamar de higiene para não lhe atribuir coisas tão desprezíveis como o cristianismo[13]". No entanto, ele também considerava o budismo como um niilismo, um sintoma do cansaço de viver, ao qual opôs o conceito de desejo de poder. Ao reconhecer que "tudo é sofrimento", como afirma Buda, libertar-se do sofrimento para ele significava rejeitar a vida: Nietzsche pregava, ao contrário, uma sabedoria trágica que implica a vontade do sofrer. Não que sofrer seja positivo em si, mas porque, sem o sofrimento, nada de grandioso é possível: "O homem trágico afirma até o sofrimento mais amargo[14]".

Os dois pensadores negligenciaram o fato de que o budismo, antes de ser uma filosofia, é uma religião, ou melhor, uma doutrina que leva esperança aos homens. E é precisamente essa dimensão, essencial, que permitiu ao budismo atravessar 25 séculos e se expandir para quase um terço do planeta.

Em defesa dos pensadores ocidentais, poderíamos levantar a hipótese de que a doutrina budista que eles descobriram no século XIX talvez fosse diferente, ou pelo menos mais complexa, do que a pregada originalmente pelo Buda Sakyamuni. Será que o texto do Sermão de Benares que conhecemos hoje é fiel à realidade histórica? Que tipo de crédito podemos dar a ele?

Apesar de não existir nada para permitir que tenhamos certeza a respeito de sua autenticidade absoluta, os especialistas concordam em reconhecer que o texto tradicional do primeiro sermão de Buda expõe efetivamente o cerne da doutrina do budismo original. Como foi conservado por diversas versões concordantes por quase todas as escolas budistas, o discurso das Quatro Nobres Verdades é considerado bem próximo daquilo que Buda teria ensinado pessoalmente em vida ou, pelo menos, daquilo que foi relatado por seus primeiros discípulos. Em seu livro *Recherches sur la biographie du Bouddha*, André Bareau mostrou, particularmente, a idade avançada da apresentação do Nobre Caminho Óctuplo, que aparece em duas retomadas no texto do Sermão de Benares: a primeira vez como a quarta Nobre Verdade e a segunda na introdução que ele fez do Caminho do Meio. Segundo este especialista, ele teria sido concebido antes do discurso das Quatro Nobres Verdades como o conhecemos hoje, assim como também teria precedido a formulação da inexistência em si – que talvez só tenha sido fixada depois do falecimento de Buda. O Nobre Caminho Óctuplo aparece, portanto, como um dos ensinamentos mais antigos de Buda, se não tiver sido o primeiro. Em outras palavras, é surpreendente notar como esse ensinamento original constitui até hoje o cerne da prática budista. Apesar de sua enorme diversidade, o budismo contemporâneo continua a se valer desse ensinamento original, e os budistas de hoje, assim como os de ontem, continuam se esforçando para seguir o modelo do Nobre Caminho Óctuplo. De acordo com as palavras atribuídas a Buda, "ele oferece a visão, ele oferece o conhecimento, ele conduz à tranquilidade, ao conhecimento supremo, à Iluminação, ao nirvana[15]". Em outras palavras, seguir o Nobre Caminho Óctuplo conduz à salvação.

Apesar de os ocidentais do século XIX terem encontrado dificuldade para absorver a doutrina de Buda, não foi assim – como já vimos – com seus primeiros discípulos. Por mais inovador que seja, o budismo se constrói sobre uma base de conceitos derivados da tradição bramânica, pura e exclusivamente indiana, que eram totalmente estranhos ao pensamento da maior parte dos pensadores europeus da época. Que a vida aqui não passa de sofrimento e que todo mundo é prisioneiro do *samsara* são dois postulados da doutrina budista que não eram evidentes para os ocidentais. Ao contrário, esses conceitos só poderiam ter sido assimilados de cara pelos antigos companheiros de ascetismo de Buda se eles fossem oriundos da casta dos brâmanes – e o mesmo vale para as outras pessoas além dos Cinco, se acreditarmos nas escrituras.

A distância geográfica, temporal e cultural explica em grande parte a incompreensão dos pensadores europeus. O fato de a descoberta da alteridade ter levado à rejeição não é de surpreender. Mas há ainda outra coisa: ao considerar o budismo como sistema niilista que prega o caos e a dissolução, será que os intelectuais europeus não estavam exprimindo a angústia que na época agitava o inconsciente ocidental confrontado com o nascimento da modernidade? Uma espécie de "mal-estar da civilização[16]", um medo latente da catástrofe – que viria a se tornar realidade em 1914... Seja lá como tenha sido, o Ocidente deixou passar seu primeiro encontro com o budismo.

Conversões

No Bosque das gazelas, o Afortunado passou a viver rodeado de seus cinco primeiros discípulos. Dia após dia, a pequena comunidade foi se organizando. À noite, eles dormiam sob o abrigo de cabanas sumárias feitas de galhos e, a cada manhã, iam até a cidade de Kashi para recolher suas esmolas.

Enquanto isso, a comunidade monástica, a *Sangha*, ou "Assembleia", de acordo com o termo usado por Buda, naquele estágio ainda era composta unicamente de homens que tinham optado pelo caminho da renúncia havia muito tempo. Como tinham "pouca poeira nos olhos[1]", os cinco renunciantes tinham disposição especial para compreender a Doutrina.

A conversão de um rapaz chamado Yasa de repente fez com que o círculo de recrutados aumentasse. Filho único de um banqueiro rico de Benares, ele tinha sido criado como filho de nobre. Assim como Sidarta durante sua juventude, Yasa sempre fora mimado pelos pais. Alternando-se entre os três palácios da família de acordo com as estações do ano, ele sempre vivera afastado das dificuldades, "regozijando-se com os prazeres dos cinco sentidos[2]". Mas, certa madrugada, depois de uma noitada de excessos na companhia de cortesãs, ele acordou sobressaltado e se deparou com o espetáculo mórbido do amontoado de corpos desnudos, abandonados ao sono no meio da bagunça da festa. Assim como o bodisatva na noite em que partiu de Kapilavastu, Yasa de repente foi tomado por um desgosto irreversível: "Como isto é desagradável! Como será possível suportar o desejo[3]?". Depois de atravessar os portões de Kashi sem acordar os moradores, ele logo chegou ao rio Varana. Yasa abandonou suas sandálias de ouro, atravessou o curso d'água e se dirigiu ao Bosque das gazelas, com a esperança de encontrar um sábio que aceitasse guiá-lo no caminho da renúncia...

Aproveitando o frescor do amanhecer, Buda estava passeando pelo bosque com serenidade quando viu o rapaz se aproximar. Ele ainda trazia no rosto a expressão incoerente e chocada de alguém que acabava de fazer uma descoberta terrível. Ao perceber imediatamente sua inquietação, o Tathagata o cumprimentou com um tom reconfortante. Depois de iniciar a conversa, ofereceu a Yasa uma exposição de sua doutrina. Alguns instantes depois, o mestre e o aluno estavam sentados lado a lado em uma toalha estendida no solo. A exposição de Buda se desenvolveu etapa por etapa, da mais acessível à mais complicada, da renúncia aos prazeres às vantagens da vida de *bhikkhu*. Esse método progressivo encontrou sucesso imediato junto a Yasa:

> Enquanto Yaçaskara escutava, sentado, suas poeiras e suas manchas desapareciam, e ele obteve o olho da Lei, perfeitamente puro. Quando viu a Doutrina, obteve a Doutrina, possuiu completamente a Doutrina, em seu próprio corpo ele obteve a visão por seus próprios olhos do fruto da vida religiosa e disse ao Buda:
> – Eu desejo cultivar com pureza a conduta pura de acordo com o Tathagata.
> – Venha, ó monge! Regozije-se em minha Doutrina, cultive a conduta pura para suprimir a origem das dores.
> Então Yaçaskara recebeu a ordenação maior.[4]

Os outros monges ficaram felizes com a notícia e acolheram Yasa entre si de maneira calorosa. A *Sangha* passou a contar com seis *bhikkhus*.

Nesse ínterim, em Kashi, a agitação tomava conta da família de Yasa. A mãe do rapaz tinha sido avisada, bem cedo da manhã, pelas cortesãs e pelas criadas, do desaparecimento brutal de seu filho. Ela logo suplicou ao marido que encontrasse seu filho e o trouxesse de volta para casa com a maior rapidez possível. Depois de mandar fechar e fiscalizar todas as ruas e os incontáveis becos da cidade, o banqueiro rico finalmente se deslocou pessoalmente até as margens do rio

Varana, onde encontrou as sandálias luxuosas abandonadas por seu filho algumas horas antes. Seguindo sua intuição, o pai de Yasa então cruzou o rio até a outra margem...

Ele mal entrara no Bosque das gazelas e logo avistou um grupo de renunciantes. Ao se aproximar, encontrou entre eles um asceta "absolutamente extraordinário[5]", cuja visão acalmou espontaneamente seu desespero. Mas seu filho lhe era invisível... porque Buda fez com que ele desaparecesse graças a seus poderes sobrenaturais. Cheio de esperança, ele perguntou ao asceta se tinha visto Yasa. À guisa de resposta, Buda convidou o homem a se sentar a seu lado. Em seguida, depois de trocar algumas palavras amáveis com ele, deu início à exposição do ensinamento avançado da Doutrina... Escutando-o com atenção, o banqueiro rico então pediu a Buda que o aceitasse como discípulo leigo. Depois de tomar refúgio em Buda, no Darma e na *Sangha*, ele se tornou o primeiro *upasaka*, discípulo leigo, da comunidade.

O pai de Yasa então viu seu filho aparecer ao lado dos cinco monges que rodeavam Buda. Ele lhe pediu que retornasse a Benares para junto dos seus, dando ênfase à inquietação de sua mãe, que perdia o gosto pela vida sem sua presença. Yasa não proferiu palavra. Ao passo que seu pai tinha recebido a Doutrina, ele esperava a última etapa do caminho da Salvação: até aquele momento, o *bhikkhu* só tinha "entrado na corrente[6]", agora era um *arahant* livre de qualquer paixão e de qualquer erro. Ainda em silêncio, Yasa se contentou em implorar ao mestre com o olhar. Buda explicou ao pai dele que era impossível para um *arahant* como Yasa retomar a vida mundana. O *upasaka* foi obrigado a se dobrar perante as evidências. Ele convidou então Buda e seu filho transformado em monge para jantar na casa dele na cidade.

Logo no dia seguinte, o Afortunado e Yasa foram até Benares. Foram recebidos com muita deferência por toda a família do rapaz. Quando a refeição terminou, Buda deu um ensinamento do Darma dedicado à mãe e àquela que até então tinha sido a esposa de Yasa. Por sua vez, no fim do sermão, elas logo pediram para tomar o Triplo Refúgio. Assim, tornaram-se as primeiras *upasika*, as discípulas mulheres leigas de Buda. Nos arredores, a notícia da conversão súbita de Yasa à vida monástica logo se espalhou. Quatro amigos próximos do rapaz, por curiosidade, foram ao encontro de Buda. Depois de escutar Sakyamuni longamente, eles também optaram por se juntar à *Sangha*. Depois deles, as conversões se multiplicaram: cinquenta amigos antigos de Yasa se converteram por sua vez e se tornaram *bhikkhus*. A visita de Buda naquele dia à antiga cidade santa de Benares foi um verdadeiro sucesso...

A comunidade agora contava com mais de cinquenta monges. No Bosque das gazelas, foi necessário construir novas cabanas e, em preparação para as monções, reforçar as antigas construções. Depois da volta para pedir esmolas pela manhã em Kashi, os *bhikkhus* se punham a trabalhar, apesar do calor insuportável, para que tudo estivesse pronto antes da chegada das chuvas. Alguns cortavam bambu no mato e depois juntavam as hastes, outros trançavam juncos para fazer os telhados... As cabanas tinham acabado de ficar prontas no dia em que a monção começou. Todos se alegraram com a chegada da chuva que restabelece a vida. Dali a alguns dias, em Mrigadava, nas árvores desnudas brotariam grandes folhas frescas em explosão. Os animais que estavam escondidos nas sombras reapareceriam. Os rios ressecados voltariam a se inchar, e o solo vermelho e rachado se cobriria de capim verde e tenro.

Benéficas, essas chuvas intensas também tinham suas inconveniências. Os caminhos, enlameados, ficavam difíceis de seguir, isso quando as inundações não interrompiam totalmente os deslocamentos. Durante várias semanas, Buda e seus seguidores mal conseguiam se afastar do Bosque das gazelas. Dia após dia, eles então se entregavam à meditação e o mestre aproveitava para desenvolver seus ensinamentos com mais profundidade junto a seus discípulos.

Perto do fim da temporada das chuvas, Sakyamuni tomou uma decisão fundamental para o desenvolvimento da ordem monástica. Depois de muito refletir, ele chegou à conclusão de que estava na hora de associar os *bhikkhus* à difusão do Darma. Buda reuniu seus discípulos e lhes deu instruções. Os monges deviam abandoná-lo e ir cada um para um lado, ao encontro dos homens. Solitários, sem nenhuma posse além de uma toga e uma tigela, eles deviam mendigar seu alimento todos os dias e não permanecer nas cidades. Deviam dormir onde fosse possível pelo caminho, "na floresta, ao pé das árvores, embaixo de abas rochosas, em ravinas, em grutas, em cemitérios, no mato, a céu aberto, em cima da palha[7]". A missão deles seria pregar a Boa Lei junto à "multidão", *bahujana*, ou melhor, junto a todos, sem distinção alguma: era necessário que todos aqueles que fossem capazes de compreender a Doutrina também tivessem a oportunidade de colocar fim a seu sofrimento. O Afortunado conduziu seu discurso de acordo com as seguintes palavras:

> Tomem então seu caminho e sigam pelo bem de muitos, pela felicidade de muitos, por compaixão pelo mundo, pela vantagem, pelo bem, pela felicidade dos deuses e dos homens[8].

Depois que os sessenta *bhikkhus* se dispersaram para preencher seu novo papel de missionários itinerantes, Buda retornou ao local de sua Iluminação, em Uruvela. Ele não esquecera de todos aqueles que tinham sido generosos ao lhe dar esmolas durante os longos anos que passou em busca da Verdade; ele desejava ensinar-lhes o Darma que conduz à Salvação. Depois de longos dias de caminhada em silêncio, finalmente chegou aos arredores do vilarejo. Cansado, Buda estava descansando embaixo de uma árvore, no parque de Karpasika, quando apareceu um grupo de rapazes ruidosos e agitados. Apelidados de "Pândegos Alegres[9]" pelos moradores de Uruvela, perguntaram ao asceta se ele não tinha visto, por acaso, nos arredores, uma ladra fugindo com o fruto de seu roubo: eles estiveram largados às delícias do banho em companhia distinta quando uma cortesã roubou um objeto de grande valor que pertencia a um deles – o solteiro do grupo, que tinha contratado os serviços da moça para aquele dia. Os "Pândegos Alegres" não viram quando ela cometeu o roubo, claro, mas tinham certeza de que a cortesã era culpada. Buda, que os ouvira em silêncio, perguntou: "Ou então, o que vocês acham, meus rapazes, que vale mais a pena? Sair em busca dessa mulher ou sair em busca de vocês mesmos[10]?". Muito perturbados pela profundidade da pergunta do renunciante, os rapazes se aprontaram para escutar o ensinamento de Buda... Que logo rendeu frutos, e a *Sangha* se enriqueceu com mais trinta novos recrutas – ou talvez cinquenta, de acordo com outras lendas.

Espalhados por toda a ampla planície do Ganges, os monges itinerantes também obtinham bons resultados. Diversas pessoas, depois de tomar conhecimento da Doutrina, desejavam tornar-se *bhikkhus*. Mas como só o mestre estava habilitado a conferir a ordenação, a longa viagem até Uruvela desestimulava as vocações: os recém-convertidos às vezes mudavam de ideia no meio do caminho... Para sanar este problema, Buda então resolveu autorizar os monges a conferir pessoalmente a ordenação. A cerimônia ritualística instituída de acordo com suas instruções era simples: depois de raspar a barba e os cabelos, o noviço, com os pés descalços e o corpo envolto em um pedaço de tecido, apoiava o joelho direito no chão. Com as mãos unidas, ele pronunciava uma fórmula que tem valor de profissão de fé: "Eu tomo refúgio em Buda, eu tomo refúgio no Darma, eu tomo refúgio na *Sangha*[11]"; depois, ele se dedicava a abandonar a vida mundana para se unir ao Tathagata. O noviço então recebia solenemente o título de "ter recebido a ordenação maior[12]".

Assim, desde os primórdios da *Sangha*, a propagação da Doutrina representava a missão essencial dos *bhikkhus*. Durante o período de monções, os monges viviam em retiro em eremitérios, mas durante o resto do ano, por cerca de oito meses, eles deviam se deslocar sem descanso para pregar. A partir do momento em que os adeptos de Buda receberam a autorização de conferir pessoalmente a ordenação, já não havia mais nada para frear a difusão do Darma. Desde a conversão dos Cinco, o pequeno grupo tinha inchado com tanta rapidez que em apenas poucos meses tomou a forma de uma verdadeira corporação de monges mendicantes. Todos aqueles que "entravam na corrente[13]" observavam a mesma regra rígida e vestiam a mesma roupa, que se distingue pela cor da dos outros renunciantes. No lugar do açafrão emblemático dos ascetas bramânicos, os discípulos de Buda se enrolavam em uma peça de tecido cor de ocre, cuja tintura é chamada de *kasay*, como a terra argilosa de onde ela provém. As vestes amarelas e a cabeça raspada eram os sinais externos que permitiam identificar imediatamente os *Samana Sakyaputtiya*, "os ascetas sectários do filho dos sakyas" – como começaram a ser designados então os integrantes da nova comunidade religiosa.

Mas, apesar de o mestre cuidar do desenvolvimento rápido e eficaz da ordem monástica, ele não negligenciava os convertidos que não desejavam entrar para a comunidade de monges. Aliás, a *Sangha* precisava também de integrantes leigos. Essas pessoas tinham papel duplo a cumprir: por um lado, favorecer a propagação da Doutrina; por outro, fornecer suporte material à comunidade de monges.

De Sarnath a Varanasi

Se acreditarmos nos relatos canônicos, a história do budismo então se iniciou no ano 531 a.C. ou 523 a.C., no Bosque das gazelas, onde o Buda Sakyamuni teria pregado pela primeira vez a Doutrina. Alguns dias depois, ele teria dado continuidade a seu ministério na cidade de Kashi, onde seus ensinamentos teriam feito muito sucesso.

Hoje, o Bosque das gazelas é identificado com a atual Sarnath, e Kashi continua correspondendo à cidade de Varanasi. Situadas no estado indiano de Uttar Pradesh, estas duas localidades estão separadas por apenas uma dezena de quilômetros, mas oferecem um contraste tal que surpreende a todos os visitantes: Sarnath é um sítio arqueológico bem organizado, silencioso e verdejante em que o tempo parece parado; ao mesmo tempo que em Varanasi, uma cidade populosa e poluída, o fluxo da vida é impetuoso. Hoje em dia, ao visitar Sarnath e Varanasi em sucessão, fica no ar um paralelo surpreendente com o destino do budismo na Índia.

Rodeado de muros, o sítio de Sarnath é gerenciado com muito cuidado pelo Archaeological Survey of India. O Bosque das gazelas continua ali, mas se trata, sem dúvida, de uma "reconstituição": as gazelas, ágeis e graciosas, circulam tranquilamente em um cercado com gramado impecável – herdeiro digno da tradição britânica – onde são alimentadas todos os dias pelos guardas. De acordo com a literatura budista, a existência dessa reserva de animais é muito antiga; remonta a uma época bem anterior à vida do fundador do budismo. A origem do nome de Sarnath lembra essa lenda: é a contração do termo em sânscrito *Sarang Nath*, "Senhor das Gazelas", e faz referência a uma das várias encarnações de Buda antes de seu último renascimento. Nessa floresta, o bodisatva um dia teria se oferecido deliberadamente como caça ao rei de Benares, grande amante do esporte, para salvar a vida de uma gazela grávida de um filhote. O soberano, tocado perante o espírito de sacrifício do "Senhor das Gazelas", teria então decidido criar uma reserva para proteger aqueles animais...

Por mais tocante que esta lenda seja, ela infelizmente não traz nenhuma informação de ordem histórica a respeito de Sarnath. Aqui, como em outros lugares, interrogar a arqueologia parece mais indicado. Apesar de os vestígios de Sarnath não fornecerem provas diretas, capazes de autenticar o lugar do início do movimento da Roda da Lei, eles atestam, por outro lado, que o Bosque das gazelas foi sim identificado como tal pelos primeiros budistas. O sítio arqueológico, que cobre uma área considerável, mostra também que o lugar presenciou intensa atividade budista durante séculos: em resumo, os diversos vestígios oferecem sobretudo a oportunidade de acompanhar o desenvolvimento do budismo indiano... até sua queda.

Chamado no passado de "célula perfumada das origens[1]", o templo principal de Sarnath teria sido construído pelos primeiros discípulos de Buda, os "Auditores", ao redor da cabana ocupada pelo mestre quando a temporada de chuvas se seguiu a sua primeira pregação. Reformado e reconstruído várias vezes, o templo atual infelizmente só exibe paredes grossas relativamente tardias, datadas aproximadamente do século VI. Entre os vestígios mais antigos, os edifícios erguidos pelo imperador Ashoka no século III a.C. são testemunho da disseminação fulgurante do budismo na época do império Maurya. Aqui, assim como em todos os lugares associados às etapas decisivas da vida de Buda, como Lumbini ou Bodh-Gaya, Ashoka, o convertido fervoroso, mandou erguer monumentos para honrar a memória do Afortunado e disseminar sua doutrina. Em Sarnath, essa época gloriosa do budismo rendeu principalmente um pilar notável que chegou a se tornar duplamente emblemático: o famoso capitel de Ashoka é também, desde a independência do país, o emblema nacional da União indiana. Ele traz no alto quatro leões, símbolo da força e da coragem, que repousam sobre um ábaco circular. Este, disposto sobre uma flor de lótus, é decorado com quatro animais em tamanho reduzido: o leão ao norte, o elefante a leste, o cavalo ao sul e o touro a oeste. Esses guardiões dos quatro pontos cardeais estão separados um do outro por rodas que simbolizam a Lei budista.

O capitel lembra, mais do que qualquer outro vestígio, a ambição de Ashoka de difundir o budismo em todas as direções, no seio de seu vasto império e até além dele. De fato, o caráter proselito do imperador não se inscreve unicamente na pedra e no interior do mundo indiano: no 18º ano de seu reinado, depois de ter convocado o terceiro concílio budista, o soberano decidiu enviar missionários por toda a península indiana, e também além das "fronteiras, até seiscentas léguas[2]" dos reinos vizinhos: ao Ceilão, à Birmânia, na direção da Malásia, à Caxemira, ao Afeganistão... No interior de seu império, a Doutrina se disseminou como nunca, principalmente no âmbito das cidades. Ela atingiu principalmente as classes dominantes e os mercadores, cuja participação na propagação do budismo ao longo dos eixos comerciais, terrestres e marítimos, está longe de ser desprezível. Promovido desta maneira pelo imperador dos Mauryas, pela primeira vez depois de seu surgimento, o budismo então entrou de verdade para a história. Na Índia, ele finalmente assumiu características de uma religião à parte, ao passo que sua propagação além das fronteiras encarnou sua vocação universal.

Depois do declínio do império Maurya, o budismo Theravada continuou a se expandir, principalmente nos reinos indo-gregos do Noroeste da Índia, fundados depois das conquistas de Alexandre, para onde alguns *Yavana* foram para se converter, a exemplo do famoso Menandro. Sob o governo Kushana, o budismo continuou a florescer no território da Índia. Nesse ínterim, ele se dividiu em duas correntes: foi precisamente no reinado de Kanishka, no século I, que o Mahayana apareceu. Como já foi citado, isso se fez acompanhar de um desenvolvimento artístico excepcional, ilustrado pelas estátuas do Gandhaia, fusão das artes grega, indiana e persa.

Mas retornemos à visita a Sarnath para continuar a desenrolar o carretel da história do budismo indiano. O monumento mais imponente é certamente a estupa Dhamekha, que foi erguida sobre a base da de Ashoka. Situados ao sul do sítio arqueológico, os vestígios da estupa atual formariam um edifício de quase quarenta metros de altura e trinta metros de diâmetro. A estupa é composta de três partes: uma base circular bem baixa, um tambor cilíndrico com uma dúzia de metros, decorado com ogivas que exibem um nicho central, e um domo de tijolos em que a cobertura de reboco desapareceu. A descoberta de um tablete de argila com uma inscrição fornece a explicação do nome dessa estupa. Apresentando a estrutura como *Dhamaka*, ela parece indicar que foi naquele lugar exato que Buda teria colocado em movimento a Roda do Darma. Seja lá como tenha sido, a estupa Dhamekha hoje é altamente venerada pelos budistas que, para lhe prestar homenagem, circulam ao redor dela na direção oeste. Ao fazer isso os devotos perpetuam sem saber uma antiga tradição indiana derivada dos cultos solares – e hoje dá para notar que muito poucos entre eles são de nacionalidade indiana. Como acontece em Lumbini ou em Bodh-Gaya, a grande maioria dos peregrinos que visitam Sarnath viajaram muito, vindos do Vietnã, da Coreia ou ainda do Japão, para se recolher sobre os passos de Buda...

A estupa imponente que se vê hoje é fruto de reconstrução e de ampliação que remonta à época da dinastia Gupta, ou melhor, entre os séculos IV e VI. Como comprovam outros vestígios de Sarnath, o local também exibia naquele período grandes edifícios monásticos capazes de receber um número considerável de monges. Mas é interessante ressaltar que os soberanos guptas, mestres de um império imenso que se estendia por todo o Norte da Índia, não professavam a fé budista. Os guptas, que eram hinduístas, mostravam-se muito tolerantes, e até generosos, tanto para com os discípulos de Buda quanto para com os de Mahavira – os jainistas. O período Gupta, particularmente fecundo, encarnou de fato o apogeu da cultura clássica indiana. Essa época representa o auge para todas as artes, fossem quais fossem suas afiliações religiosas: assim, em Sarnath, uma escola notável de escultura budista veio à luz. No entanto, e aí está o paradoxo, esse período marca também o início do declínio inexorável do budismo na Índia. A partir desse momento, da época Gupta que encarna a idade de ouro da civilização indiana, a disseminação da Doutrina de Buda, lentamente abafada pelo hinduísmo dominante, foi se apagando progressivamente. Como mostram os vestígios de Sarnath, a pá de terra definitiva sobre o budismo indiano foi jogada com a chegada dos conquistadores muçulmanos, com o ataque de Mahmoud de Ghazni, em 1017, e de Qutb ud-Din Aibak, em 1194.

De lá, a visita continua em Varanasi, que encarna, por outro lado, a vitória irreversível do hinduísmo sobre o budismo – e isso antes mesmo da chegada dos muçulmanos. A antiga Kashi também se cansou de ser atacada mortalmente pelo islã – principalmente pelo imperador mongol Aurangzeb, no século XVII –, mas parece que a cidade santa foi capaz de renascer das cinzas. Hoje, Varanasi (Benares) abriga quase dois mil templos espalhados pelas curvas de suas numerosas ruelas. Ao longo do ano, a cidade dedicada ao deus Shiva atrai uma multidão de peregrinos vindos dos quatro cantos da Índia. Em qualquer momento, as recitações de mantras, as melodias dos *bhajans* – os cânticos de devoção – e o tilintar dos sinos de *puja* – rituais de homenagem às divindades – misturam-se nas ruelas tortuosas. Com o nome derivado dos rios Varuna e Asi, dois afluentes do Ganges, Varanasi sempre se desenvolveu em uma só margem do rio, de maneira a ficar de frente para o sol nascente. Todas as manhãs, uma multidão de devotos se acotovela nos *ghats* – cais em forma de escada que margeia a cidade em toda a sua extensão – para se purificar nas águas escuras do Ganges sagrado e para prestar homenagem a Surya, o deus védico do sol. O espetáculo da multidão de devotos não deixa nenhum visitante indiferente, de tão imutável que parece. Assim, apesar de nenhum texto mencionar o fato, é bem possível que Buda também tenha presenciado esses banhos ritualísticos quando visitou Kashi...

Mas o que aconteceu na terra que viu o budismo nascer e se disseminar durante quase quinze séculos para que os locais o tenham esquecido desta maneira? Por que o hinduísmo representa hoje mais de oitenta por cento da população da Índia, ao passo que o budismo só é praticado por uma minoria ínfima – de origem tibetana essencialmente? Como explicar tal prevalência do hinduísmo sobre o budismo?

Essa vitória é fruto de uma longa história. Lembremos em primeiro lugar que o bramanismo nunca desapareceu quando o budismo teve seu momento de glória, durante o reinado de Ashoka. Não existe nada que prove que, naquela época, a fé do soberano fosse compartilhada pela maior parte de seus súditos. Apesar de o budismo ter conhecido expansão fulgurante, inegavelmente, ele coexistia com o bramanismo no meio de outras correntes religiosas mais vigorosas, como o jainismo. Além disso, as duas grandes correntes religiosas nunca foram radicalmente opostas nem compartimentadas. As duas sempre se constituíram de múltiplas seitas e subseitas, de modo que os próprios conceitos de religião e de conversão como nós os conhecemos permanecem relativamente vagos no contexto indiano. Os dois movimentos certamente travavam uma espécie de concorrência, mas ainda assim eles se influenciavam de maneira recíproca. O relato de viagem do peregrino chinês Fa Hian, que visitou a Índia no início do século V, oferece testemunho eloquente disso: apesar de relatar que o antigo sacrifício de sangrar um cavalo, que tinha sido proibido por Ashoka, de repente foi retomado como honraria pelos soberanos hindus da dinastia Gupta, ele também observa que as castas mais elevadas se abstinham do consumo da carne. O vegetarianismo, herdado da influência conjunta do budismo e do jainismo, passou a ser considerado também pelo hinduísmo como prática especialmente pura e elevada. É por isso que o hábito se transformou em um dos sinais de distinção dos brâmanes, que se colocam no alto da hierarquia social, ao lado dos soberanos hindus.

De fato, para conter o desenvolvimento de correntes de contestação, como o budismo, que ameaçavam a supremacia dos brâmanes, a religião derivada dos Vedas precisou se adaptar. Entre os séculos IV a.C. e V d.C., o bramanismo evoluiu consideravelmente e deu origem ao que chamamos de hinduísmo. Progressivamente, novos costumes e práticas religiosas foram se sobrepondo aos rituais derivados do vedismo e do caminho da renúncia dos *Upanixades*, com o objetivo de fazer surgir uma religião mais acessível e, por consequência, mais popular. O hinduísmo se apoia em novos textos – também redigidos pelos brâmanes – que constituem aquilo que chamamos de *smriti*, a "Tradição". Apesar de sua origem ser considerada humana pelos devotos, o conjunto formado por esses textos se baseia na *shruti*, a "Revelação" do Veda, que dá fundamento a sua legitimidade. Eles compreendem, em primeiro lugar, os *Dharma Shastras*, primeiros "tratados sobre o *Darma*", dos quais fazem parte as *Leis de Manu*. Escritas na virada da era cristã, elas formam um código de conduta social, moral e ritual que acomoda – e justifica – o sistema de castas – e, portanto, a posição dos brâmanes – por meio do *Darma*.

O conceito de *Darma* não é novo. Ele já era bem conhecido do bramanismo, mas foi reafirmado com firmeza. De certo modo, o *Darma* prolonga o *rta* védico: ele designa a ordem do mundo em cada uma de suas manifestações; seja o cosmos, as leis naturais, a organização das sociedades humanas ou os rituais religiosos. Sua raiz *dhri*, "carregar, segurar", indica que o *Darma* organiza e segura tudo, ele é a garantia de harmonia no mundo. Este conceito está ancorado no pensamento indiano de maneira tão profunda que não permaneceu como privilégio do bramanismo nem de seu sucessor, o hinduísmo. Como o *Darma* equivale à ordem, à regra, à lei, os budistas não hesitaram em utilizar este termo, por sua vez, para designar a doutrina de Buda: a Boa Lei assim tomou o nome de *Darma* nos textos budistas redigidos em sânscrito, ou de *Dhamma*, seu equivalente na língua páli, nos textos da tradição Theravada.

A metamorfose do bramanismo em hinduísmo também passou pela composição das imensas epopeias do *Ramayana*, "O gesto de Rama", do *Mahabharata*, "A grande luta de

Bharata", e dos *Puranas*, "Antiguidades", que apresentam as genealogias e as vidas lendárias de uma enorme quantidade de divindades. Esse *corpus* literário gigantesco, que também pertence à "Tradição", abre novas perspectivas às práticas religiosas. Ao lado dos rituais védicos e da renúncia dos ascetas, não muito elitistas nem exigentes, ele propõe outros caminhos, acessíveis a todas as castas da sociedade, para se libertar do *samsara*. Assim, é lançada a ofensiva para anular os atrativos do budismo junto ao maior número de pessoas... Apesar de o ataque não ser frontal, é de todo modo fatal: o "concorrente" azarado nunca mais iria se recuperar.

Um dos novos caminhos possíveis é o da ação pregada pelo famoso *Bhagavad-Gita*, texto que faz parte do famoso poema épico do *Mahabharata*. "A Canção do Senhor" ensina que, para alcançar a Salvação, convém renunciar ao desejo e ao fruto de seus atos, mas não aos atos em si. Em resumo, não é necessário abandonar a vida mundana para encontrar a salvação, aquele que age também pode ter esta aspiração... sob a condição de que sempre aja de acordo com seu *darma* pessoal. Porque de fato existe o *Darma*, a ordem socioeconômica, e o *darma* individual – sem maiúscula –, que remete à ideia de "dever". E como isso depende da casta em que se nasce, ele obviamente não é igual para todo mundo...

Entre os outros caminhos abertos pelos textos da "Tradição", o *bhakti*, a devoção à divindade, encontra imenso sucesso popular. Assim, o sentimento religioso pessoal, o emocional, é incentivado; afinal, diz-se que a fusão com a divindade abre as portas da salvação. O *bhakti* favorece o aparecimento do culto das imagens e se traduz também pela multiplicação das divindades – e, portanto, dos templos e dos locais de peregrinação. A "Tradição" afirma que o panteão hinduísta conta com 33.333 deuses – número simbólico de uma quantidade extraordinária. Portanto, cada um deles não passa de uma manifestação de um dos aspectos do princípio divino, único e sem forma, chamado *Nirguna*, que é inacessível ao homem. De acordo com essa perspectiva, as representações divinas assumem ao mesmo tempo formas múltiplas e infinitas, a ponto de o hinduísmo ser capaz de recuperar e assimilar uma enorme quantidade de divindades – tantas quanto os inumeráveis *grama devatas* dos vilarejos – que eram estranhas ao panteão védico e bramânico. Assim, argumentações rebuscadas que vão ao encontro das correntes religiosas rivais nem se fazem mais necessárias. Mais nada é capaz de resistir ao hinduísmo...

Foi assim que, um belo dia, apareceu entre as divindades do panteão hinduísta... o Buda Sakyamuni! O fundador do budismo simplesmente se transformou em um dos avatares do grande deus Vishnu, o "conservador". Essa integração do sábio se cristalizou por volta do século VIII, de acordo com o exame de vários textos, como por exemplo os *Puranas*, que contêm diversos relatos míticos em torno da figura de Buda. Um deles conta que, um dia, o renunciante Gautama, maltratado por ascetas especialmente maldosos, cometeu a falha de matar uma vaca. Ao descobrir quem o tinha levado a cometer esse sacrilégio, Gautama por sua vez lançou uma maldição sobre os ascetas. Daquele momento em diante, as práticas impuras se multiplicariam pelos arredores. Para restabelecer a harmonia do mundo, Vishnu então resolveu encarnar como sábio, sob o nome de Buda, para pregar o *Darma* entre os homens...

A resposta do hinduísmo ao budismo foi, assim, tão hábil como pacífica... A gênese dessa história combina perfeitamente com a seguinte reflexão de Lanza del Vasto: "O pensamento indiano, que se propõe a andar entre conceitos contrários e dos quais as ideias brotam, bifurcam, assumem aspectos mais ramificados do que cristalinos, acostumou-se sem problemas a esses modos entrecruzados[3]". Dá para notar, na passagem, que o escritos não se furtaram de associar a imagem da árvore à Índia...

Mas apesar de o budismo não ter conseguido sobreviver na terra que o viu nascer, ele se expandiu em outras partes, além das fronteiras da Índia. Esta propagação se deve, em primeiro lugar, à dimensão missionária que o próprio mestre incutiu na Doutrina desde a origem. De maneira inversa, a religião hinduísta, de múltiplas formas, com a vantagem de ter a capacidade de absorver tudo – e, portanto, de almejar a uma forma de universalismo, como ressaltou Sudhir Kakar –, nunca foi exportada. E isso acontece pela razão clara e simples de que sua exportação é impossível: a pessoa nasce hindu, é impossível transformar-se em hindu. Por outro lado, todo mundo, sem restrição alguma, pode se tornar budista. Como se fosse uma espécie de negativo da irmã gêmea hinduísta, a doutrina de Buda é capaz de se integrar a tudo, por meio de adaptação. Reduzido a sua essência, ou às Quatro Nobres Verdades, o budismo não impõe nem deus, nem ritual, nem exclusividade; não exige fé cega da parte de seus adeptos.

Ao nos referirmos às palavras atribuídas ao Buda Sakyamuni pelos textos canônicos, ele é apresentado como um mestre, um guia, um sábio. O núcleo de sua doutrina impressiona por seu caráter filosófico: é contumaz dizer que a primeira Verdade, que explica a natureza universal do ser, é uma ontologia; as duas seguintes, uma fenomenologia; a quarta, uma moral. Mas, no fundo, a atitude de Buda não é nem de filósofo nem de profeta: ele se assemelha mais a um "médico" que faz um diagnóstico e em seguida propõe uma terapia. A doutrina de Buda está longe de apresentar resposta a tudo. Ao esboçar o quadro de uma ética, ela simplesmente expõe um via prática e acessível a todos para escapar do sofrimento da existência. Distinguindo-se das outras religiões por conta disto, o budismo coloca a ênfase no homem de modo profundo, em detrimento do divino.

É por isso que, depois da confusão do primeiro encontro, a doutrina de Buda conseguiu abrir caminho nos países ocidentais no decurso do século XX, principalmente nos Estados Unidos a partir da década de 1950. Nesse ponto, o budismo é maleável e tem múltiplas formas: no Ocidente, pode tanto ser reduzido a uma simples doutrina de sabedoria individual quanto a uma experiência de transformação emocional e cognitiva. Desde o início, ele permite a seus adeptos reivindicar dupla religiosidade – budista e cristão, ou até budista e ateu. Como atestam os trabalhos de Carl Gustav Jung, a antiga doutrina indiana, tomada como "ciência do espírito", é também capaz de se conjugar harmoniosamente com as disciplinas modernas ocidentais, como a psicanálise ou a psicologia analítica.

Milagres

Alguns meses depois de ter atingido a iluminação, Buda retornou ao reino próspero de Magada. Depois da conversão rápida do grupo dos "Pândegos Alegres[1]", o Afortunado tinha acabado de chegar a Uruvela para expor sua doutrina quando os aldeões o informaram de que três gurus tinham se instalado nos arredores. Os três mestres espirituais, que se apresentavam como "homens salvos vivos", eram muito venerados. Cada um deles tinha diversas centenas de discípulos e, de acordo com os boatos, sua popularidade já se estendia bem além da região. Os três renunciantes eram irmãos, tinham o nome de Kasyapa, mas também eram chamados de os "três ascetas de trança[2]", porque, como nunca tinham cortado o cabelo, traziam os fios trançados em um enorme coque no alto da cabeça.

O mais velho dos irmãos Kasyapa, que era o mais renomado de todos, reunia a seu redor quinhentos ascetas. Ele tinha estabelecido seu eremitério em uma floresta logo ao lado de Uruvela e, para se alimentar, a comunidade possuía uma manada de animais de criação. O segundo irmão tinha se instalado nos arredores, perto de um rio, com trezentos ascetas. E o terceiro, que era o mais novo, tinha preferido fazer seu retiro a algumas horas de caminhada dali, perto da cidade de Gaya. Duzentos ascetas tinham se juntado a ele. Ainda de acordo com o que diziam as pessoas do vilarejo, esses anacoretas "de trança" eram brâmanes. Seguindo as prescrições dos *Vedas* e dos *Upanixades*, eles praticavam ao mesmo tempo sacrifícios e rituais, além das austeridades do ascetismo: jejum extremo, meditação e estudo dos textos em sânscrito.

Depois de escutar todas as informações trazidas pelos aldeões, Buda se encheu de compaixão pelos renunciantes. "Coitados", ele pensou, "por este caminho, jamais vão atingir a Salvação!" Apesar do que diziam, os três irmãos não podiam ser *arahants*, já que não seguiam o caminho adequado. Tathagata não hesitou nem por um instante: ele absolutamente precisava fazer com que eles conhecessem a Lei. O meio mais eficaz seria dar prioridade à conversão do mais velho e mais influente dos três irmãos, exatamente aquele que residia em Uruvela... Ainda assim, Buda tinha a sensação de que o mais velho dos Kasyapa, por orgulho, não iria se deixar convencer com facilidade. Para fazer com que ele escutasse o Darma, ele sabia que, daquela vez, precisaria de astúcia e de persuasão, quer dizer, teria que usar seus poderes mágicos...

Já no dia seguinte, Buda se apresentou ao velho Kasyapa como se fosse um noviço desejoso de seguir seu ensinamento. Depois de um momento de reflexão, o guru aceitou em seu eremitério a presença do estranho renunciante de cabeça raspada. Como as noites eram bem frias durante o inverno, Buda lhe pediu permissão para dormir na construção que abrigava o fogo ritualístico. Venerado como símbolo do deus Agni, o fogo era usado todos os dias para sacrifícios. O senhor do lugar concedeu o favor ao "asceta Gautama[3]", mas logo avisou: ele iria, por sua própria conta e risco, compartilhar o refúgio com uma espécie de dragão, um Naga apavorante que assombrava o lugar quando a noite caía. Buda lhe garantiu que não tinha medo de nada. Então "o Afortunado entrou na casa de pedra, estendeu sua toalha e sentou-se em cima dela com o corpo bem ereto e as pernas cruzadas, com o espírito concentrado da maneira correta. Quando viu Tathagata sentado em silêncio, Naga peçonhento soltou fumaça. Tathagata então também soltou fumaça. Ao ver Tathagata soltar fumaça, o Naga então cuspiu fogo. Tathagata então também cuspiu fogo[4]". O combate foi terrível. O Iluminado passou quase a noite toda lutando contra o animal monstruoso.

Quando chegaram as primeiras horas da manhã, Kasyapa foi até a casa assombrada cheio de ansiedade... Ao chegar, o velho brâmane não acreditou em seus olhos: o renunciante tinha conseguido "domar[5]" o Naga tão feroz! O monstro tinha se transformado, como que por magia, em um pequeno réptil que se aninhava confortavelmente dentro de sua tigela de pedir esmolas! Altamente impressionado, Kasyapa convidou o "asceta Gautama" a prolongar sua estadia entre eles. Mas tomou muito cuidado para não exprimir sua admiração.

O velho guru não cessaria ainda de se espantar com o recém-chegado... Nas noites seguintes, e várias vezes, a floresta se iluminou milagrosamente ao redor da cabana onde o noviço dormia. Intrigado, o guru aproveitou o momento da refeição feita em conjunto com seus discípulos para interrogá-lo discretamente. Buda explicou que tinha recebido diversas visitas divinas: primeiro a dos quatro deuses importantes, encarregados de cuidar do universo a partir de um ponto cardeal; depois a do deus Sakka, também chamado de Indra, e, finalmente, a do grande deus Brahma em pessoa, "o Rei dos Deuses[6]". Cada um por sua vez, eles tinham vindo se prostrar diante dele para receber seu ensinamento... Como o corpo dos deuses irradiava uma luz sublime cintilante, suas idas e vindas obviamente não podiam passar despercebidas! Kasyapa constatou então, com amargura, que o asceta era mais poderoso do que ele, mas se recusou a admitir em voz alta. Buda, que lia seus pensamentos, permaneceu em silêncio.

Para acabar completamente com o orgulho do eremita, Buda resolveu fazer demonstrações cada vez mais grandiosas de seus poderes. Um dia, desviou o curso do belo rio Nairanjana para poder se banhar em suas águas sem ter que se deslocar até ele. Em outra ocasião, quando desejava lavar um lenço particularmente nojento – tirado de um cadáver, de acordo com uma lenda –, ele fez com que os deuses lhe dessem um belo riacho de águas claras e uma pedra grande e chata, ideal para esfregá-lo e depois estendê-lo para secar. Enfim, Buda efetuou diversas viagens a vários "continentes[7]" míticos em um lapso de tempo recorde... ou melhor, no tempo que levava para o velho Kasyapa ir de sua cabana à do noviço! De cada uma dessas viagens prodigiosas, Tathagata trouxe uma prova ao guru, em forma de flor ou de fruta.

Como nenhuma dessas demonstrações tinha conseguido alterar o orgulho do eremita, apesar de serem uma mais fantástica do que a outra, Buda continuou usando seus poderes mágicos. Ele se divertiu várias vezes pregando peças no grupo de eremitas: utensílios do cotidiano, como vasos de ablução, de repente se tornavam invisíveis; o fogo sagrado se recusava a acender ou apagava e acendia espontaneamente. De vez em quando, a madeira necessária para que ele permanecesse aceso ficava impossível de rachar... Em outros momentos, Buda abandonava o humor pela compaixão. Ele ia por exemplo em auxílio dos renunciantes que, ao sair de seu banho de purificação no rio, ficavam enregelados pelo frio das primeiras horas da manhã. Quando a madeira estava verde demais para pegar fogo, Buda acendeu quinhentas fogueiras, uma na frente de cada eremita, com a ajuda de uma simples palavra.

Chegou enfim o dia em que uma tempestade, totalmente inesperada para aquela época do ano, caiu de repente. O rio Nairanjana transbordou, a chuva se infiltrou por todos os recantos, até acabar inundando todo o eremitério. O eremita Kasyapa, que se sentia responsável pela sorte de seu noviço, parte em busca dele em um barco sobre as águas desenfreadas... Achando que iria encontrá-lo afogado, ele descobre que o "asceta Gautama" caminhava tranquilamente sobre as águas. Além de seus pés não estarem molhados, eles ainda formavam uma pequena nuvem de poeira, exatamente como se ele estivesse avançando sobre um terreno completamente seco!

Agora o velho brâmane não podia mais negar a superioridade desse aluno "único em seu gênero[8]". Ao retornar à terra firme, Buda disse a Kasyapa:

> Depois de tudo que viu, você ainda ousa pensar que é um *arahant*, que é mais sábio do que os outros. Você é exatamente como um vidro reluzente que se acredita mais brilhante do que o sol![9]

O grande guru engoliu seu orgulho e não teve escolha a não ser reconhecer publicamente o que era evidente: Buda era mais forte do que ele. Prostrando-se a seus pés, Kasyapa o homenageou, e seus quinhentos discípulos o imitaram. Depois de cortar a longa cabeleira, eles jogaram os cabelos no rio, junto com seus instrumentos ritualísticos. Todos então receberam o ensinamento avançado da Lei; em seguida, de acordo com seu próprio pedido, foram ordenados monges pelo Afortunado.

Algum tempo depois, os outros irmãos Kasyapa, que residiam nas margens do rio Nairanjana, no sentido da correnteza, viram passar as mechas de cabelo e os objetos abandonados de seus codiscípulos em Uruvela, carregados pelas águas. Temendo que os colegas tivessem sido vitimados por um drama imprevisível, eles se dirigiram para o eremitério do irmão mais velho o mais rápido possível, seguidos por todos os seus discípulos. Quando chegaram lá, sem fôlego, ficaram aliviados e surpresos de ver todo mundo em boa saúde: o velho Kasyapa e os seus estavam sentados ao redor de Buda, escutando com cuidado e a maior atenção, com as mãos unidas em sinal de respeito. Será necessário dizer que, naturalmente, os recém-chegados também se converteram à Lei?

No meio do inverno, toda a trupe seguiu os passos do Afortunado quando ele decidiu ir para Rajagrha. A capital de Magada só ficava a alguns dias de caminhada. No caminho, os *bhikkhus* e seu mestre marcaram uma etapa no lugar apelidado de "Cabeça de Elefante", uma colina situada perto da cidade de Gaya. Buda aproveitou a parada para fazer vários sermões a seus novos recrutas. O primeiro tratava dos poderes mágicos:

> O ensinamento relativo à base do poder natural implica:
> a multiplicação de seu próprio corpo em um número incalculável de outros corpos;
> o retorno desses inumeráveis corpos a um corpo único;
> atravessar uma parede, para o exterior ou para o interior [...];
> a faculdade de sentar-se no espaço, de pernas cruzadas, ou de circular nele indo e vindo como um pássaro que voa;
> a possibilidade de entrar na terra com a mesma facilidade com que se entra na água [...];
> caminhar sobre a água como se fosse terra firme, sem desaparecer embaixo dela;
> a emissão de fumaça e de fogo, como uma grande massa de chamas, para fora de seu próprio corpo;

a possibilidade de tocar com a mão o sol ou a lua [...];
a faculdade de subir com o corpo até o céu de Brahma; de ir
até lá e voltar sem nenhum obstáculo.[10]

Depois de continuar com uma exposição mais sucinta sobre a meditação, o Afortunado terminou com um ensinamento relativo ao prenúncio da Lei, no qual ele desprezou um dos maiores símbolos da religião derivada dos *Veda*s: o fogo. "*Bhikkhus*, tudo queima[11]", ele enunciou com um certo ar de provocação no começo do famoso Sermão do Fogo. Sakyamuni explicou então a seus novos discípulos que todos os sentidos, e tudo aquilo que os estimula, estão envolvidos pelo fogo do desejo, do ódio e da ignorância: enquanto os homens continuarem a ser presa das chamas, estarão privados da Salvação. Os monges, que no dia anterior ainda adoravam o fogo sagrado, ficaram tão tomados pelo último ensinamento de Buda que se transformaram, todos, instantaneamente, em *arahants*.

Tathagata e seus companheiros então se instalaram em um bosque bem ao lado de Rajagrha, a capital poderosa das cinco colinas. A chegada repentina da multidão de renunciantes durante a noite de lua cheia de *pausa*, entre dezembro e janeiro, não passou despercebida. Na manhã do dia seguinte, o acampamento improvisado que acolhia mais de mil ascetas de cabeça raspada aos portões da cidade despertou toda a curiosidade dos moradores... Quem eram aqueles *shramanas*? Que doutrina eles seguiam? O boca a boca circulou com rapidez. Logo começou a ser espalhada a notícia de que Gautama, o jovem asceta que tinha visitado Rajagrha sete anos antes, fazia parte do grupo! Os moradores da cidade se lembravam muito bem que o renunciante tinha prometido ao rei Bimbisara que voltaria para visitá-lo quando tivesse encontrado o caminho da salvação. Mas não era só isso: diziam também que o famoso brâmane Kasyapa de Uruvela fazia parte do grupo. Estranho... entre os dois, quem era o mestre e quem era o discípulo?

Intrigado por sua vez com o boato, Bimbisara resolveu ir sem demora até a comunidade de ascetas para, como dita o costume, dar-lhes as boas-vindas. Segundo o cânone sânscrito, o soberano se fez acompanhar de todos os moradores da cidade. Na versão páli, ele só é seguido por uma delegação de chefes de família, todos brâmanes, um grupo de tamanho bastante considerável, já que eram 120 mil! Quando chegaram, o mistério que pairava sobre o chefe espiritual da comunidade de repente foi desvendado: todo mundo viu que o velho Kasyapa se prostrava aos pés de Sakyamuni. Ele repetiu o gesto de submissão a seu novo mestre duas vezes. As dúvidas então se dissiparam. Depois de cumprimentos calorosos de reencontro, Buda apresentou a Bimbisara, como havia prometido, o caminho da salvação que ele tinha atingido.

O soberano e sua comitiva o escutaram com a maior atenção. Finalmente, prostrando-se a seus pés, Bimbisara e todos aqueles que o seguiam pediram que ele os aceitasse como discípulos leigos. Depois o rei convidou Buda e seus monges para irem até o palácio fazer a próxima refeição antes de se retirarem.

No meio de uma procissão impressionante, Buda, "cheio de uma majestade sobrenatural[12]", e todos os *bhikkhus* entraram no cercado da cidade naquela noite mesmo. Na frente do cortejo, um discípulo entoava sem parar os louvores ao Afortunado. A *Sangha* foi recebida com grande pompa no palácio. A ceia real, variada e copiosa, estava uma delícia. Privilégio excepcional, o mestre foi servido pelo soberano em pessoa, em sinal de respeito.

No final da refeição, enquanto Buda limpava sua tigela, o rei se aproximou e se sentou a seu lado. Enquanto colocava água em uma taça de ouro para que Tathagata lavasse as mãos, Bimbisara lhe expôs seu desejo de oferecer "à Comunidade de monges da qual Buda é o mestre[13]" um presente de grande apreço: o Bosque dos bambus de Velurana. Calmo e propício à meditação, ao mesmo tempo em que fica perto da cidade, o parque agradável seria ideal para servir de residência de ascetismo para Buda e seus numerosos discípulos. Depois de louvar sua bondade, o Iluminado aceitou a doação e lhe concedeu um novo ensinamento da Lei. Bimbisara então foi tomado por "pensamentos de alegria[14]".

O retorno de Buda ao reino de Magada foi um triunfo. É verdade que o mestre precisou se esforçar para tanto. De acordo com o *Mahavastu*, nada menos do que quinhentos milagres tinham sido necessários para convencer o velho Kasyapa da superioridade de seu caminho. O cânone páli fala até de 3,5 mil prodígios! Mas o fruto de seus esforços realmente tinha valido a pena: em Uruvela, a comunidade budista de repente cresceu em mais mil novos monges. No que diz respeito à hierarquia social, o movimento também carregava consigo enorme peso... Sakyamuni, nascido *kshatriya*, encontrava-se agora à frente de um grupo de tamanho considerável de renunciantes nascidos na casta dos brâmanes. Finalmente, a conversão de Bimbisara é um outro acontecimento importante para o futuro. Além de incitar os súditos do reino poderoso de Magada a seguir o exemplo de seu soberano, ela trouxe aos *bhikkhus* a alegria de um terreno "cômodo para as idas e vindas[15]", que seria muito útil para o desenvolvimento da *Sangha*.

Autópsia literária

A leitura dos diversos relatos lendários que descrevem a conversão dos irmãos Kasyapa e de seus mil discípulos inspira espontaneamente forte desconfiança em relação à autenticidade do acontecimento: na comparação com outros episódios ocorridos antes ou depois deste, o ciclo de conversões de Uruvela pende para o milagroso em proporções particularmente excessivas. Desde o século XIX, todos os biógrafos de Buda se confrontam com o caráter maravilhoso que permeia de maneira infalível os relatos tradicionais da vida do mestre histórico. Forçosamente, eles são obrigados a trabalhar com esses elementos tão contrários a sua função. Apesar de alguns textos parecerem ter sido inspirados por um acontecimento autêntico, como o do Sermão de Benares, por outro lado é difícil dar crédito aos relatos que estão profundamente infundidos de fatos extraordinários. O biógrafo, no contrapé da hagiografia, teria até mesmo a tendência, em tais circunstâncias, de questionar o relato como um todo: da conversão em massa em Uruvela até a do soberano Bimbisara – um dos mais poderosos de sua época –, as pessoas se envolviam com tanta facilidade que o sucesso do início da pregação de Buda se torna, de maneira geral, motivo de precaução... A arqueologia poderia ser um meio de tentar ter um pouco mais de clareza em relação a este assunto, mas ela permanece desesperadamente muda. O único recurso que sobra é interrogar repetidas vezes as diversas lendas. Será que a filologia é capaz de oferecer respostas em relação aos feitos e gestos autênticos de Buda? Será que realmente é possível distinguir a verdade e a falsidade? Além disso, que papel deve ser atribuído aos milagres e a outros prodígios da propagação da doutrina de Buda?

Em primeiro lugar, é preciso lembrar que Buda não deixou nada escrito de próprio punho. Seu ensinamento foi exclusivamente oral. Aliás, nem sabemos se ele era alfabetizado: apesar do que dizem as lendas, nada prova que ele sabia ler e escrever. Além do mais, a escrita era pouquíssimo difundida – pode-se dizer que era praticamente inexistente – na Índia do século VI a.C. O aprendizado da escrita certamente não seria, também, considerado indispensável para um *kshatriya* de uma pequena república aristocrática do Terai: os letrados, na Índia antiga, constituíam minoria ínfima, formada essencialmente de brâmanes dedicados ao estudo e à preservação do saber. O mestre não escreveu nada e seus discípulos mais próximos também não tomaram anotações. Na realidade, nenhum dos textos que constituem o imenso corpus da literatura canônica data da época de Buda. Os textos que chegaram até nós são apenas levantamentos mais ou menos tardios, redigidos pelos monges em páli, em prácrito ou em sânscrito. Além do mais, certos relatos, especialmente os pertencentes ao cânone sânscrito, são acessíveis apenas por meio de traduções, principalmente chinesas e tibetanas. Nessas condições, nem é necessário dizer que é muito difícil estabelecer com precisão a gênese da literatura budista. Entre os textos considerados como os mais antigos, os redigidos em páli – conservados pelos monges do Sri Lanka – aparecem em boa posição, mas sua redação só se deu vários séculos depois da existência do mestre. A transmissão puramente oral, portanto, prolongou-se durante um período muito extenso. O próprio Buda, preocupado com o aprendizado de seus ensinamentos, teria incentivado os discípulos próximos a memorizarem suas instruções orais.

Aqui surge uma questão: em que língua(s) Buda se exprimia? Este ponto é tão complexo que, hoje, nenhum estudioso é capaz de afirmar com certeza qual ou quais idiomas da Índia da região do Ganges o sábio utilizava para se exprimir. A priori, a hipótese mais evidente afirma que o páli das escrituras *theravadin*, que é uma língua literária composta, seria derivado do dialeto mais utilizado por Sakyamuni. Mas não há nada para embasar esta interpretação. Levando em conta que o mestre passou muito tempo no reino de Magada, podemos deduzir que ele sem dúvida falava a língua local, o *magadhi*: mas esse idioma, que tem parentesco longínquo com o sânscrito, não apresenta nenhuma das características fonéticas ou morfológicas do páli. Devido a sua educação de casta elevada, também é possível imaginar que Buda possuísse alguns rudimentos de sânscrito. Por outro lado, como foi criado nos confins do mundo arianizado, talvez ele também estivesse familiarizado com uma língua local da região do Terai. Por fim, como os sakyas tinham relação bem próxima com Kosala, o grande reino rival de Magada, é plausível pensar que Buda dominasse um pouco de *kosali*. Talvez, portanto, ele fosse capaz de passar de um dialeto a outro em função de seus interlocutores. Se, ao contrário, o mestre só fosse capaz de se exprimir em um idioma, ele também não teria nenhum grande problema em se comunicar, porque a maioria dessas línguas pertence ao grupo chamado de "médio indiano", utilizadas pela maior parte dos habitantes do vale do Ganges, muito similares umas às outras para criar alguma incompreensão.

Seja lá como for, é certo que a escolha do páli como língua de redação dos primeiros escritos canônicos budistas não foi fruto de acaso: a questão era se distinguir com clareza da literatura védica e bramânica, que sempre foi composta em "língua perfeita", ou seja, em sânscrito. Portanto, podemos deduzir dessa escolha que Buda sem dúvida preferia falar a língua do povo, e não o idioma da elite culta dos brâmanes. Se ele conhecia o sânscrito – tendo em vista sua educação de "nascido duas vezes" –, teria preferido não utilizá-lo para se afastar do bramanismo e também para que sua doutrina pudesse ser acessível ao maior número de pessoas possível – e essas duas questões têm importância similar. Se acreditarmos na tradição, o mestre teria até incentivado seus adeptos a estudar e difundir a Lei em sua própria língua. Essa escolha linguística foi decisiva. Em todos os lugares em que o budismo se difundiu, os novos discípulos rapidamente tomaram a providência de traduzir as escrituras canônicas em sua língua. Foi assim que vieram à tona, com o passar dos séculos, as versões do cânone budista em chinês, mongol e tibetano; a estas convém hoje juntar as traduções em inglês, alemão ou francês, efetuadas pelos ocidentais que optaram por se converter em discípulos de Buda. Há algumas décadas, de fato, a descoberta da imensa literatura budista já não está mais reservada, no Ocidente, apenas aos estudiosos.

Tentar detectar os elementos verídicos sobre a existência de Buda no âmbito do enorme corpus da literatura canônica apresenta numerosas dificuldades. Essa constatação vale tanto para seus feitos e gestos quanto para os inumeráveis sermões que a tradição atribui a ele. Ao problema relativo a determinar qual língua era falada por Buda, junta-se o das inevitáveis alterações, modificações e adendos a suas palavras – e também às de seus primeiros adeptos. É impossível negligenciá-los, levando em conta a duração da transmissão oral e a expansão geográfica da *Sangha*, que deu origem a diversas tradições.

Qual é a constituição do cânone budista? As escrituras budistas nos ensinam que ele teria começado a ser fixado de maneira oral, seguindo um concílio organizado depois da morte de Sakyamuni, no século V a.C. Os monges teriam então recitado todos os sermões de Buda e também todas as regras monásticas que ele tinha enunciado. Um século depois, um outro concílio se deu. O terceiro concílio, que aconteceu no século III a.C., é um pouco mais conhecido: os especialistas concordam pelo menos em reconhecer sua existência histórica – o que não é o caso dos dois primeiros. Convocado por Ashoka no 18º ano de seu reinado, ele ocorreu na capital do império Maurya. Reunida em Pataliputra, a *Sangha* teria então fixado oralmente o cânone de maneira definitiva. Depois de ter sido transmitido de memória em memória durante gerações, ele foi finalmente redigido em páli no século I a.C., de acordo com uma classificação em três partes bem distintas. Essa organização do cânone – que foi encerrada na ocasião do terceiro concílio – perpetua-se até nossos dias sob o nome de *Tipitaka*, os "Três Cestos de Flores". Uma vez anotados em folhas de palmeira, os ensinamentos do mestre foram de fato dispostos em três cestos grandes: um para os discursos de Buda, *Sutta Pitaka*; outro para a disciplina estabelecida pelo mestre, *Vinaya Pitaka*; e o último, o *Abhidammma*, tem um nome difícil de traduzir que alude a "discussão" – este cesto reunia principalmente comentários feitos pelos primeiros discípulos do sábio, seguidos de desenvolvimentos na forma de pergunta e resposta.

Os *Sutta*, os discursos atribuídos a Buda, foram então transmitidos oralmente durante quase quatro séculos depois de sua morte. Para que essa transmissão tivesse sido possível, os *bhikkhus* precisaram recorrer a técnicas de memorização desenvolvidas antes deles pelos brâmanes, encarregados de garantir a perenidade dos primeiros hinos védicos. Nos mosteiros, os monges se especializavam, em pequenos grupos, em uma parte do cânone que aprendiam diretamente da boca de um monge mais velho e que recitavam com frequência em uníssono. A memorização incluía vários métodos muito elaborados, com destaque para a técnica cruzada, que consiste em aprender um discurso na ordem e depois de trás para frente. Enfim, o estilo dos discursos também tinha que favorecer o aprendizado, e para isso eram utilizadas particularmente formas repetitivas. Para provar a autenticidade da transmissão da palavra do sábio, os *Suttas* com frequência começam com a seguinte fórmula: "Assim, por mim foi entendido...". No entanto, vários séculos de transmissão puramente oral fazem com que seja quase inevitável uma certa alteração do texto, o advento de modificações, adendos e esquecimentos, além de algumas omissões voluntárias. Isso se torna ainda mais plausível pelo fato de que, depois da morte de Buda, a *Sangha* nunca mais pôde se unificar em torno de um único mestre. A partir do momento em que ficou entregue a si própria, a comunidade monástica foi se dividindo cada vez mais, a ponto de dar origem a cerca de vinte seitas diferentes no decurso dos cinco séculos que se seguiram ao falecimento de seu fundador. É necessário notar também que as diversas seitas quase sempre se agrupam ao redor de duas escolas facilmente identificáveis. Assim, no século IV a.C., os primeiros discípulos de Buda, que chamamos de "Auditores" – ou *Sravaka* –, se dividiram em duas grandes correntes: a dos antigos – *Sthavira* ou *Thera* – e a dos adeptos da Grande Assembleia – *Mahasamghita*. Foram estes últimos que prepararam o surgimento, no início da era cristã, do Mahayana. Com o passar dos séculos, os *bihkhus* nunca mais voltaram a se unir em torno de uma ordem única que tivesse o poder de impor uma ortodoxia e, portanto, de identificar as palavras, os feitos e os gestos do Buda Sakyamuni. Pode-se até supor que essas divisões certamente participaram das alterações dos textos originais, sendo que cada uma das seitas desejava reivindicar legitimidade superior em relação a sua posição doutrinária e a suas regras monásticas.

Tudo isso explica por que existem variações marcantes – até mesmo contradições – entre os cânones das duas grandes escolas do budismo, Theravada e Mahayana; e também por que cada um deles apresenta às vezes diversas versões do mesmo texto. Se tivermos a intenção de tentar nos aproximar da verdade histórica, então é essencial poder consultar o máximo de textos possível no âmbito deste imenso corpus. Para os primeiros filólogos ocidentais do século XIX, o *Lalitavistara*, relato tardio que pertence à tradição Mahayana, foi durante muito tempo a única fonte que fornecia informações sobre a vida de Buda. Hoje, vários textos canônicos que conservaram a vida do mestre estão disponíveis: apesar de nem todos os manuscritos budistas terem sido publicados, as escrituras budistas levantadas hoje preenchem com facilidade várias prateleiras de biblioteca.

Partindo do princípio de que o ato de traçar relações entre as fontes é capaz de eliminar os adendos tardios para encontrar um fundo de verdade histórica, é necessário comparar com atenção as diversas versões, efetuando recortes entre os textos que aparecem como os mais antigos, sem descartar completamente os "clássicos" – entre os quais está o *Lalitavistara*. Numerosos grandes especialistas em budismo fizeram sua contribuição a essa tarefa, tão minuciosa como gigantesca. Um dos precursores desse tipo de estudo foi Hermann Oldenberg, no final do século XIX. Em 1949, o francês Alfred Foucher fez uma relação entre as fontes literárias, epigráficas e iconográficas para relatar *La Vie du Bouddha*, uma obra que permanece importante. Mais próxima de nós, a figura de André Bareau se impõe: ele ocupou a cadeira de estudos de budismo no Collège de France e é considerado autoridade no assunto por seus trabalhos com fontes indianas antigas e suas traduções chinesas. Enfim, entre os especialistas que trabalham hoje com pesquisas sobre a vida de Sakyamuni, é necessário citar Hans Wolfgang Schumann e Richard Gombrich.

O estudo dos textos canônicos que relatam a biografia de Buda em primeiro lugar permitiu chegar à seguinte conclusão essencial: ao comparar com atenção as fontes, parece que, originalmente, não existia um relato completo da vida do mestre; ele surgiu da junção tardia de três relatos totalmente independentes. Segundo André Bareau, esses três núcleos foram se inchando pouco a pouco e finalmente foram unidos, no início da era cristã, para formar um relato único. Depois disso, outras variações e complementos continuaram a enriquecê-lo, século após século.

O primeiro núcleo do relato diz respeito à infância e à juventude do futuro Buda até sua partida de Kapilavastu. Em linhas gerais, as diversas lendas narram esse período de sua vida de maneira bastante similar. No entanto, apenas dois acontecimentos são relatados em detalhes nos *Suttas* mais antigos: a primeira meditação por ocasião do ritual do trabalho no campo e a Grande Partida. Os primeiros textos discorrem pouco, são quase silenciosos, na verdade, em relação aos outros fatos marcantes da juventude do bodisatva. Assim, estes se tornam sujeitos a cautela: para André Bareau, além do exagero hagiográfico relativo ao luxo que rodeava o jovem *kshatriya*, não há dúvida de que o relato da juventude de Buda é, acima de tudo, lendário. Como tinham sobrado poucas lembranças dessa época, os discípulos do mestre teriam elaborado uma outra fábula para apresentar o essencial da juventude do bodisatva... Nesse processo, foi a vida mítica do Buda Vipassa – um dos predecessores lendários de Sakyamuni – que serviu de modelo. Isso vale, especialmente, para o famoso episódio dos encontros decisivos ocorridos com Sidarta quando ele saiu dos limites do palácio.

A segunda parte do relato cobre os anos que ele passou como asceta errante, a Iluminação, o primeiro sermão e a pregação do sábio. O período que cobre os longos anos de missão de Buda pode ser considerado mais do que qualquer outro como passível de credibilidade do ponto de vista histórico: se considerarmos, de fato, que as biografias tradicionais foram compostas por seus discípulos, parece lógico que esta parte da vida do mestre deve ter sido relatada com mais precisão do que sua infância e sua juventude ou sua iluminação, durante as quais esses redatores estavam ausentes. Apesar do teor fantástico que os envolve constantemente, os textos relativos ao período missionário oferecem, em diversas ocasiões, um fundo inegável de autenticidade. Assim, apesar de os acontecimentos relatados serem quase sempre edificantes, certas passagens ou certos detalhes surpreendem por serem "gratuitos".

Ainda assim, o relato sobre os anos de pregação apresenta problemas em relação a pontos determinantes. Considera-se que este período se estenda do Sermão de Benares até a véspera, ou quase, da morte de Buda. Como a tradição afirma que ele tinha 35 anos no momento da Iluminação e que ele morreu com a idade de oitenta anos, a época de pregação teria então durado mais de quarenta anos. Como a maior parte dos textos que mencionam este período permanecem praticamente mudos em relação às últimas duas décadas da vida pública do mestre, elas se transformam em uma verdadeira zona de sombras. Por outro lado, os diversos episódios e passagens que compreendem os vinte primeiros anos de missão se intercalam sem ordem nos textos, a ponto de ser quase impossível estabelecer uma cronologia dos acontecimentos. Enfim, certas biografias lendárias de Buda, como o *Lalitavistara*, preferem terminar com o Sermão de Benares, assim passando mais da metade de sua existência em absoluto silêncio... Será que devemos concluir apressadamente que todo o período da chamada vida "pública" de Buda não passa de fabulação? Que todas as cenas de conversões, mais ou menos maravilhosas, entre as quais o ciclo de Uruvela faz as vezes de apoteose, não passam de invenção? Claro que não, mas os hagiógrafos inegavelmente deram asas à imaginação para cobrir seu mestre de glórias – tanto no sentido próprio quanto no sentido figurado. Assim, a primeira suspeita que pesa sobre esta longa sequência dá conta da duração da vida de Buda. Tirando as lacunas existentes na literatura canônica, outros elementos permitem pensar que os narradores a estenderam bastante. Está estabelecido, de fato, que a expectativa média de vida na Índia na época mal ultrapassava os trinta anos e que, aos cinquenta anos, um homem era considerado idoso. Deste modo, supor que Sakyamuni teria vivido até a idade de oitenta anos parece um meio de reforçar simbolicamente a dimensão excepcional do personagem. É necessário levar em conta que o número oitenta era muito usado na Índia antiga de maneira metafórica – significava "muito" – e por isso podia significar apenas que Buda atingiu uma idade muito avançada para sua época. Os oitenta anos anunciados pelos textos não seriam uma mentira voluntária, mas sim uma espécie de recurso utilizado pelos primeiros narradores, que terminaria sendo levado ao pé da letra.

Apesar de as conversões mencionadas pelas lendas, fulgurantes e numerosas, certamente também serem fruto de exagero, o sucesso da pregação do sábio não pode ser negado. Primeiro porque o fenômeno de conversão, como já ressaltamos, não pode ser visto da maneira como temos o costume de fazer no Ocidente: lembremos que "budismo", assim como "hinduísmo", são termos inventados no século XIX pelos europeus para identificar dois conjuntos amplos de rituais e crenças. Na época de Buda e nos séculos seguintes, o chamado budismo "primitivo" não se apresentava como instituição bem distinta do bramanismo. Os dois grupos religiosos reuniam sob suas asas uma ampla variedade de seitas e de subseitas que compartilhavam diversos conceitos de base, tais como o *samsara* ou o carma. Deste modo, a conversão de Bimbisara, reivindicada pela literatura budista, tem bastante possibilidade de ter sido autêntica, mas isso não quer dizer também que o poderoso soberano de Magada tenha então renunciado aos costumes e às crenças bramânicas. De fato, nunca é relatado nos textos que Buda tenha exigido fidelidade exclusiva da parte de seus discípulos leigos. Alguns séculos depois, um dos mais famosos entre eles, o imperador Ashoka, viria a se apresentar pessoalmente como o arauto do espírito de abertura do budismo em relação às outras correntes religiosas. Como está escrito no Sétimo Édito:

> O rei amigo dos deuses com olhar simpático deseja que todas as seitas possam residir em todos os lugares. Porque todas almejam ao controle dos sentidos e à pureza da alma. Mas as pessoas têm desejos variados, paixões variadas. Ou praticam tudo, ou somente um detalhe.[1]

Enfim, a terceira e última grande seção da biografia tradicional do Buda Sakyamuni diz respeito a sua última viagem até o local em que encontraria a morte. Certos detalhes, como por exemplo sua doença, oferecem um toque de autenticidade evidente, mas outros, como a solenidade do funeral, foram forçosamente inventados posteriormente – nós retornaremos a esta questão no momento adequado.

Para melhor glorificar seu mestre, os hagiógrafos não hesitaram em lançar mão da imaginação para sublimar a realidade. No entanto, um certo número entre os grandes acontecimentos que permeiam seus relatos está longe de ser inédito: por exemplo, a renúncia repentina à vida luxuosa do príncipe até então resguardado de qualquer contato com a realidade, ou ainda a aquisição da revelação espiritual sentado sob uma árvore. Essas imagens fazem parte dos *topois* da tradição indiana, que são encontrados como passagens de outras correntes religiosas. Estes episódios da biografia tradicional de Buda – que, aliás, não são obrigatoriamente os mais milagrosos, mas estão sempre incluídos entre os mais edificantes – não passam de empréstimos operados pelos narradores. Por exemplo, a cena do arco em que o jovem Sidarta é o único capaz de puxar a corda na ocasião do torneio que precede seu casamento lembra, de maneira irresistível, a história de

Rama... e também a de Ulisses – ponto que até hoje alimenta especulações sobre as relações entre a Índia e o Ocidente.

No que diz respeito aos milagres em si, o lugar dedicado a eles pelos narradores da vida de Buda não diminui nem um pouco no decorrer de seus relatos. De seu nascimento a sua morte, as cenas prodigiosas se sucedem sem falha. Tirando o fato de que é um clímax do gênero, o ciclo das conversões de Uruvela causa perplexidade devido ao método escolhido por Sakyamuni para converter o velho Kasyapa. De fato, recorrer a milagres como preâmbulo do "ensinamento graduado da Doutrina[2]" parece estar em contradição com os métodos habitualmente pregados por Buda para a propagação da Lei. Segundo os princípios atribuídos ao sábio em pessoa nos textos mais antigos, o mestre teria proibido seus *bhikkhus* de fazerem uso de milagres na conversão. Melhor ainda, a pretensão de possuir poderes sobrenaturais figurava entre as faltas graves que podiam levar à exclusão da *Sangha*. Buda não negava, de jeito nenhum, a existência de tais poderes, mas considerava seu uso contraproducente porque podia fazer com que os monges se desviassem do verdadeiro objetivo do esforço espiritual. Claro que, assim como os supostos oitenta anos que o mestre teria vivido, não é impossível que os acontecimentos milagrosos de Uruvela tenham sido incluídos nos textos pelos hagiógrafos a partir de um fato real. Assim, Hans Wolfgang Schumann conjectura que, no episódio da visita de Buda ao eremitério de Kasyapa, a iluminação da floresta que acompanha a visita dos deuses pode ter origem no simples fato de que Buda tinha acendido grandes fogueiras para espantar os animais selvagens...

Seja como for, destrinchar a meada das cenas sobrenaturais só permite chegar a hipóteses mais ou menos convincentes. A única certeza é que os milagres em que Buda se mostra pródigo no decorrer de sua existência são adendos mais ou menos tardios aos relatos primitivos. Para isso existem diversas razões. Mesmo que, como o ciclo de Uruvela, sua apresentação às vezes contrarie os preceitos do mestre histórico, os milagres rapidamente pareceram necessários aos discípulos de Sakyamuni para edificar a fé de seus contemporâneos, que achavam difícil um grande sábio ser privado de poderes sobrenaturais. Por outro lado, na Índia do passado – assim como na de hoje –, o uso do fantástico era um procedimento narrativo indispensável para alegrar a audiência: convém, literalmente, que o narrador seja capaz de "encantar" seu público. Desse ponto de vista, o lugar reservado aos prodígios nas biografias tradicionais de Buda é, no fundo, totalmente normal – para não dizer esperado.

No entanto, o encantamento não é tudo aos olhos do público indiano... "Ter uma parte plausível e uma parte maravilhosa está fora de questão: para um indiano, tudo é ao mesmo tempo maravilhoso e plausível. De que serve buscar e isolar na massa um núcleo de fatos autênticos, garantido por recortes em outras seções da literatura? Supondo que esses fatos brutos existam e sejam acessíveis, eles só suscitam interesse por tudo que lhes é atribuído em lições, em sabedoria, em beleza[3]."

Aquilo que Georges Dumézil observou em relação ao *Mahabharata* também vale para os relatos lendários sobre a vida de Buda, em que realidade e ficção se entremeiam muito próximas para melhor apresentar o ensinamento espiritual do sábio. Este é, no fundo, o único objetivo que nunca deixou de estimular, desde a origem, a imaginação tão fértil dos hagiógrafos do mestre histórico.

Recrutamento

Graças à benevolência do soberano Bimbisara, o Afortunado e seus companheiros então se instalaram em suas novas terras, no Bosque dos bambus de Velurana, nas proximidades da capital de Magada. É lá que Sariputta e Moggallana, que logo seriam incluídos entre os grandes discípulos do mestre, entram para a *Sangha*.

Os dois eram filhos de brâmanes. Amigos de infância, já fazia algum tempo que eles tinham escolhido o caminho da renúncia. Um belo dia, abandonaram a família e todos os bens para seguir juntos, perto de Rajagrha, os ensinamentos do grande mestre dos céticos, Sanjaya Bellatthiputta. Apesar de suas aptidões evidentes para se dedicar ao caminho espiritual, os dois noviços logo avaliaram que a doutrina de seu guru não era nem um pouco fácil de seguir. Considerando que não existe nenhuma certeza a respeito de nada, Sanjaya se recusava a responder as perguntas deles e pregava exclusivamente a concentração na realização interior. Sariputta e Moggallana, sentindo-se praticamente entregues à própria sorte, então fizeram a promessa de que o primeiro entre os dois a atingir a Verdade avisaria o outro e iria guiá-lo.

Certa manhã, quando estava na cidade, Sariputta avistou um dos adeptos de Buda: era o *arahant* Assaji, um dos Cinco, que tinha ido até lá mendigar seu alimento do dia junto aos habitantes do lugar. Sariputta ficou muito impressionado com a serenidade que emanava do asceta. Ele o observou com atenção, mas não conseguiu reconhecer os sinais distintos da seita dele. As ordens de *shramanas* tinham se multiplicado tanto naqueles últimos tempos na região que era difícil conhecer todas. Quando Assaji terminou seu percurso de pedir esmola, o jovem adepto dos céticos o abordou para interrogá-lo: como ele se chamava, quem era seu mestre, qual era sua doutrina? Interrogar um renunciante desta maneira não tinha nada de excepcional nem de importuno; muito ao contrário.

Assaji, tomado de humildade, explicou a ele, resumidamente, o caminho percorrido por Buda. No entanto, aquelas poucas frases bastaram para convencer Sariputta. Ele imediatamente abandonou as muralhas da cidade para compartilhar sua descoberta com Moggallana.

Seu amigo logo se deixou convencer pela doutrina de Buda... E, junto com ele, outros também se interessaram por ela. Seguidos por 250 adeptos de Sanjaya Bellatthiputta, eles tomaram o rumo do Bosque dos bambus. Ao ver chegar sobre o caminho de Velurana os dois rapazes à frente de seu pequeno grupo, Sakyamuni logo pressentiu que Sariputta e Moggallana tinham tudo para conseguir fazer grandes conquistas para a comunidade. Depois de terem sido ordenados como *bhikkhus* pelo Iluminado em pessoa, Sariputta e Moggallana rapidamente se tornaram *arahants*. O mestre dos céticos, por sua vez, não parava de maldizer os dois jovens noviços que tinham abandonado seu eremitério e levado consigo outros discípulos.

Uma semana antes do equinócio de primavera, Buda recebeu uma visita inesperada: Udayin, a pedido de Sudodana, fez a viagem desde seu vilarejo natal para ir a seu encontro. Informado por rumores de que seu filho tinha se transformado em um grande mestre espiritual e agora residia em um eremitério nos arredores da capital de Magada, o rei o tinha encarregado de convencer Sidarta a voltar a Kapilavastu para ter com ele. O Tathagata logo reconheceu aquele que muitos apelidam de Kaludayin, o "sombrio Udayin", devido a sua pele escura. Ele recebeu calorosamente o amigo de infância, "com quem brincava na areia[1]", e o convidou a se hospedar em Velurana. Udayin integrou-se rapidamente à *Sangha*. Transformado em monge, ele conversava com Buda todos os dias e aproveitava cada ocasião para descrever a ele a tristeza infinita de seu pai. Que alegria o mestre daria a Sudodana se resolvesse apenas lhe fazer uma visita! O *bhikkhu* também dava um jeito de mencionar com frequência a terra dos sakyas. Ele descrevia sua beleza e charme tão bem que ficou difícil para Buda não experimentar nenhuma nostalgia pela região em que foi criado.

Levado por seu lirismo, Kaludayin convidou Buda a tomar o rumo de sua terra natal sem demora:

> Lá, as árvores brilham de ardor.
> Na esperança de frutos, já abandonaram seu verde.
> Só sobraram as flores, vermelhas como sangue:
> Está na hora, Senhor, de partir para lá.
> Porque as árvores em flor alegram o espírito
> Quando seus perfumes sopram em roda,
> A queda das frondes verdes promete o fruto:
> Esta é a hora certa para a partida, Senhor.[2]

A insistência poética finalmente fez Buda tomar uma decisão. Ainda assim, segundo o *Mahavastu*, ele não partiu imediatamente. Prometeu a Udayin que iria até Kapilavastu para uma visita, mas só depois da monção, que ele já tinha planejado passar em Rajagrha. Encantado, o amigo de infância retornou imediatamente – pela via dos ares, conta-se – ao soberano dos sakyas para dar a boa notícia.

Uma outra lenda, mais tardia, conta que o velho rei teve que deslocar uma dezena de delegações antes que seu filho aceitasse ir até Kapilavastu: cada vez que seus emissários encontravam Buda, ficavam tão subjugados por sua Doutrina que se juntavam à *Sangha* e, assim, esqueciam completamente sua missão!

Os dias se sucederam, a *Varsa*, a estação da monção, finalmente começou, celebrada por toda a extensa planície indiana com alegria. Ainda na véspera, a poeira erguida pelo vento voava por todos os lados até o céu, mensageira da terra sedenta implorando pela chegada de uma nuvem de chuva. E eis que agora a água caía com uma força tal que seria capaz de quebrar ao meio um grão de arroz! Como ditava a regra estabelecida por Buda, todos os *bhikkhus* deviam permanecer reunidos em torno de seu mestre durante a monção. Para se abrigar, os monges tinham erguido cabanas no Bosque dos bambus. Mas apesar de as construções modestas se assemelharem às do Bosque das gazelas, o eremitério de Velurana realmente impressionava por seu tamanho.

Ora, em Rajagrha, a presença de tal exército de renunciantes nos portões da cidade não agradava a todo mundo. A simpatia inicial dos cidadãos em relação a Buda e seus companheiros pouco a pouco foi dando lugar à desconfiança e depois a uma verdadeira onda de críticas e protestos. Em primeiro lugar, era preciso admitir que os monges de vestes amarelas eram invasores: todas as manhãs, diversas centenas deles vagavam pelas ruas em busca de alimento. Apesar de a maior parte deles agir com discrição, alguns se mostravam insistentes, até mesmo agressivos, quando mendigavam. Outros tinham expressão tão negligente que assustavam o povo corajoso. Finalmente, as famílias "eminentes e distintas[3]" da cidade, especialmente as dos brâmanes, começaram a achar que Sakyamuni tinha doutrinado um número excessivo de rapazes oriundos de sua casta... Ao se tornarem *bhikkhus*, eles abandonavam as esposas e os filhos; pior ainda, se ainda não eram casados, privavam sua linhagem de ter descendência.

Buda, acautelado por seus discípulos sobre a hostilidade crescente dos cidadãos, disse a eles:

> Quando, ao entrar na cidade de Rajagrha para mendigar sua comida, vocês escutarem os notáveis pronunciarem as seguintes palavras:
> – O grande asceta chegou a esta região, depois de ter convertido ascetas brâmanes que ele conduz e que o seguem por conta própria. Agora, ele vai continuar a converter homens e levá-los embora,
> respondam com a seguinte afirmação:
> – O Tathagata, o Grande Herói, conduz e leva os homens por meio da Lei. Em relação àqueles que ele conduz e leva ao seio da Lei, quem entre vocês experimenta então a tristeza e o medo?[4]

O mestre também instaurou novas regras de disciplina para a *Sangha*. Comportar-se com humildade durante a mendicância, cuidar de suas vestes, lavar sua tigela e limpar sua cabana faziam parte das regras que deveriam ser seguidas a partir de então pelos *bhikkhus*. Graças às instruções de Buda, depois de uma semana, a insatisfação já não se disseminava mais pela cidade.

A monção chegou ao fim e assinalou o momento da partida: acompanhado por um grupo de discípulos que incluía o recém-chegado Sariputta, Buda tomou o rumo de Kapilavastu. O trajeto era longo. Primeiro era necessário atravessar a planície fértil do Ganges. Durante vários dias, eles caminharam entre plantações de arroz verde-esmeralda onde grous brancos como a neve pousavam. Depois de cruzarem o rio sagrado a bordo de uma balsa, eles subiram passo a passo na direção do noroeste, embrenhando-se pouco a pouco em regiões mais selvagens que tinham a reputação de estarem cheias de bandoleiros e de animais ferozes. Mas as florestas virgens que ladeavam as montanhas também eram o reino dos pavões, cujos pios estridentes serviam como desejos de boas-vindas.

Depois de uma caminhada de dois meses, o grupo de renunciantes finalmente entrou no reino dos sakyas. A notícia chegou a Kapilavastu, onde todos se alegraram com o retorno iminente do príncipe adorado. Quando o rei Sudodana ficou sabendo que seu filho tinha chegado acompanhado de numerosos discípulos, um certo orgulho o invadiu. Apesar da imensa decepção que Sidarta lhe causou ao renunciar sua sucessão, ele terminara por honrar seu nome. O soberano dos sakyas tomou a decisão de acolhê-lo como hóspede real e logo partiu a seu encontro a bordo de sua carruagem. Uma outra lenda conta, por outro lado, que ele se contentou em enviar um criado a cavalo até a delegação de monges. Independentemente de ter visto ou não com os próprios olhos, Sudodana ficou chocado ao descobrir, naquele dia, que os discípulos de seu filho mendigavam ao longo do caminho. Ele ficou indignado com a ideia de que seu próprio filho, um *kshatriya* nobre e orgulhoso, pudesse obter seu alimento daquela maneira. Que desonra para o clã dos sakyas, que vergonha para a linhagem dos Gautama! E pensar que os astrólogos tinham previsto, na ocasião de seu nascimento, que Sidarta iria se tornar um soberano excepcional...

Buda, nesse ínterim, chegara até os limites de Kapilavastu e se detivera com seus discípulos no parque das figueiras-de-bengala, onde os renunciantes de passagem tinham o costume de se instalar. Com a resolução firme de argumentar com o filho, o soberano deixou o palácio para fazer-lhe uma visita. Quando chegou, Buda o convidou a sentar-se perto dele, à sombra de uma figueira-de-bengala. Com paciência, explicou ao pai que já não pertencia mais ao clã dos sakyas; em seguida, lhe explicou a Doutrina, ponto a ponto, até que Sudodana se convertesse. Antes de se retirar, tirando a tigela de pedir esmolas das mãos do filho, o soberano o convidou para ir comer no palácio. O reencontro entre o pai e o filho não poderia ter sido mais alegre! Pouco depois, Sudodana chegou a ordenar que todas as famílias nobres de seu reino enviassem um filho para se juntar à *Sangha*.

Segundo outras lendas, o retorno a Kapilavastu foi ocasião de cenas fantásticas e de prodígios múltiplos: ou Buda chegou com vinte mil discípulos e seu pai logo o acolheu com as honrarias reservadas aos homens mais importantes; ou o mestre visitou o pai deslocando-se pelos ares até seu palácio; ou, ao assumir "a altura de uma palmeira[5]" na entrada da cidade, o Afortunado fez jorrar de seu corpo jatos de água e de fogo perante os sakyas pasmados – e todos, com Sudodana à frente, então se inclinaram perante ele.

Seja como for, a visita de Buda à cidade de sua infância foi marcada por outros reencontros importantes e numerosas conversões. Em visita à casa de seu pai, ele encontrou o filho Rahula, que agora estava com mais de sete anos. Sua ex-esposa, Yasodara, não estava presente na ocasião do encontro: ela tinha preferido permanecer afastada. Abandonada da noite para o dia sem explicação, não estava pronta para perdoar a traição do ex-marido. Ao permitir que o pequeno Rahula fosse levado à presença do pai, ela tinha a intenção de despertar nele um sentimento de culpa... Mas quando a criança, sob orientação da mãe, pediu ao pai que lhe desse sua herança, a reação de Buda não foi, de jeito nenhum, a esperada por Yasodara: tomando o pedido do filho ao pé da letra, o sábio se voltou para o *bhikkhu* Sariputta e lhe pediu que cuidasse da formação de Rahula, de modo que o jovem noviço estivesse pronto para ser ordenado como monge ao atingir os vinte anos de idade. Sudodana, o avô, ficou desamparado ao receber a notícia. Ele pediu ao filho que pelo menos permitisse que seu neto crescesse antes de escolher seu caminho. Mas a decisão estava tomada, e o homem de idade tinha de aceitá-la. Buda, no entanto, comprometeu-se a nunca mais recrutar no futuro um jovem noviço sem o consentimento da família. Outras fontes contam ainda que Yasodara teria, por sua parte, finalmente perdoado o ex-marido. Ao reconhecer que ele tinha se tornado Buda, ela teria até suplicado ao mestre que a aceitasse como monja, mas ele não acatou seu pedido.

Na ocasião de sua viagem até Kapilavastu, Buda também reencontrou seu meio-irmão Nanda, o companheiro inseparável de brincadeiras da infância. O filho da segunda esposa de Sudodana, Mahaprajapati, tinha se tornado um perfeito homem do mundo – além do mais, era enormemente sedutor e muito sensual. Desde a desistência de Sidarta, era Nanda quem figurava como herdeiro do trono do pai. Muito embevecido por uma moça que tinha o nome justificado de Janapadakalyani, "Charme da Região", ele tinha se sentido tão deleitado que chegou a se comprometer a se casar com ela. Apesar de não ter absolutamente nenhum interesse pelas questões religiosas, "o belo Nanda[6]" se mostrou muito respeitoso para com o meio-irmão quando os dois se reencontraram na cidade. Assim que Buda se afastou dele, depois de uma longa conversa amável, Nanda percebeu que ele tinha esquecido sua tigela de pedir esmolas. Resolveu ir atrás do Afortunado para devolvê-la o mais rápido possível. O mestre, ao se aproximar do bosque das figueiras-de-bengala, observou que Nanda o seguia com passos decididos. Tocado por tal dedicação, ele ordenou o meio-irmão como monge assim que ele se aproximou. Nanda, que ficou sem coragem de reclamar, teve então a cabeça raspada e foi vestido com roupas de monge em um piscar de olhos. Transformado em monge a contragosto, o rapaz se afligiu: ele não podia esquecer sua promessa. Seu pesar era tal que chegou a considerar, em diversas ocasiões, abandonar os monges. Pela via dos ares, Buda o enviou para admirar as ninfas celestes do paraíso de Indra, as irresistíveis *apsaras*, com as quais "Charme da Região" não podia rivalizar. No caminho, cruzaram com uma macaca zarolha e pelada, que acabava de escapar de um incêndio na floresta. À vista das maravilhosas *apsaras*, Nanda foi obrigado a reconhecer que a beleza delas relegava Janapadakalyani ao nível do pobre animal que eles tinham acabado de avistar. No entanto, a viagem fantástica, efetuada ao lado do Tathagata, não foi capaz de reduzir os sonhos de felicidade do rapaz. Nanda agora alimentava uma outra esperança: ah, se pelo menos ele pudesse voltar a renascer ao lado daquela bela mulher por conta de sua vida de monge cheia de méritos... Aliás, renascer no céu de Indra também não era uma ideia que o desagradasse. Os monges faziam gracejos constantes com aquele que apelidaram de "amante das ninfas[7]", até o dia em que, enfim, "o belo Nanda" conseguiu se libertar completamente de seu apego.

Entre os outros integrantes da família que se juntaram a Buda, é necessário ainda mencionar Ananda e Devadatta. O primeiro era primo do mestre. Diferentemente de Nanda, o rapaz se converteu espontaneamente e com muito entusiasmo. De caráter generoso, dócil e estudioso, Ananda viria a se tornar o *upasthaka* de Buda; em outras palavras, seu "discípulo-atendente". Essa proximidade faria com que ele, depois da morte do sábio, fosse o maior conhecedor de sua doutrina, capaz de restituir, palavra por palavra, seus sermões e suas frases.

O segundo, Devadatta, é apresentado às vezes como irmão de Ananda, outras vezes como primo de uma linhagem diferente, ocasionalmente como irmão da ex-esposa de Buda, Yasodara. Seja como for, Devadatta não era desconhecido de Sakyamuni: tinha sido ele a matar um elefante enorme "com a palma da mão direita, de um só golpe[8]", na ocasião do torneio organizado antes do casamento de Sidarta. Apesar de muitos anos terem se passado desde aquele acontecimento, Devadatta continuava possuindo força física impressionante e, se os boatos eram mesmo verdadeiros, seu humor sombrio e orgulhoso não o abandonara. Apesar disso, o *bhikkhu* Devadatta fez muito bonito no seio da *Sangha*. Sério e perseverante, o recém-chegado conseguiu obter com rapidez o domínio sobre alguns poderes sobrenaturais, especialmente os que permitiam se desdobrar, transformar-se, fazer aparecer objetos e nunca ser ferido com gravidade. Os outros monges ficaram impressionados e, seguindo o exemplo de Sariputta, não paravam de elogiar o rapaz que parecia um excelente recruta para Buda. Nada levava a imaginar que chegaria o dia em que Devadatta trairia o mestre...

O último recruta marcante a entrar para as fileiras de Buda em Kapilavastu foi um simples barbeiro. Buda e seu grupo já tinham tomado a estrada de volta quando Upali veio a seu encontro. O homem corajoso se contentou em oferecer, timidamente, seus serviços para raspar a cabeça de quinhentos jovens da nobreza sakya que iriam se juntar à *Sangha*, de acordo com as ordens de Sudodana. No fundo, Upali desejava ardentemente se tornar um *bhikkhu*, mas, por causa de sua condição humilde, não ousava exprimir sua vontade com franqueza. Buda, que percebeu seu desconforto, ordenou-o como monge imediatamente. Pouco depois, os quinhentos jovens sakyas chegaram e foram ordenados por sua vez. Como a idade era na época o único fundamento da hierarquia no âmbito da comunidade dos *bhikkhus*, Upali passou então a ser superior aos rapazes oriundos da aristocracia. Estes se sentiam contrariados por ter que se prostrar aos pés de um barbeiro, homem de condição inferior. Como alguns deles não escondiam seu desconforto, Buda deu a seus jovens discípulos um ensinamento a respeito da natureza ilusória das diferenças sociais entre os homens. Mais do que qualquer outra, a ordenação de Upali deixou marcas profundas. O fato de o mestre acolher no âmbito da *Sangha* um homem oriundo de casta baixa colocava profundamente em xeque a hierarquia da sociedade tradicional.

Uma outra decisão de Buda teria grande ressonância. Difícil de situar com precisão no tempo, a abertura da comunidade às mulheres deve ter ocorrido durante a primeira década de missão do sábio.

Uma lenda tardia conta que, um dia, pouco depois da visita a Kapilavastu, Sakyamuni tinha sido informado de que seu pai, o rei Sudodana, estava a ponto de morrer. Na ocasião estabelecido em Vaisali, a capital dos licchavis, o Tathagata se dirigiu imediatamente para junto de seu pai – pela via dos ares – para lhe dar um último ensinamento. No entanto, de acordo com outras lendas, a segunda visita do Iluminado a Kapilavastu só teria ocorrido um ou dois anos depois da morte de Sudodana. Seja como for, algum tempo depois desse episódio tão triste, a viúva do rei, Mahaprajapati, saiu em busca do Afortunado, que estava instalado no bosque das figueiras-de-bengala perto de Kapilavastu. Buda recebeu com muita deferência a mulher que tinha cuidado dele durante toda a sua infância. Sua tia começou lhe explicando que desejava, como dita o costume, retirar-se da vida mundana para se voltar para a religião. Como Nanda e Rahula tinham decidido se juntar à *Sangha*, ela já não tinha mais ninguém a quem cuidar, à exceção de sua filha. Em discurso bem articulado, Mahaprajapati terminou por expor ao Tathagata seu projeto com mais clareza: "Como seria bom se as mulheres também pudessem entrar para a vida sem morada de acordo com o Darma que você proclama[9]!". Buda recusou o pedido dela sem rodeios. Sua mãe adotiva insistiu três vezes, mas o mestre não cedeu: estava fora de questão as mulheres integrarem a ordem monástica.

Alguns dias mais tarde, Sakyamuni e seu grupo estavam de volta a Vaisali. Ananda, o "discípulo-atendente" do mestre, viu Mahaprajapati chegar certa manhã, acompanhada de várias mulheres oriundas da nobreza sakya. Todas tinham a cabeça raspada e usavam as vestes monásticas. Exausta por causa da viagem de Kapilavastu, "com os pés inchados, o corpo coberto de poeira, em lágrimas e gemendo[10]", Mahaprajapati suplicou em nome da causa da ordenação das mulheres perante Ananda. Tocado, ele decidiu interceder em seu favor junto a Buda.

Não adiantou nada. Buda não se mostrou disposto a rever sua posição. O corajoso Ananda insistiu, argumentou. Não era verdade que a doutrina se dirigia a todos os seres? Se os deuses e os animais, os homens de todas as castas ou de vida ruim podiam acessá-la, por que as mulheres estariam excluídas? Estariam elas condenadas a precisar renascer na forma de homem para conhecer a Lei? Buda permaneceu intratável. Ananda perguntou a ele então se as mulheres estavam ou não aptas a se tornarem *arahants*. Sim, elas eram capazes disso, Buda terminou por admitir. Neste caso, prosseguiu Ananda, por que ele se recusava a ordenar Mahaprajapati, que tinha sido, no passado, como ele lembra com emoção, uma mãe adotiva tão amável e dedicada a ele?

O mestre superou suas resistências e enfim cedeu. No entanto, logo impôs diversas condições para a ordenação da viúva de Sudodana. As regras que ela e todas as futuras monjas deveriam aceitar e acatar somavam oito: uma *bhikkhuni* devia sempre cumprimentar primeiro um *bhikkhu* com o maior respeito, mesmo que ele tivesse acabado de entrar para a ordem ou que fosse mais novo do que ela. As monjas passariam obrigatoriamente a estação das chuvas em um retiro onde houvesse também monges. As monjas deviam receber os ensinamentos de um monge regularmente, a cada quinze dias, e, se fosse necessário, poderiam sofrer repreendas de seus confrades masculinos. O contrário, nos dois casos, não era autorizado. As outras regras também colocavam as monjas em situação de inferioridade em relação aos *bhikkhus*: eles tinham a responsabilidade de vigiá-las, de guiá-las e de administrá-las. Mahaprajapati não se abateu. A viúva aceitou essas condições com entusiasmo, como quem recebe "uma guirlanda de flores de lótus ou de jasmim[11]". E foi ordenada.

Buda estava longe de compartilhar da alegria de sua mãe adotiva. Preocupado com o futuro da *Sangha*, ele confiou seus temores a seu fiel atendente:

> Da mesma maneira, ó Ananda, que a doença chamada de alforra surge em uma plantação de arroz em plena prosperidade – e

então a prosperidade da plantação não dura muito tempo –, da mesma maneira, ó Ananda, quando em uma doutrina e em uma ordem as mulheres são autorizadas a renunciar ao mundo e a levar a vida de errante, então a vida santa não prospera por muito tempo. Se, ó Ananda, na doutrina e na ordem que o Tathagata fundou não tivesse sido concedida a possibilidade de as mulheres abandonarem o lar para levar vida de errante, a vida santa, ó Ananda, permaneceria em observância durante muito tempo: a doutrina pura seria mantida durante mil anos. Mas como, ó Ananda, na doutrina e na ordem que o Perfeito fundou, as mulheres renunciam ao mundo e adotam a vida de errante, a partir de agora, ó Ananda, a vida santa não vai mais permanecer muito tempo em observância: a doutrina da verdade agora não vai durar mais do que quinhentos anos.[12]

Apesar de sua profunda desconfiança em relação ao papel das mulheres na comunidade, o mestre teria sempre grande interesse pela mãe adotiva, a patrocinadora das monjas, que aliás logo se tornaria uma *arahant*. Sob sua orientação, a ordem das *bhikkhunis* logo se ampliou e permitiu que centenas de mulheres se juntassem à *Sangha*.

Nagpur, 1956

Protegidos por guarda-costas, o homem e sua esposa abrem passagem até a imensa barraca branca que foi montada no meio de um campo, na periferia de Nagpur. Às nove e quinze da manhã, Bhimrao Ramji Ambedkar aparece em cena. Com uma guirlanda de flores frescas no pescoço, o famoso homem de Estado se apoia em um bastão de bambu, como um peregrino que chegou ao fim de seu trajeto. Ambedkar sabe que esta viagem, em 14 de outubro de 1956, será histórica. Quando ele avança para ficar de frente para a maré humana, uma avalanche de aplausos explode.

Homens e mulheres vieram de todos os lugares para o evento. Camponeses em sua maior parte, eles tinham saído de seus vilarejos miseráveis na véspera, a pé, de ônibus ou de trem, para não perder o encontro oferecido pelo "Babasaheb" Ambedkar, como o apelidaram com afeição e um imenso respeito. Todos eles, assim como seu herói, são oriundos da categoria social mais baixa da Índia, a dos sem-casta, a dos intocáveis, dos *dalit*, dos "oprimidos", ou ainda, de acordo com a expressão inventada por Gandhi, dos *harijan*, os "filhos de deus". A maior parte pertence ao grupo dos Mahar, que representa quase dez por cento da população de Maharashtra, estado da região Oeste da Índia da qual seu nome deriva. Hoje, esses humildes entre os humildes formam uma maré humana que conta com várias centenas de milhares de indivíduos. A exemplo do líder e de sua esposa, todos estão vestidos de branco – *dhoti* para os homens e *sári* para as mulheres –, com o sentido de que, no final dessa viagem excepcional, eles vão renascer na claridade. O azul do céu, puro e claro, está de acordo.

Presidida pelo *bhikkhu* Bhente Chandramani, a cerimônia pode começar. O monge de origem birmanesa se prepara para receber o compromisso solene do líder político dos intocáveis e de sua esposa. O momento é grave, carregado de emoção. A plateia prende a respiração quando Ambedkar toma os Três Refúgios e os Cinco Preceitos perante o *bhikkhu*. Depois de marcar uma curta pausa, "Babasaheb" inova: ele completa sua conversão pública à doutrina de Buda pronunciando 22 votos de sua própria composição. Um grande número deles serve para confirmar sua resolução de romper todas as ligações com as práticas e as crenças do hinduísmo: "Eu não devo nem deveria acreditar que o Senhor Buda é uma encarnação de Vishnu[1]", ele pronuncia, com destaque, e logo estabelece os dois compromissos seguintes: "Eu vou acreditar na igualdade humana[2]" e "vou me esforçar para estabelecer a igualdade[3]". Terminada sua longa declaração solene, Ambedkar então dá, por sua vez, a *diksha*, a iniciação budista, a toda a assembleia reunida a sua frente.

Em Nagpur, naquele dia, meio milhão de indivíduos se tornaram, juntos, discípulos leigos de Buda. Uma conversão simultânea de tal envergadura é única, algo assim jamais ocorreu em qualquer outra religião. Do ponto de vista da história do budismo na Índia, ela representou um truque de cena para o mais desavisado: depois de ter caído no esquecimento em seu país de origem durante quase oito séculos, o movimento religioso inaugurado por Buda de repente parecia renascer das cinzas.

Na sequência da cerimônia de Nagpur, Ambedkar anunciou que iria dedicar o resto de sua vida à propagação do budismo junto às classes mais baixas e oprimidas da sociedade indiana. Mas o homem que iniciou a renovação do budismo indiano não teve tempo de dar continuidade a suas ações: no dia 6 de dezembro, menos de dois meses após sua conversão pública, ele morreu de maneira brutal. O país todo então prestou homenagens vibrantes ao homem público que até hoje tem destaque como exceção na casta dos intocáveis.

Nascido em 1891, a primeira oportunidade inesperada para um rapaz de sua classe que Ambedkar teve foi a possibilidade de seguir estudos superiores. Graças à ajuda de doadores ricos, ele estudou economia e política na Índia, obteve doutorado na universidade de Columbia, em Nova York, e depois se tornou advogado em Londres. Ao retornar à Índia na década de 20, ele se juntou à luta pela independência de seu país. Mas, na condição de *dalit*, descobriu a discriminação e a humilhação ao retornar a seu país. Como discordava de Gandhi em relação à questão da representação política dos intocáveis, ele lançou movimentos de desobediência civil para fazer valer seus direitos. Em 1947, o líder político dos intocáveis foi eleito ministro da Justiça no âmbito do primeiro governo da Índia independente. Ambedkar também recebeu de Nehru o encargo de redigir a Constituição da União Indiana. Além da liberdade de culto, "Babasaheb" inclui também a proibição de qualquer forma de discriminação, tanto em relação às castas mais baixas quanto às mulheres. Em 1951, quando o pai da Constituição se afastou do governo, a notícia causou sensação em todo o país. Convencido de que o direito sozinho não seria capaz de solucionar a questão da desigualdade social, Ambedkar decidiu seguir sua luta em terreno religioso. Ao contrário de Gandhi, ele acreditava que o sistema de castas era inseparável do hinduísmo. Já em 1935, o representante dos *dalit* tinha declarado que, apesar de ter nascido hindu, não morreria assim. Em 1954, "Babasaheb" anunciou que tinha decidido romper definitivamente com o hinduísmo: depois de ter estudado longamente as grandes religiões universais, chegara à conclusão de que, para os intocáveis, a adoção do budismo representava a melhor saída possível para sair do hinduísmo e, portanto, para se libertar da opressão exercida pelas castas mais altas.

A conversão ao budismo da figura emblemática dos intocáveis soou como um desafio ao modelo hierárquico da sociedade indiana tradicional. Simbolicamente, em Nagpur, todos aqueles que seguiram Ambedkar no caminho de Buda foram liberados, de um só golpe, de sua condição de inferioridade. As mulheres ganharam também em igualdade, em relação ao lugar que o hinduísmo lhes concedia tradicionalmente. Mas será que a concepção do budismo pregada por Ambedkar estava correta? Para ele, Sakyamuni não era apenas um líder espiritual: ele também era, e sobretudo, um reformador social e político. Com base nos relatos da ordenação do barbeiro Upali e de sua tia Mahaprajapati, o político calculou que o mestre desejava agitar a ordem social, que se opunha à autoridade exercida tradicionalmente pelos homens sobre as mulheres e pelas outras castas sobre os humildes, que pregava a igualdade entre todos os seres.

Mas será que a visão do grande líder dos intocáveis da vida moderna era fiel à do mestre histórico? Em que medida é possível afirmar que Buda era um sábio que também fazia as vezes de revolucionário?

No que diz respeito à igualdade entre os sexos, é evidente que Ambedkar idealizou um pouco a posição do fundador da *Sangha*. O comportamento negativo de Buda para com as mulheres aparece com muita clareza no relato da ordenação da primeira monja. Outros textos confirmam essa desconfiança, tais como o diálogo que se daria vários anos mais tarde entre o sábio, quando já estava em idade muito avançada e muito doente, e seu fiel Ananda:

> – Senhor, como devo me comportar perante as mulheres?
> – Não tenha contato com elas.
> – Mas, Tathagata, como poderei evitá-las?
> – Ananda, se você encontrar uma mulher, evite qualquer conversa.
> – E se ela me dirigir a palavra?
> – Neste caso, você deve sempre tomar o cuidado de ser extremamente vigilante e não baixar a guarda.[4]

O *Anguttara Nikaya* do cânone páli informa ainda que Buda distinguia sete categorias de mulheres: três categorias de mulheres de vida ruim, três categorias de mulheres gentis e honestas e – a que ele preferia – a categoria das mulheres felizes em cuidar do lar. Ainda assim, do ponto de vista das *Leis de Manu*, que só conferem à mulher hindu o papel de esposa e mãe, dá para perceber que a decisão de Buda – ainda que a contragosto – de abrir a comunidade às monjas representou para sua época um forte sinal em favor da liberdade mais ampla para as mulheres. Ao ceder aos pedidos insistentes da tia, o sábio se desvencilhou do pensamento dominante de seu tempo. É necessário lembrar, de todo modo, como é difícil estabelecer em que medida esses vários relatos refletem fatos autênticos. Talvez eles apenas revelem adendos tardios elaborados pelos discípulos de Buda.

Mas o que a história do budismo nos ensina é que, apesar de o mestre ter se enganado em relação a suas previsões sombrias, as monjas nunca tiveram papel de destaque – tirando algumas exceções. Quando se observa o lugar ocupado pelas mulheres no âmbito da *Sangha* no final do século XX, o quadro também não é nem um pouco mais positivo: há cerca de duas décadas, só existiam monjas no budismo Mahayana – e, ainda assim, apenas na China, na Coreia e no Vietnã. De lá para cá, tentativas de abertura vieram à tona no âmbito do budismo Zen japonês, do Vajrayana tibetano e no quadro do atual Theravada: foi assim que, depois de mil anos de interrupção, *bhikkhunis* reapareceram no Sri Lanka, onde hoje existem cerca de quatrocentas monjas. Apesar desses progressos recentes, as *bhikkhunis* ainda são minoria em relação aos *bhikkhus*. De fato, a ordenação completa das mulheres, apesar de ter sido aprovada por Buda pessoalmente, não é verdadeiramente reconhecida ou aceita por todas as escolas do budismo. A título de exemplo, na corrente Theravada, e também no budismo Zen japonês, as monjas são consideradas mulheres leigas que se entregam à vida de ascetismo e seguem as regras dos noviços. Na corrente Vajrayana do budismo tibetano, tirando algumas exceções – em sua maioria ocidentais –, a maior parte das mulheres não recebe a ordenação completa e permanece como noviça durante toda a vida. Com o desejo de fazer com que a situação evoluísse, em todos os lugares, as monjas criaram seu próprio movimento, seguindo o exemplo da famosa associação Sakyadhita International, fundada em 1987, em Bodh-Gaya, cujo objetivo principal é promover a ordenação de mulheres budistas no mundo todo.

Será que Ambedkar foi mais coerente em relação às intenções de Buda quanto ao sistema de castas? Certos relatos da literatura canônica dão crédito à visão do líder dos intocáveis, como por exemplo a ordenação do barbeiro Upali. Até então, todos os *bhikkhus*, sem exceção, eram recrutados no âmbito das classes mais altas da sociedade indiana. Todos eram "nascidos duas vezes", ou melhor, eram brâmanes ou guerreiros (*kshatriyas*) como Buda ou ainda mercadores (*vaishyas*) como o jovem Yasa de Benares. A integração à *Sangha* de um homem oriundo de uma casta inferior foi, portanto, uma decisão de peso simbólico considerável no plano social, que dá uma dimensão mais política à figura do mestre histórico. Outros textos famosos atestam sua vontade de abalar, na ocasião, a hierarquia da sociedade tradicional indiana. Assim, o *Vesala sutta* teria sido pregado por Buda a um brâmane que o tinha tratado como pária quando ele pedia sua esmola cotidiana: "Não é por nascimento que nos tornamos párias. Não é por nascimento que nos tornamos brâmanes. Por nossos atos nos tornamos párias, por nossos atos nos tornamos brâmanes[5]". Um outro texto muito famoso, que relata a conversão de um pobre varredor, revela a importância fundamental que Buda dava à moral pessoal: segundo ele, é sobre ela que se baseia a hierarquia entre os homens. São as qualidades morais e a conduta "correta" que atestam o valor de um indivíduo, não seu nascimento, sua casta, seu poder ou sua riqueza. Como foi conservado pela tradição, o relato de Sunita é simples e comovente:

> Em uma família humilde eu nasci,
> nós éramos miseráveis, sempre passávamos fome.
> Meu trabalho também era bem humilde:
> eu colhia e varria as flores murchas dos altares.
> Eu era negligenciado, maltratado, humilhado,
> e perante todos eu me recurvava.
>
> E então, um dia, eu o vi,
> aquele que soube se iluminar perfeitamente,
> rodeado de vários de seus discípulos,

um herói incomparável
entrando na cidade de Magada.

Então eu deixei a minha vara cair
e, ao me aproximar, eu me recurvei perante ele.
E ele, o super-homem, cheio de compaixão,
ele parou para mim.

Eu me prostrei aos pés do Professor,
depois fiquei de lado para não incomodá-lo,
e perguntei a este homem, o mais digno de todos,
se aceitaria que eu o seguisse.

Então o Professor misericordioso,
em sua enorme bondade,
dirigindo-se a mim, disse:
"Venha, ó monge".
Esta foi minha ordenação.
[...]
Sorrindo, o Professor me disse:
"Pela vontade, a pureza,
a moderação e o controle de si mesmo,
é possível se tornar um homem realmente superior,
este é o caminho para a santidade.[6]

Em princípio, portanto, Sakyamuni convidava todos a escutar sua Doutrina e a se tornar *bhikkhus* – ou, pelo menos, discípulos leigos. Na prática, essa vontade de abertura talvez fosse mais teórica do que real... Em primeiro lugar, o próprio regulamento monástico – como se acredita que tenha sido estabelecido pelo mestre – impunha restrições bastante concretas aos candidatos: os que eram dependentes ou subordinados a uma autoridade externa – quer dizer, os devedores, os escravos e os militares –, os que tinham cometido crimes e os acometidos por doenças graves ou contagiosas não podiam ser ordenados monges. Em seguida, de maneira mais geral, o exame dos textos budistas dá a entender que abrir os portões da *Sangha* à "multidão" não era de jeito nenhum a prioridade do sábio. É importante notar especialmente que

Buda não escolheu falar para as massas em sua primeira pregação: em Sarnath, o Iluminado desvelou sua doutrina a apenas cinco homens, todos eles ascetas, ainda por cima. Por essa característica, o Sermão de Benares fixou, desde sua primeira manifestação, o caráter relativamente exclusivo e elitista do budismo antigo. Em seguida, não está relatado em parte alguma dos textos que o mestre tenha se valido de uma única ocasião para interpelar a multidão diretamente. Nos *Suttas* que a tradição atribui a ele, é muito raro Sakyamuni dirigir-se aos leigos.

O fundador do budismo também nunca fez, perante uma ampla plateia, discursos "revolucionários" para denunciar publicamente a hierarquia social. Ele preferia instruir cada homem – e, de maneira mais ocasional, cada mulher – pessoalmente, dando ênfase para o fato de que todas as pessoas são, por meio de seus atos e de sua consciência moral, plenamente responsáveis por sua realização. E apesar de criticar, caso a caso, a pretensão daqueles que pertencem às camadas mais nobres da sociedade, o sábio jamais pregou a igualdade entre as castas – e menos ainda a luta de classes... "Os seres são proprietários de seus atos, herdeiros de seus atos, os atos são a matriz da qual eles surgem, eles são os pais de seus atos e têm seu lar em seus atos. O carma divide os seres em níveis mais altos e mais baixos[7]", Buda ensina.

De fato, se nos debruçarmos mais profundamente sobre a doutrina do sábio, a contradição aparente entre o princípio teórico da mão estendida a todos e uma prática que se revela bem mais restritiva na realidade desaparece. O recrutamento seletivo do mestre encontra sua coerência. A partir do momento em que aceita a lei dos renascimentos e do carma, Buda de fato já não pode questionar totalmente a hierarquia das castas. Sua doutrina não busca tanto contestar o sistema de castas, mas sim ultrapassá-lo: ela ensina aos homens como fugir dele, mostrando-lhes um caminho que permite atingir a Iluminação. Ou, para seguir corretamente o caminho que leva ao *Bodhi*, é necessário adotar a vida monástica. O Nobre Caminho Óctuplo é uma via fácil a conceber, mas, levando em conta a fraqueza humana, sua aplicação implica a renúncia à vida mundana. É por esta razão que Buda preferiu fazer seu primeiro sermão a cinco renunciantes. O caminho que ele ensina só pode ser seguido por ascetas que se conformem a regras rígidas, tais como o celibato e o abandono de todos os bens pessoais. Os discípulos leigos não podem almejar a Iluminação em sua vida presente; eles podem apenas conquistar méritos ao dar esmola aos *bhikkhus* e ao respeitar um certo número de regras morais, na esperança de ter um renascimento futuro mais favorável. Apesar de pregar um caminho caracterizado como "do meio", a doutrina de Buda implica, portanto, o desapego e a renúncia individual, o oposto do comprometimento com a vida na cidade, com a reivindicação social ou com o confronto político.

Um último elemento atesta que o fundador da *Sangha* nunca procurou conquistar a adesão da massa popular, e ainda menos lutar contra a hierarquia social: um número muito grande de brâmanes, ou a casta mais alta da sociedade, converteu-se a sua doutrina. Segundo um estudo sociológico efetuado por Hans Wolfgang Schumann, com base no cânon páli, eles formavam a maioria dos recrutas monásticos nos primórdios da *Sangha*. Em um grupo de 199 *bhikkhus* dos quais a casta pode ser identificada com certeza, 48,2 por cento eram brâmanes, 28,6 por cento *kshatriyas* e 13 por cento *vaishyas* – quer dizer, 89 por cento deles eram "nascidos duas vezes". Apenas 6,6 por cento pertenciam ao grupo dos intocáveis, e 3,1 por cento ao dos *shudras*, os serventes. As estatísticas sociais relativas aos discípulos leigos refletem as mesmas tendências – com a diferença de que os mercadores passam na frente dos *kshatriyas* em quantidade. Esses dados são eloquentes: se Buda realmente fosse um reformista social, a adesão das classes sociais mais altas teria sido bem mais rara e vice-versa. O fundador do budismo era antes de tudo um mestre espiritual que se preocupava em orientar um grupo de homens forçosamente restrito, já que apenas alguns seriam capazes de seguir o caminho cheio de exigências que leva à Iluminação.

O truque de cena religioso que ocorreu em Nagpur no dia 14 de outubro de 1956, por iniciativa de um líder dos intocáveis, foi, portanto, ao mesmo tempo, um acontecimento de forte cunho político. E, de acordo com todas as evidências, Ambedkar tinha plena consciência de estar inaugurando naquele dia uma faceta inédita do budismo, muito mais envolvida na cidade do que pregava o próprio Buda, que o político aliás tratou de chamar de *Navayana* – o "Novo Veículo". O movimento de renascimento do budismo na Índia não encontrou seu fim com a morte prematura de Ambedkar. Ele prossegue até hoje. Desde a cerimônia de Nagpur, os 22 votos pronunciados por "Babasaheb" chegaram até a se transformar nas afirmações feitas por todos os hindus que se convertem à Doutrina e, apesar de ainda permanecer marginal, o budismo atinge hoje, na Índia, um número significativo de pessoas, essencialmente entre os intocáveis e as castas baixas.

No fundo, Ambedkar, que se beneficiaria de educação dupla, ao mesmo tempo indiana e ocidental, foi sobretudo um dos grandes precursores do chamado "budismo engajado", termo surgido durante a Guerra do Vietnã, cunhado por Thich Nhat Hanh. Nascido do encontro entre as culturas da Índia e do Ocidente – uma exibindo a tradição da libertação interior, a outra, um ideal político de liberdade e igualdade –, ele é, de certa maneira, o último desenvolvimento da doutrina de Buda. O "budismo engajado" é atualmente um fenômeno em expansão no Ocidente – e não só lá. Por toda a Ásia, ele também está conquistando terreno, da Birmânia ao Sri Lanka, passando pela causa tibetana. Ao contrário da renúncia ressaltada pelo mestre histórico, o neobudismo prega o combate no âmbito da sociedade.

Missão

Ano após ano, decênio após decênio, Buda prosseguia com sua pregação, de maneira incansável. À exceção da estação das chuvas, Sakyamuni se deslocava sem descanso para ensinar sua doutrina. Errante infatigável, ele deixava marcas em reinos e repúblicas de todos os cantos do vale do Ganges, onde se beneficiava do apoio crescente de personagens ricos e influentes. À medida que as conversões se sucediam, os ensinamentos se aprofundavam, assim como a organização da *Sangha* ia se definindo. E, apesar do turbilhão dos deslocamentos, uma certa rotina se instalou, e assim foi possível estabelecer a vida cotidiana de Buda e de seus discípulos.

Desde o dia em que o Afortunado começou a pregar sua doutrina no Bosque das gazelas, os momentos de solidão se tornaram raros. Quando ele percorria estradas e caminhos, um grupo de discípulos o acompanhava sempre. Com o passar do tempo, a pequena trupe inchou até contar com várias centenas de monges, de acordo com os relatos. O tagarelar deles às vezes incomodava tanto que o sábio era obrigado a ordenar que se calassem. Mas não faltava velocidade à procissão dos *bhikkhus*, todos de cabeça raspada e vestidos de amarelo atrás de seu mestre.

Quando atravessavam os vilarejos para recolher seu alimento cotidiano, geralmente eram bem recebidos. Os monges se apresentavam de porta em porta, sem deixar de visitar nenhuma casa, para não privar ninguém da oportunidade de obter méritos. Seguindo o exemplo de Sakyamuni, todos se mostravam dignos e concentrados. Imóveis, com os olhos baixos, eles deviam aguardar a esmola sem proferir palavra. Aliás, era proibido tanto pedir quanto agradecer. Quando os vilarejos que ladeavam as estradas entre duas etapas não eram muito grandes, discípulos leigos se uniam ao cortejo. Empoleirados em cima de carroças pesadas, cheias de provisões, eles se encarregavam de atender as necessidades da comunidade em marcha.

O pregador itinerante passava muito tempo no reino próspero de Magada. Ele aproveitava todas as ocasiões possíveis para difundir seu ensinamento junto àqueles que já estavam envolvidos na busca espiritual. O mestre visitava a casa de brâmanes da mesma maneira que ia até os eremitérios das incontáveis seitas que na época pululavam pelo reino; no caminho, conversava com vários renunciantes errantes. Durante a primeira década de sua missão, o Bosque dos bambus de Rajagrha se transformou na residência principal da *Sangha*, entre duas turnês de pregação. Também era lá que Buda e seu grupo residiam durante os meses de monção. Graças à generosidade de um mercador rico, o parque oferecido pelo rei agora contava com sessenta casas espaçosas. O mais importante era que elas eram bem mais sólidas do que as cabanas construídas no passado pelos *bhikkhus:* agora já não era mais necessário voltar a reconstruí-las a cada ano.

Quando estava em Rajagrha, Buda gostava de passar seu tempo no Pico dos abutres. Ele tinha descoberto o local que dava vista para toda a capital na época em que não passava de um jovem asceta entre outros em busca da verdade. O ar nas alturas era bem mais agradável do que na planície, onde reinava um calor sufocante. E quando as trombas d'água da monção caíam, as grutas naturais que salpicam a montanha constituíam abrigos preciosos. O Tathagata considerava aquele local particularmente propício à meditação; também era bom para conversas prolongadas com seus discípulos mais jovens. Sentado em uma toalha, o sábio dava seus ensinamentos com toda a paciência; durante horas a fio, ele ia desenvolvendo progressivamente sua doutrina, com o cuidado de adaptar a apresentação de acordo com os interlocutores.

A amizade de Buda com o soberano Bimbisara se revelou contínua, ele permaneceu como um de seus *upasakas*, ou discípulos leigos, mais fervorosos. Na capital, Sakyamuni também estabeleceu laços estreitos com um outro personagem importante. Chamado Jivaka, o médico pessoal do rei se beneficiava de excelente reputação: a ele eram atribuídas diversas curas milagrosas... Depois de sua conversão, ele também se tornou um *upasaka* exemplar. Deu de presente à *Sangha* um parque situado nas proximidades da cidade, o Bosque das Mangueiras, que permitia alojar os novos recrutas monásticos de Buda. Mas, principalmente, Jivaka tratou de cuidar dos *bhikkhus* doentes ou feridos.

A noroeste de Magada, o vale do Ganges era ocupado por um outro reino poderoso, o de Kosala. A região não passaria muito tempo ao largo da difusão da doutrina que se tornou tão valorizada por seu grande rival. A convite de Anathapindika, cunhado do mercador rico de Rajagrha que mandara construir as casas para a *Sangha*, Buda resolveu um dia ir até Sravasti, a bela capital do reino de Kosala. Depois de atravessar o Ganges, o sábio, acompanhado de um grupo de discípulos, fez uma parada em Vaisali, a capital da república dos licchavis. Depois o cortejo voltou a tomar a rota das caravanas e terminou por atingir Sravasti após uma longa viagem.

Anathapindika, banqueiro e comerciante de ouro, recebeu Buda com todas as honrarias. O homem de negócios adquiriu uma propriedade magnífica para poder dar como oferenda ao Iluminado assim que ele chegasse a Sravasti. Para adquirir o parque que pertencia ao príncipe Jeta, o herdeiro do trono, Anathapindika não mediu gastos: o príncipe só aceitou ceder seu jardim em troca de uma quantidade de moedas que fosse suficiente para cobrir toda a sua superfície... em outras palavras, várias carroças cheias de ouro! É verdade que o Jetavana, o "parque do príncipe Jeta", é um encanto: suas mangueiras magníficas são famosas tanto por sua sombra agradável quanto por seus frutos suculentos. Levado por sua generosidade sem limites, Anathapindika até tomou o cuidado de mandar colocar ali "terraços, uma clausura, salões de assembleia, aposentos com lareira, armazéns, caminhos pavimentados, poços, casas de banho, riachos e borboletas[1]". Outras lendas se contentam em mencionar a "barraca perfumada[2]" que o mestre ocupava em Jetavana... Mas o que importa é que a residência monástica respondia perfeitamente às necessidades da *Sangha*: sua localização era, ao mesmo tempo, a uma distância suficiente da cidade para escapar de seu tumulto, mas curta o bastante para que os monges tivessem facilidade de ir até lá toda manhã pedir esmolas. E, no sentido inverso, os discípulos leigos também não iriam desanimar com a distância para ir visitar os monges quando tivessem vontade.

Os curiosos da capital de Kosala então logo se apressaram a ir até Jetavana para saber mais sobre o *shramana* de quem tanto se falava. Entre eles, o rei de Kosala, Prasenajit, chegou um dia pessoalmente para questionar Buda. Depois de ter escutado seu questionamento, Prasenajit tomou o Triplo Refúgio e se tornou, por sua vez, discípulo leigo. De acordo com outras lendas, o soberano de Kosala iria se contentar em apenas honrar respeitosamente o Afortunado. O fato é que a consideração do rei em relação a Buda favoreceria a difusão da Lei junto aos súditos de seu extenso reino.

Depois de ter efetuado apenas visitas breves a Jetavana durante uma dezena de anos, Buda um dia chegou para se instalar ali durante vários meses, na ocasião da estação das chuvas. A partir de então, adquiriu seus hábitos no mosteiro nos arredores de Sravasti: conta-se que ele teria passado dezoito monções sucessivas ali. Outras fontes mencionam nada menos do que 25 estações de chuvas... Seja como for, os longos períodos de retiro no reino de Kosala eram ocasiões para o mestre recrutar novos *bhikkhus*. E enquanto a *Sangha* recebia do generoso *upasaka* outros parques monásticos nas proximidades de Sravasti, Buda estreitava seus laços com o soberano Prasenajit, cuja irmã, Sumana, logo foi ordenada *bhikkhuni*. O rival de Bimbisara com frequência ia consultar o sábio em Jetavana, tanto em relação a questões religiosas quanto particulares e políticas.

Conhecido por seus "7.777 palácios com terraços, 7.777 casas de madeira, 7.777 parques e 7.777 riachos de lótus[3]", Vaisali, a capital da república dos licchavis, tornou-se com o passar do tempo mais um local de residência muito apreciado por Buda. Apesar de o sábio já conhecer a cidade, sua primeira visita "oficial" a Vaisali ocorreu três anos depois da Iluminação, quando os príncipes licchavis pediram seu socorro para ajudar a erradicar a peste que se abatia sobre sua cidade magnífica. O Tathagata deu conta do desafio com sucesso, expulsando os demônios que originalmente não pertenciam ao local. Para agradecer a ele, um notável da cidade ofereceu à *Sangha* um amplo parque plantado com árvores *sal*. Muito tempo depois, o Afortunado também iria se hospedar em um belo eremitério colocado a sua disposição por Ambapali, uma cortesã rica que se tornou uma de suas principais discípulas leigas. Em Vaisali, assim como em outros lugares, Buda sempre era convidado com os *bhikkhus* para almoçar na casa de um ou de outro dos *upasakas* de sorte, que às vezes chegavam a brigar com virulência pela honra.

Na direção oeste, a alguma distância dos grandes centros de pregação habituais de Buda, encontrava-se Kausambi, a capital dos vatsas. Ali também a comunidade logo lhe ofereceu vários mosteiros, apesar de a relação com o rei Udayana permanecer bem fria. Mas Kausambi ficou na memória da *Sangha* principalmente como o local da disputa vigorosa que opôs dois grupos de *bhikkhus*, quase nove anos depois da Iluminação do mestre.

O conflito teve origem em uma história no mínimo... vulgar. Um dia, durante o retiro habitual no período de monção, um monge desrespeitou uma regra relativa ao uso das latrinas do eremitério: ele deixou de voltar a encher o jarro de água que servia para se limpar depois do uso. Um outro discípulo que utilizou a instalação depois dele lhe fez uma forte repreensão. Ele se defendeu explicando que seu esquecimento não devia ser considerado ofensa. Os dois foram buscar apoio na comunidade, de modo que logo os dois grupos se enfrentaram com virulência por causa do assunto. Os *bhikkhus* zelosos em relação às regras recriminaram com firmeza o monge negligente, ao passo que os do outro grupo o defenderam por considerarem, referindo-se aos ensinamentos de Buda, que não valia a pena mencionar uma falha desse tipo. Cada uma das partes estava convencida de que tinha razão e se recusava a ceder. A discórdia foi tão acentuada que perturbou perigosamente a harmonia, para não dizer a unidade, do mosteiro de Kausambi. O momento era grave: os monges estavam tão empenhados em defender sua posição que partiram para a agressão física. Seus confrontos, que às vezes se davam na frente dos fiéis leigos, causaram o pior efeito possível.

A disputa que explodiu em Kausambi foi tal que Sakyamuni foi obrigado a ir até lá pessoalmente para acalmar os espíritos... Não era o costume, mas, daquela vez, ninguém o escutou! Um monge teve até a ousadia de dizer a ele: "Que o mestre do Darma tenha paciência, que se sente aqui, distante e tranquilo. Esta luta, discussão, discórdia é de nossa conta[4]!". Aflito pelo comportamento de seus *bhikkhus*, o Tathagata abandonou o mosteiro e foi se retirar sozinho na floresta de Parileyyaka, próxima à cidade dos vatsas. Ocorrido no período de sua vida inteiramente dedicado ao desenvolvimento da *Sangha*, esse retiro solitário realmente foi uma exceção. Longe das disputas humanas, o sábio então experimentou a serenidade da natureza. Durante essa curta pausa, conta-se que seu único companheiro e servo fiel foi um elefante... afastado de seus congêneres que tinham se tornado insuportáveis. Dezoito meses depois, Buda se encontrava em Jetavana quando os monges de Kausambi solicitaram sua ajuda. A disputa não tinha acalmado, muito pelo contrário, passou a ser urgente colocar um fim nela: cada vez mais, leigos perturbados pelo conflito que dividia os monges recusavam-se a lhes dar esmola. Dessa vez, o mestre conseguiu restabelecer a paz entre os *bhikkhus* fazendo com que cada uma das partes reconhecesse seu erro e se perdoasse.

A ordem então foi finalmente restabelecida em Kausambi. Mas, um belo dia, o monge Sagata, depois de aceitar uma bela quantidade de vinho de palmeira como esmola, caiu desfalecido de bêbado na rua! E isso quando, em todas as outras cidades, os monges eram admirados pelos cidadão devido a sua conduta, "sorridentes e corteses, verdadeiramente felizes, calmos e plácidos, que vivem de maneira frugal e cujo espírito é tão inofensivo como o de uma corça[5]". Decididamente, a comunidade monástica de Kausambi não parava de desfigurar a crônica. Felizmente, esse último escândalo logo encontrou uma solução: Buda não tardou em decretar a proibição absoluta do álcool para os *bhikkhus*.

Existem ainda alguns outros lugares que podem se orgulhar de ter acolhido Buda, mesmo que apenas para uma curta visita. Conta-se que Campa, a capital da região de Anga, na direção do leste, teria se beneficiado da visita do sábio. E apesar de Sakyamuni ter tido o hábito de não se aventurar para muito além da bacia média do Ganges, certas lendas dão conta de que o Tathagata teria efetuado, no 12º ano depois da Iluminação, uma longa viagem até a Taxasila, também chamada de Gandara.

Naturalmente, as peregrinações de Buda não deveriam se limitar apenas ao mundo dos homens... De acordo com uma lenda famosa, no 16º ano depois da Iluminação, o Afortunado teria subido ao céu dos "Trinta e Três[6]" para ensinar a Lei aos deuses. Ele teria permanecido lá durante os três meses que dura a estação das chuvas. O mestre então teria aproveitado para instruir sua mãe, Maya, que, depois da morte prematura, renascera sob a forma de uma divindade. Para retornar à terra, o Tathagata usou então uma escada tripla de cristal e de pedras preciosas especialmente criada pelos deuses. Sob uma chuva de flores, ele foi acompanhado por Indra e Brahma, um segurando um guarda-sol e o outro, um leque para espantar moscas. Nem é necessário dizer que o retorno do sábio para o meio dos homens, nas proximidades da cidade de Samkasya, a oeste do vale do Ganges, não passou despercebido!

Para converter as regiões mais afastadas, Buda nem sempre precisava se deslocar: às vezes, bastava esperar que as pessoas fossem até ele. Com o passar do tempo, o renome do mestre de fato se tornou tão grande que se estendeu para muito além das áreas que ele mesmo percorrera. Essa popularidade longínqua em parte se deveu aos mercadores de caravanas, que se converteram em grandes números. Também é fruto das iniciativas de alguns *bhikkhus* especialmente motivados, que não tinham medo de pregar a doutrina nas regiões mais selvagens.

Entre eles, Punna com frequência é citado como exemplo. Depois de certo dia ter ouvido falar da Lei, este próspero comerciante, estabelecido em um porto do golfo de Bengala situado nos limites da região dos Sunaparantas, não hesitou em tomar o rumo de Sravasti para receber a instrução de Buda. Depois de ter sido ordenado monge, Punna declarou que desejava partir para ensinar a lei aos sunaparantas. Duvidoso, Buda o acautelou contra a rudeza e a violência desse povo selvagem, que certamente estaria pouco disposto a receber a Doutrina. Punna retrucou que era exatamente por eles ainda serem bárbaros que desejava mostrar-lhes o caminho do Conhecimento. Quando o Afortunado tentou mais uma vez dissuadi-lo, dizendo-lhe que poderia arriscar a vida na empreitada, o monge então afirmou que estava pronto para morrer pela Lei. Impressionado por sua abnegação, o mestre deu todas as felicitações a Punna perante a assembleia de *bhikkhus*. Depois de ter convertido alguns habitantes da região remota de Sunaparanta e de construir um mosteiro em madeira de sândalo, Punna enviaria uma flor a Buda para convidá-lo a visitar a pequena comunidade. Conta-se que o Iluminado, viajando pelos ares, foi até o local para uma curta visita.

E então se passou um dia e mais um, e Buda recebeu um mensageiro do rei de Ujjeni: ele o convidava a lhe dar seu ensinamento. Mas o emissário do soberano converteu-se imediatamente ao encontrar o Tathagata. O novo recruta se revelou um pregador particularmente talentoso. Buda então recusou o convite do rei sob o pretexto de que este tinha lhe enviado um discípulo absolutamente apto a divulgar sua doutrina. Depois de anos e anos de pregação entre os vários mosteiros que a *Sangha* ocupava no vale do Ganges, será que o mestre estava começando a ficar relapso?

Ajanta, 1819

No oeste da península indiana, no dia 28 de abril, um pequeno grupo de soldados britânicos avançava a cavalo pela cadeia dos montes lndhyadri, nos confins da província de Berar. Depois de passar pela garganta selvagem de Waghora, os cavaleiros então começaram a ladear o rio que serpenteia entre os rochedos. Ao erguer os olhos ao acaso na direção da falésia que se avultava sobre eles, o capitão John Smith, da 28ª cavalaria de Madras, reparou que, na metade da altura do paredão, a rocha era toda salpicada de grutas. Curioso, ele decidiu ir até lá dar uma olhada em uma dessas estranhas escavações cuja abertura, vista de baixo, parecia ter sido talhada pela mão do homem. O capitão apeou e logo encontrou uma escadinha estreita, esculpida na rocha, que permitia subir até lá. Quando chegou ao patamar, ele deu alguns passos para dentro da gruta, mas não prosseguiu com suas investigações. John Smith se contentou em gravar seu nome e a data em um dos pilares da entrada e logo desceu para se juntar a seus companheiros.

O local misterioso retomou seu silêncio... A descoberta de Smith só serviu para alimentar as histórias curiosas que os oficiais do círculo militar do Raj trocavam entre si.

Fevereiro de 1824. O tenente James Alexander, da 16ª companhia de lanceiros, tinha tirado alguns dias de folga. O rapaz era um *shikari*, grande amante da caça. Com apelido de "vale do tigre[1]", a garganta de Waghora lhe parecia um local promissor. Antes de sua partida, seus camaradas o acautelaram contra a principal ameaça nas florestas perdidas do coração da Índia: os bhils. Excelentes caçadores, esses nativos tinham a reputação de agir com absoluta hostilidade em relação a todos aqueles que ousavam penetrar em seu território. Mas o jovem tenente não se abalava quando a questão era alimentar sua paixão pela caça ao javali, ao *sambhar*, ao leopardo e, principalmente, ao tigre.

Acompanhado de um guia e de dois *sepoys*, o oficial tomou o caminho de Waghora em uma bela manhã. Muito bem armados com sabres, pistolas e lanças, os quatro homens avançavam com prudência pela selva. Quando o pequeno grupo vigilante chegou à embocadura da garganta, um assobio baixo veio da esquerda e depois se repetiu na falésia oposta. Era certo que os bhils estavam preparando uma emboscada... Apesar do medo, o guia continuou avançando com bravura. Alguns minutos depois, Alexander avistou com discrição vários homens que os observavam através dos rochedos. O jovem britânico constatou que os bhils, de baixa estatura e pele escura e quase nus, armados de arcos e flechas envenenadas, faziam jus a sua terrível reputação...

Com o coração batendo forte, os quatro homens pararam de avançar e retraçaram seus passos pelo leito do rio. Contra todas as expectativas, os bhils se contentaram em apenas observá-los. Abrindo caminho entre as moitas e os pedregulhos, Alexander e seus companheiros finalmente chegaram sem maiores percalços ao interior da garganta, que tinha a forma de uma ferradura de várias centenas de metros de comprimento. Sempre atento à presença dos bhils, Alexander examinou com atenção os paredões da garganta. Foi aí que reparou nas dezenas de aberturas que se espalhavam em leque por toda a extensão da falésia...

A curiosidade levou o pequeno grupo a escalar até as cavernas estranhas cujas entradas, às vezes enquadradas por arcos ou pilastras, claramente tinham sido entalhadas na pedra. Algumas estavam bloqueadas por desabamentos, mas outras pareciam acessíveis. Logo descobriram que cada porta era diferente em tamanho, forma e decoração esculpida: os motivos vegetais às vezes davam lugar a representações humanas e animais. A arqueologia não era exatamente a atividade preferida do caçador, mas, fascinado pelo lugar, ele tomou a resolução de saber mais... Munidos de tochas improvisadas, os integrantes do grupo penetraram com precaução nas salas subterrâneas. Centenas de morcegos estavam pendurados no teto: cegados pela luz, de repente alçaram voo com a chegada dos visitantes e os envolveram em um turbilhão intimidador. No piso, marcas de pegadas e dejetos indicavam que o lugar era assiduamente frequentado por macacos e chacais, tigres e ursos... No andar superior de uma das grutas, o pequeno grupo encontrou as cinzas de uma fogueira abandonada havia pouco e, em um canto escuro do aposento... um esqueleto humano.

Valia a pena vencer o medo: os exploradores constataram que, apesar de algumas grutas serem pequenas e insignificantes, outras se pareciam com amplas capelas em que budas imponentes estavam entronados. A luz trêmula das tochas revelou também, em algumas paredes, afrescos coloridos magníficos. Quando a tarde chegou ao fim, o britânico esquecera completamente que tinha ido até lá para caçar. Quando tomou o caminho de volta, o *shikari* Alexander estava de mãos vazias, mas com a firme convicção de ter descoberto um local extraordinário, uma espécie de mosteiro enorme que tinha permanecido no esquecimento dos homens durante séculos – que dizer, afora os "assustadores" bhils, *of course*.

Apesar de ignorar que o capitão Smith o precedera, o jovem tenente não estava enganado em sua avaliação. Algum tempo depois, especialistas confirmaram que o sítio de Ajanta – rebatizado desta maneira devido ao nome do vilarejo vizinho – forma de fato um mosteiro budista excepcional por seu tamanho e sua datação antiga. Melhor ainda, depois das escavações de Ajanta, foi constatado que o lugar abriga o mais belo conjunto de arte pictórica da Índia antiga já descoberto. Incluída desde 1983 na lista do Patrimônio Mundial da Humanidade da Unesco, Ajanta tem no total 29 grutas de origem budista, sendo que três estão inacabadas. Entre elas, é possível distinguir com clareza dois tipos de escavação: os *chaityas*, santuários que contêm uma estupa no fundo, e os *viharas*, os "mosteiros" propriamente ditos, que comportam celas. As cavernas são igualmente representativas de dois períodos arquitetônicos que correspondem às duas grandes escolas do budismo: as mais antigas, em que a decoração é austera e onde a figura de Buda não está representada, correspondem ao Theravada; as mais recentes, de decoração abundante, estão associadas ao Mahayana. Apesar de o conjunto de grutas formar uma imagem de capela visto do lado de fora, ele não foi um monumento rupestre concebido em sua totalidade desde o início.

Apesar de o local ter sido desenvolvido até o século VIII, ficou estabelecido que os primeiros *chaityas* e *viharas* de Ajanta foram fundados por uma pequena comunidade de monges *theravadin* no século II a.C. Portanto, Ajanta faz parte do grupo limitado dos mosteiros budistas mais antigos descobertos na Índia até hoje: de fato, apesar de a arqueologia indiana ter revelado a existência de vários sítios budistas desde o século XIX, nenhum desses vestígios é contemporâneo da vida do Buda histórico nem dos primeiros séculos da *Sangha*.

De acordo com os textos mais antigos, existiam dois tipos de instalações monásticas na época do mestre. A *avasa* se resumia a um pequeno acampamento improvisado, composto de algumas cabanas que os monges construíam com as próprias mãos para se abrigar durante uma temporada de monção; depois disso, era abandonado. O *arama* era, por outro lado, uma residência grande, feita para perdurar, a exemplo do Bosque dos bambus em Rajagrha ou do parque de Jetavana em Sravasti. Presenteadas como oferendas por devotos leigos ricos, os *aramas* eram mantidos e geralmente sustentados a alto preço pelos doadores.

Mas não existe indício material que permita, até hoje, confirmar a existência de amplos estabelecimentos monásticos na época do Buda histórico. Apesar de os hagiógrafos afirmarem que os *aramas* estabelecidos pelo sábio compreendiam "salões de assembleia, aposentos com lareira, armazéns, caminhos pavimentados, poços, salas de banho[2]", os arqueólogos não encontraram nenhum vestígio disso. As residências budistas mais antigas descobertas até hoje são sítios rupestres que datam, na melhor das hipóteses, do século II a.C. Mas é verdade que existem alguns vestígios budistas um pouco mais antigos: além dos famosos éditos de Ashoka gravados na pedra, encontraram-se também restos de estupas erguidas pelo imperador no século III a.C. Mas estes são monumentos de culto, não residências monásticas.

Tudo isso leva a pensar, portanto, que, no âmbito dos *aramas*, o mestre e seus *bhikkhus* só dispunham de moradias bastante sumárias, talvez construídas apenas com o uso de bambus cobertos de folhagens e argila – a exemplo do que se vê até hoje nas áreas rurais remotas da Índia. Em relação aos salões de assembleia e outros edifícios monásticos de bom tamanho, deviam ser construídos de madeira. E, forçosamente, tudo desapareceu ao longo dos séculos com a ação do clima...

No entanto, apesar de o sítio de Ajanta não ser contemporâneo de Buda, ele oferece uma evocação preciosa ao olhar, por mais longínqua e fragmentada que seja, da organização monástica fundada por Sakyamuni. Este testemunho insubstituível sobre o budismo antigo se deve à conservação excepcional dos sítios rupestres monolíticos. Assim como outros estabelecimentos trogloditas – tais como Bedsa, Bhaja ou Karli –, o complexo arquitetônico de Ajanta permite apreender melhor a vida cotidiana dos monges no início da *Sangha*. Ele também oferece a oportunidade de reconstituir as formas arquitetônicas dos primeiros edifícios monásticos: segundo especialistas, a organização das instalações rupestres se baseia nas dos mosteiros construídos a céu aberto na mesma época, mas certamente também de acordo com uma tradição já bastante antiga. As grutas do sítio de Ajanta reproduzem de fato a arquitetura dos mosteiros de madeira de um modo particularmente impressionante: a pedra chega a ser esculpida de modo a exibir detalhes como por exemplo as ponteiras das vigas e os pregos. Nas paredes internas, assim como nas fachadas, janelas e sacadas às vezes são incluídas em imagens realistas para enganar os olhos.

A disposição e os adornos internos das *viharas* também são testemunho de uma antiga tradição que talvez remonte aos primórdios da *Sangha*: nas do período Theravada, encontra-se uma ampla sala coletiva, quadrada ou retangular, dedicada a reuniões ou assembleias dos *bhikkhus*. Precedida de uma varanda sustentada por colunas, ela é rodeada em três lados por pequenas celas de tamanho igual, destinadas ao alojamento dos monges. Fazendo as vezes de camas, dois nichos com frequência são esculpidos na parede rochosa. Já no que diz respeito às *viharas* do período Mahayana, mais tardias, elas reproduzem com a mesma fidelidade outros elementos de decoração, como colunas nos encostos de cabeça.

Os *chaityas* de Ajanta foram concebidos de acordo com um princípio idêntico. O grande santuário do período Theravada – ou a escavação que exibe o número 10 – tem inspiração muito próxima à da arquitetura de madeira: de formato abobadado, possui nave arredondada como um berço, que imita o vigamento, com suporte de pilares. A adição de um *chaitya* à residência monástica, fenômeno ainda desconhecido no tempo de Buda, apareceu muito cedo na história do budismo. Depois da morte do mestre, a função dos mosteiros de fato evoluiu com muita rapidez: antes simples locais de retiro, os *aramas* se transformaram também em local de culto, com estupas e relíquias destinadas à adoração dos fiéis.

O modo de vida dos monges trogloditas de Ajanta devia seguir as regras da vida prescrita por Buda: nem ascética demais, nem confortável demais. Mas não é só isso. Seguir com empenho o Nobre Caminho Óctuplo supunha o compromisso pessoal total que exigia constantemente o domínio sem falhas do corpo e do coração, da palavra e do espírito: "Passo a passo, peça a peça, hora a hora, aquele que é sábio deve saber lavar sua pessoa de qualquer impureza, da mesma maneira que um ourives purifica a prata[3]", ensinou o mestre. É por isso que a vida cotidiana dos *bhikkhus* era restrita por regras muito numerosas. Agrupadas no *Vinaya Pitaka*, o cesto da disciplina, elas teriam sido elaboradas pelo próprio Sakyamuni em resposta a circunstâncias determinadas. Ainda assim, algumas delas com certeza foram adicionadas posteriormente, na ocasião dos concílios.

Seja como for, desde o século II a.C., o horário dos monges de Ajanta era certamente bem cheio e muito regrado... Todos os dias, os *bhikkhus* se levantavam com a aurora, acordados pelo canto dos pássaros amplificado pela falésia. Ao deixar suas celas, eles desciam até o rio que corre no fundo da garganta para fazer suas abluções. Da mesma maneira como os primeiros discípulos de Buda deviam cuidar de si mesmos, os monges de Ajanta se lavavam de maneira consciente todas as manhãs e escovavam os dentes com regularidade, com a ajuda de um galhinho de *neem*. Entre outros raros objetos que a regra monástica os autorizava a possuir, eles tinham uma navalha para manter a cabeça raspada. Uma vez limpos e secos, os *bhikkhus* colocavam as vestes monásticas triplas. Amarrado por cima da veste e da roupa de baixo, o manto consistia em uma faixa de tecido que era enrolada ao redor do corpo: passando embaixo do braço direito, uma ponta era colocada por cima do ombro esquerdo. Depois, ao subir de volta ao mosteiro, cada um deles levava uma ânfora cheia de água fresca que tinha tomado o cuidado de filtrar com um lenço. Reunidos no salão do mosteiro rupestre, os *bhikkhus* então se entregavam à meditação, tal como tinha sido praticada e ensinada por Buda. Os exercícios meditativos permitiam purificar o espírito por etapas, para atingir os *jhanas*, os níveis de concentração profunda. A meditação de fato representa o núcleo das práticas monásticas por ser o caminho real que conduz à contemplação da impermanência, ou realização do estado de *arahant*.

A manhã ainda não tinha avançado muito quando o pequeno grupo partia em direção à cidade vizinha para recolher o alimento do dia. O pedido de esmola cotidiano tomava tempo. Caminhando em fila indiana, os *bhikkhus* precisavam prestar atenção para não "destruir sementes ou plantas[4]" pelo caminho. Ao chegar a seu destino, eles se deslocavam em passos lentos e iguais até a porta de cada casa para apresentar sua tigela de esmolas, sem proferir nenhuma palavra e com os olhos voltados para o chão.

De volta ao mosteiro, cada um colocava sua coleta do dia no salão central da *vihara*. Frutas e legumes da estação em abundância, peixes e carnes de vez em quando – sob a condição expressa de que os animais não tivessem sido abatidos especialmente para eles – eram então divididos em partes iguais. A única refeição do dia, sempre feita de maneira comunitária, devia ocorrer antes do meio-dia. Apenas o ruído das quedas-d'água que caíam do alto da falésia perturbava o silêncio que reinava durante o almoço. Cada um dava conta de seguir com rigidez a regra monástica, que proibia escolher ou separar os alimentos, levar a tigela diretamente à boca e utilizar qualquer outro instrumento que não fosse a mão direita para pegar a comida.

Apesar de os monges tirarem tempo para uma sesta curta, o resto do dia não deixava lugar para o ócio. Além da meditação, que era obrigatório praticar sempre, não faltavam atividades – mesmo que seu ritmo precisasse seguir de acordo com uma lentidão prudente. Para começar, havia necessariamente algumas ocupações domésticas, como varrer as celas ou costurar: os monges eram autorizados a ter uma agulha para fazer a manutenção de suas vestes. Mas o mais importante eram as pregações nos arredores e a recepção dos fiéis leigos que vinham se recolher no santuário, sem esquecer a recitação das palavras do mestre falecido... Lembremos que, no século II a.C., a cópia ou o estudo dos textos canônicos anotados em folhas de palmeira ainda não existia. A tomada por escrito dos *suttas* só iria se efetivar um século mais tarde.

Por fim, a ampliação do complexo religioso, que na época só contava com cinco ou seis grutas, também representava tarefa importante. Durante horas, o pequeno grupo de monges escavava na falésia novas estruturas, começando do teto e descendo até o piso, de acordo com a técnica em vigor. Ou talvez eles apenas precisassem dar orientações aos trabalhadores especializados e remunerados pelos discípulos leigos. O resultado é que, em seu apogeu, o *vihara* de Ajanta era capaz de receber diversas centenas de monges.

Com regularidade, uma cerimônia sóbria acontecia para animar o cotidiano dos *bhikkhus* de Ajanta. A *uposatha* se dava no 15º dia do mês lunar. Nessa ocasião, os monges deviam jejuar e se juntar para reafirmar de maneira solene sua determinação em seguir a Lei de Buda. A reunião podia terminar com uma confissão pública: depois que o mestre de cerimônia recitava todas as regras de disciplina, os monges eram convidados a declarar se haviam desrespeitado alguma delas, porque "aquele que cometeu uma ofensa que ainda não foi revelada e que deseja ser purificado deve confessar. Ter confessado será um alívio para ele[5]". Considera-se que Buda tenha sido o iniciador dessas sessões que reforçavam periodicamente a harmonia e a função da *Sangha*.

A chegada de um novo recruta era sempre um acontecimento. Mas a integração no seio da comunidade monástica era um longo processo. De acordo com a regra estabelecida pelo mestre, a entrada no mosteiro como noviço não podia acontecer antes dos oito anos. Depois de ter a cabeça raspada e vestir o hábito recebido de sua família, o jovem postulante se tornava noviço ao declarar refúgio na Joia Tríplice – o Buda, o Darma e a *Sangha* – perante um monge que tivesse aceitado ser seu preceptor. Inscrevendo-se na tradição indiana do *guruchela*, "mestre-discípulo", este teria a incumbência de ensinar a ele, em profundidade, a doutrina de Buda. Um segundo *bhikkhu* era designado para inculcar nele o conjunto das regras da vida monástica – primeiro a castidade e o abandono de qualquer posse, assim como a esmola como o único meio de obter alimento. Seguem-se as proibições de matar, de roubar, de mentir (principalmente fingir ter atingido o estado de *arahant*), de beber álcool, de comer entre o meio-dia e o amanhecer do dia seguinte... e também de se sentar em um assento confortável ou de se deitar em leito luxuoso, de assistir a espetáculos de dança, canto ou música, de aceitar doações em ouro ou prata, de usar adornos ou joias, de usar maquiagem, perfume ou unguentos etc.

Quando sua instrução chegava ao fim, com a idade de vinte anos, o jovem noviço se apresentava munido de uma tigela de pedir esmola perante uma assembleia de dez monges que pronunciavam sua ordenação. Abandonando o sobrenome, o jovem se tornava então um "filho de Buda[6]". A data de seu novo "nascimento" era registrada porque, pelo menos nos primórdios da *Sangha*, o que estabelecia a hierarquia entre os monges era a data da ordenação. Durante dez anos, o jovem monge permanecia sob a tutela de seus dois padrinhos, antes de assumir o encargo, por sua vez, da formação de um noviço.

Decretada pelo mestre logo no início da *Sangha*, a obrigação dos monges de levar uma vida completamente itinerante já se desfez logo de início. Em primeiro lugar, porque a suspensão dos deslocamentos durante os três meses da monção se impunha do ponto de vista prático: todos os outros movimentos de ascetas faziam a mesma coisa. Em seguida, porque o estabelecimento progressivo dos *aramas* sedentarizou um pouco mais a comunidade.

De acordo com as diretrizes de Buda, a fixação dessas residências monásticas deveria responder a critérios extremamente precisos: perto de uma fonte de água, mas situadas em elevação para que não se inundassem, afastadas do barulho dos homens para favorecer a meditação, mas próximas a uma cidade para ser possível pedir esmolas, e, finalmente, visíveis de longe para poderem atrair devotos. É manifesto que os monges que fundaram Ajanta levaram perfeitamente em conta os critérios ditados pelo sábio; o mesmo vale para os outros mosteiros rupestres criados na mesma época nessa região do Deccan ocidental.

Por outro lado, é possível se surpreender com a quantidade de centros monásticos nessa pequena parte do subcontinente indiano: se nos debruçarmos sobre um mapa de locais budistas da Índia antiga, constatamos que a região de Ajanta – hoje o estado de Maharastra – encontra-se de fato a quase mil quilômetros de distância do vale do médio Ganges, onde a *Sangha* apareceu pela primeira vez. Este fenômeno na verdade está diretamente ligado à existência, na Índia antiga, de um grande eixo de comunicação que ligava as terras do Ganges à costa oeste do país. Essa rota transversal, na ocasião percorrida pelos *bhikkhus* missionários, era muito frequentada por mercadores que, como já vimos, estavam entre os primeiros promotores do budismo. Portanto, a fundação de mosteiros e santuários se multiplicou ao longo dessa rota de caravana e também em suas principais paradas, como atestam os grandes centros budistas de Bharut e de Sanchi. Sem o apoio dos mercadores, discípulos leigos exemplares e doadores ricos, a *Sangha* sem dúvida não teria tido expansão geográfica e desenvolvimento assim tão rápido.

Assim como aconteceu com os monges, a função e a disciplina dos fiéis leigos foram fixadas muito cedo pelo mestre. Os *upasakas* deviam se comprometer em seguir as cinco regras morais fundamentais: não matar seres vivos, não roubar, não se enfeitar de maneira luxuosa, não mentir, não absorver bebidas embriagantes. A luta contra as paixões e os vícios só era a primeira etapa no caminho da Iluminação, é verdade, mas era indispensável. Não esqueçamos que, segundo o budismo primitivo, as Quatro Nobres Verdades não se aplicavam diretamente aos leigos, e a busca do estado de *arahant* era privilégio apenas dos monges. Os *upasakas* só podiam esperar renascer, ao longo de suas vidas futuras, em um estado mais propício à Iluminação. Ao se conformar com essas regras morais, os discípulos leigos purificavam seu carma para se tornarem *bhikkhus* em uma existência ulterior. Posteriormente, o Mahayana viria a criticar o elitismo, até mesmo o egoísmo, do Caminho dos Antigos, e, para se diferenciar, o Grande Veículo daria ênfase ao ideal do bodisatva – ser desapegado de tudo e, por compaixão, renunciar a seu próprio nirvana para guiar seus semelhantes no caminho da Iluminação.

No início do budismo, os leigos se contentavam, portanto, em seguir os Cinco Preceitos que lhes permitiam se comprometer com sua libertação futura do *samsara*. Paralelamente a essas regras morais, que salientam a abstenção, a prática das virtudes ativas – generosidade, compaixão, desapego, controle de si mesmo e equanimidade – é vigorosamente recomendada, de modo que o fiel leigo é capaz de enfraquecer suas paixões e seus vícios ao cultivar precisamente as virtudes contrárias.

A ética budista não se baseia em obediência cega. Longe de ser dogmática, ela se apoia nos atos voluntários de cada um, cujos frutos podem se transformar em recompensa, para os melhores, ou em castigo, para os piores. Entre as práticas virtuosas ao alcance dos *upasakas*, dar esmola aos monges vem à mente. Ato primordial para quem deseja obter méritos, isso também produz resultados imediatos: em troca das oferendas, os *bhikkhus* de fato dão aos fiéis leigos um ensinamento, personalizado se necessário, que os ajuda a seguir e fortificar suas iniciativas. A relação entre leigos e religiosos, assim, baseia-se na oferenda recíproca, material para os primeiros, espiritual para os segundos.

Nessas condições, compreendemos por que os *vaishyas*, aqueles que pertencem à classe rica dos mercadores, seduziram-se pelo budismo com rapidez. Ao mesmo tempo em que o sistema bramânico só lhes conferia papel secundário, o budismo os colocava em pé de igualdade com as castas mais altas e, ao mesmo tempo, permitia que eles investissem seu dinheiro na perspectiva de uma espécie de "retorno do investimento" no domínio espiritual. Se acreditarmos na literatura canônica, Buda em pessoa teria se esforçado para ganhar a adesão dos mercadores ricos ao ter o cuidado de, por exemplo, dar-lhes conselhos específicos e bem precisos, como por exemplo conservar uma reserva de dinheiro para as urgências imprevistas, evitar o endividamento e ter prudência em seus investimentos. De maneira geral, o mestre não se incomodava nem um pouco em abordar as questões relativas ao dinheiro: assim, em um famoso sermão sobre a moral dos leigos, Buda explica que não se deve desperdiçar as riquezas com álcool, saídas noturnas ou jogos de azar.

Estabelecer o mais rápido possível relações claras e harmoniosas entre a *Sangha* e o poder temporal também foi uma das grandes preocupações de Buda. Formado em política e direito por conta de sua educação como *kshatriya*, de nobre guerreiro, Sakyamuni certamente tinha consciência de que, sem o apoio do poder em exercício, sua ordem monástica não teria outro futuro além de permanecer como pequena seita obscura entre tantas outras. Os laços privilegiados que estabeleceu com os dois maiores soberanos de seu tempo foram determinantes: eles forneciam, ao mesmo tempo, promoção e proteção à *Sangha*, na mesma medida em que eram fonte de oferendas materiais que não deviam ser negligenciadas. Ainda assim, nessa relação estreita, cada uma das partes sempre conservou sua independência. Apesar de o sábio às vezes ter exercido o papel de conselheiro junto aos reis Bimbisara e Prasenajit, eles permaneceram com o controle total no exercício de seu poder. De maneira inversa, a *Sangha* sempre conservou sua liberdade.

Na Índia, aliás, o budismo nunca realmente teve a pretensão de se tornar religião de Estado. Mesmo na época de seu apogeu, sob o reinado de Ashoka, não era questão impor a todos a doutrina de Buda. Uma inscrição descoberta no estado de Bihar é a melhor prova disso: por ela somos informados de que os mosteiros rupestres de Sudama e de Lomas Rishi foram escavados a pedido do imperador, com o objetivo de serem oferecidos a uma seita concorrente, a dos ajivikas. Do tempo dos Kushana, outros protetores do budismo, as moedas cunhadas pelos reis mostram Buda em coabitação com Zeus, Shiva e divindades persas. Posteriormente, sob o reino dos Gupta, que eram hindus, o budismo também não adotou postura de oponente oprimido ou vingativo. Em vez disso, a religião experimentou um formidável esplendor cultural: foi nessa época, por exemplo, que o mosteiro de Nalanda se tornou a maior universidade do mundo budista. Em vários locais religiosos, a exemplo das grutas de Ellora, os *bhikkhus* viviam junto com ascetas hindus e jainistas. Na história da relação entre o budismo e o poder temporal na Índia, apenas a dinastia dos Pala, que reinou do século VIII ao XII em Bengala, aparece como exceção pelo caráter mais exclusivo de sua adesão.

Apesar de o mestre não ter procurado impor sua doutrina como religião oficial – por intermédio dos soberanos com quem ele tinha travado relações excelentes –, ele sempre teve o cuidado, de maneira recíproca, de preservar a liberdade da *Sangha* perante o poder temporal. A ordem monástica primitiva se conformava a seu próprio regulamento e nada mais: os *bhikkhus*, aliás, não eram obrigados a seguir a lei secular em vigor no seio dos reinos em que viviam. Entre os elementos do cânone páli que atestam essa autonomia jurídica, podemos citar por exemplo a instrução dada por Bimbisara a seus oficiais para que não interviessem contra os monges budistas que tivessem comportamento fora das regras. Um outro caso menciona a história de uma mulher adúltera: condenada à morte por um conselho da tribo dos licchavis, ela fugiu para Sravasti, onde se tormou *bhikkhuni*. A partir de então, o rei de Kosala iria protegê-la das perseguições exigidas por seu marido.

Enfim, apesar de Buda ter estabelecido relações muito privilegiadas com as duas grandes potências monárquicas do vale do Ganges – Magada e Kosala –, nada indica que ele apreciasse particularmente esse tipo de regime político. Não é verdade que o mestre organizou a *Sangha* de acordo com o modelo das pequenas "repúblicas" aristocráticas – as *gana sanghas* ou "Assembleias dos Iguais" – que ele pôde estudar de muito perto durante sua juventude em Kapilavastu?

No âmbito do budismo antigo, não existia chefe único, a direção é colegial. Ela reúne monges idosos – que estavam na comunidade havia muito tempo – e monges que atingiram o estado de *arahant*. As decisões importantes, tomadas originalmente pela pequena comunidade monástica, mais tarde seriam confiadas a um conselho eleito em que cada membro tinha o direito de se exprimir. Não havia voto, mas a discussão durava até que se chegasse a um consenso, sendo que o silêncio geral valia a aquiescência.

Talvez por ter nascido *kshatriya* e ter sido educado como tal, Buda, em todo caso, revelou-se um "líder" sem comparação que soube rapidamente institucionalizar a organização e o desenvolvimento da comunidade budista como um todo. Apesar de a maior parte dos discursos dizerem respeito particular aos monges, o mestre não foi negligente em relação ao papel dos leigos no âmbito da *Sangha*. Sua vontade e capacidade de associar, desde a origem, os religiosos e os leigos no seio do mesmo movimento distinguem claramente a comunidade fundada por Sakyamuni das outras correntes de *shramanas* de sua época. Apesar de os *bhikkhus* compartilharem seu ideal de renúncia com vários outros ascetas, eles estabeleceram laços muito estreitos com os discípulos leigos. Esses laços não eram inconsequentes: mesmo quando o sábio ainda era vivo, os parques oferecidos à ordem se tornavam centros monásticos rudimentares, porém estáveis, regidos por regras cada vez mais precisas. De nômade, a *Sangha* vai se tornando progressivamente sedentária. E, de desprovida, vai se tornando cada vez mais rica... A partir do século I d.C., a ordem budista passou a ser proprietária de verdadeiros domínios que incluíam prédios, terras e escravos. Os mosteiros mais importantes recebiam oferendas tão substanciosas em natureza, mas também em ouro, que as centenas de *bhikkhus* que neles residiam já não precisavam mais sair para pedir seu alimento a cada manhã.

Os afrescos de Ajanta, executados entre os séculos I e VI, são testemunho desse "relaxamento" progressivo do budismo monacal. A austeridade do quadro de vida dos *bhikkhus*, considerada como necessária pelo mestre e imposta no seio das *viharas* durante vários séculos, visivelmente tinha perdido terreno: ao lado dos retratos de bodisatvas e das cenas da vida de Buda, é possível igualmente admirar nas paredes do mosteiro imagens sensuais e refinadas de mulheres que maquiam os lábios, dançarinas que balançam as ancas e músicos graciosos, assim como uma sucessão de cenas espalhafatosas que expõem com força total os detalhes da ostentação da vida principesca... Ao realizar essas obras-primas inestimáveis para a arte indiana, os *bhikkhus* de Ajanta nem podiam imaginar que estavam preparando armas para seus detratores: chegaria o dia em que os brâmanes não pensariam duas vezes antes de apontar o dedo para o luxo, se não a luxúria, que terminava por reinar ali e nos grandes mosteiros budistas da Índia. Essa crítica também faria parte dos motivos para a queda do budismo em seu país de origem.

Rivalidades

A difusão da Lei então se estendeu por toda a "Região do Meio¹", mas o sucesso da pregação de Buda se tornou tão deslumbrante que ele passou a despertar cada vez mais inveja. As rivalidades nasceram primeiro fora da *Sangha*, entre os outros responsáveis religiosos. Naquele momento, além dos brâmanes, outros *shramanas*, principalmente, começaram a se ressentir do renome do Tathagata.

Um certo dia, quando estava em Jetavana, perto de Sravasti, Buda foi informado de que tinha sido convidado a debater publicamente com seis mestres de doutrinas rivais, todos "idosos e veneráveis[2]". O rei de Kosala em pessoa, Prasenajit, tinha aceitado arbitrar o debate entre os líderes espirituais. Uma ampla sala de audiência chegou até a ser erguida especialmente para o confronto, em terreno neutro, em algum lugar a oeste da rota que ligava o *arama* à capital do reino.

O público se apertou para assistir ao evento. Pela eloquência de seu discurso, Buda se sobressaiu com facilidade perante seus concorrentes; mas as lendas informam também que, para maravilhar o público um pouco mais, ele fez aparecer de repente uma mangueira magnífica. Em apenas alguns segundos, a árvore se ergueu até o céu... Depois, enquanto o vento e a chuva castigavam seus rivais sem sorte, o Afortunado emitiu raios de luz e jatos d'água.

A partir de então, os habitantes de Sravasti ficaram mais convencidos do que nunca da superioridade de Buda. Seus concorrentes logo se reduziram a dirigir-se aos passantes quando iam à cidade pedir comida: "Então agora é assim, apenas o *shramana* Gautama é Clarividente? Nós também somos Clarividentes. Apenas as oferendas apresentadas a ele geram mérito? As que nos são ofertadas também geram grandes méritos. Vamos, deem esmola para nós[3]!".

Para afastar aquele que os privara a partir de então de qualquer "benefício e honra[4]", alguns dos adversários do Tathagata resolveram recorrer a estratagemas menos recomendáveis do que o simples confronto "com as armas da língua[5]". Foi assim que os líderes de uma seita de errantes colocaram em prática um estratagema sombrio com o intuito de comprometer para sempre a reputação de Sakyamuni. Para alcançar seu objetivo, eles convenceram uma de suas jovens adeptas, Cinca, a representar um papel...

Quando Buda estava fixado em Jetavana, discípulos leigos iam até lá com frequência para louvá-lo. No fim da tarde, de acordo com o hábito, todos tomavam o rumo de Sravasti para poder voltar para casa antes de escurecer. Um dia, o pequeno grupo de fiéis estava voltando quando se deparou no caminho com uma mulher tão linda como uma ninfa celestial. "Especialista nos artifícios das mulheres[6]", Cinca passara muito tempo se arrumando e se perfumando. Além disso, escolheu usar um vestido vermelho chamativo para ter certeza de que não passaria despercebida. Os *upasakas* ficaram surpresos e até mesmo muito curiosos de ver aquela beleza estonteante dirigindo-se para o *arama* de seu mestre.

No dia seguinte, ao amanhecer, outros adeptos vindos da cidade para visitar Buda cruzaram com a moça deslumbrante... De manhã e de noite, a misteriosa Cinca continuou cruzando com os fiéis leigos na contramão, nas proximidades do *arama*... Depois de algumas semanas, um homem finalmente teve a ousadia de interpelar Cinca a respeito de suas idas e vindas estranhas, e ela respondeu, mais ou menos dando risada: "Eu dormi em Jetavana com o *shramana* Gautama em sua cela particular[7]".

Depois de oito ou nove meses, a moça se apresentou no *arama* de Jetavana no momento em que Buda estava dando um sermão perante uma extensa assembleia de fiéis. Cinca não hesitou em interromper o mestre para interpelá-lo. Na frente dos discípulos estupefatos, ela declarou estar grávida e repreendeu o Afortunado por tê-la abandonado à própria sorte quando estava prestes a dar à luz. "Você sabe muito bem fazer amor, mas não sabe lidar com as consequências", ela afirmou de maneira grosseira, "igual a uma pessoa que tenta sujar o disco da lua com um punhado de lixo[8]." O Tathagata permaneceu impassível. Um silêncio pesado se instalou entre os membros da assembleia quando de repente um ruído enorme se fez ouvir: Cinca tinha escondido embaixo do vestido uma travessa grande de madeira que acabava de cair no chão. Para que a verdade triunfasse, os deuses vieram em auxílio de Buda: transformados em ratinhos, eles soltaram com discrição as amarras que seguravam a travessa na barriga da intrigante. Desmascarada, fugindo imediatamente do *arama* de Jetavana, sob gritos e cusparadas da multidão, a jovem *shramana* se jogou no buraco mais fundo na terra que se abriu sob seus pés...

Com a falha do truque, as seitas rivais logo elaboraram um novo estratagema para eliminar Buda. Desta vez foi Sundari, "a bela", a pessoa utilizada para comprometê-lo. O cenário inicial era exatamente o mesmo da ocasião anterior; o ato final, ainda mais terrível: o cadáver da jovem noviça foi encontrado certa manhã, escondido embaixo de um monte de guirlandas de flores espalhadas nas proximidades da cabana do Afortunado. Os mestres *shramanas*, que haviam pagado bandoleiros para assassinar a moça, denunciaram então a cegueira dos discípulos de Gautama que, para esconder a devassidão do mestre, sem dúvida tinham achado de bom-tom eliminar sua jovem amante. A menos que tivesse sido o próprio Sakyamuni a cometer o ato... As acusações foram por água abaixo quando os criminosos foram gastar seu pagamento em uma taverna muito movimentada da cidade: totalmente bêbados, eles começaram a relatar todos os detalhes do assassinato. Informada rapidamente por testemunhas, a polícia prendeu os homens que cometeram o crime e os que o encomendaram. A reputação de Buda permaneceu imaculada.

Mas a inveja e o ódio não pararam de se manifestar. Trinta e sete anos depois da Iluminação, de acordo com algumas lendas, eis que esses sentimentos contaminaram o interior da *Sangha*. Tomando os traços de uma verdadeira luta de poder, ela se revelou ao mesmo tempo virulenta e nefasta. Já com mais de setenta anos, Buda agora era um senhor de idade enfraquecido. Devadatta, que sempre tinha tido inveja dele, desde a juventude em Kapilavastu, estava muito determinado a se aproveitar da situação... Carcomido por décadas de ambição recalcada, ávido por honrarias e também ganhos materiais, Devadatta primeiro deu um jeito de se aproximar do herdeiro do trono de Magada. Tão idoso como seu amigo Buda, Bimbisara dedicava toda a sua atenção ao filho Ajatasatru, "aquele cujo inimigo não nasceu". Mas, por força das demonstrações de seus poderes mágicos, o *bhikkhu* conseguiu conquistar enorme domínio sobre Ajatasatru. Sorrateiramente, conseguiu até convencer o príncipe a tomar o poder sem mais espera. Depois de jogar Bimbisara na prisão, Ajatasatru subiu ao trono. Enquanto o pai morria de fome em sua cela, o jovem soberano se mostrava muito generoso para com o monge Devadatta, que tanto admirava. Seu *entourage* e em seguida todos os moradores da capital de Magada logo passaram a imitar a atitude de seu novo rei, e Devadatta viu seu orgulho inflar...

Depois de neutralizar Bimbisara, o grande protetor de Sakyamuni, o monge vaidoso tentou se impor à frente da *Sangha*. Na ocasião de uma grande reunião monástica, o *bhikkhu*, mencionando a idade avançada e o cansaço de Buda, declarou-se pronto a tomar o lugar do mestre. O Tathagata recusou sua proposta com firmeza, e Devadatta abandonou a assembleia com a cabeça baixa. "Colérico e humilhado[9]", ele não desistiu, mesmo assim, de seu projeto. Ao contrário, ficou mais determinado do que nunca. O pérfido Devadatta decidiu simplesmente eliminar aquele que incomodava sua ascensão: tramou um plano para assassinar Buda.

O jovem rei de Magada forneceu a ele arqueiros excelentes para montar uma emboscada. No entanto, no dia em que os atiradores deviam entrar em ação, seus braços se recusaram a obedecer... Subjugados pelo Afortunado, todos se converteram à Lei.

Decepcionado, o monge percebeu que precisava agir sozinho para levar a cabo seu projeto infame. Um dia, quando Buda estava meditando como de costume no Pico dos abutres, Devadatta fez uma rocha enorme rolar do alto, em sua direção. Descendo aos saltos pela encosta, a pedra por pouco não acertou Buda, que terminou com um ferimento no pé. De volta ao *arama*, enquanto o fiel Ananda permanecia a sua cabeceira para cuidar dele, Sakyamuni escutava a ladainha incessante dos monges que davam voltas sem parar ao redor de sua cela, orando para que sua vida fosse protegida. O mestre lhes disse: "É impossível, *bhikkhus*, é impossível que alguém consiga tirar a vida do Tathagata por meio da violência. Quando os Budas atingem o nirvana final, não pode ser por causa da violência de uma pessoa. Retornem às celas de vocês, *bhikkhus*, o Tathagata não precisa de proteção[10]".

Devadatta teve então outra ideia. Certa manhã, mandou soltar um elefante bêbado nas ruelas da capital de Magada, no momento em que Buda estava fazendo seu circuito de mendicância. O animal estava incontrolável e todo mundo fugia berrando para não ser pisoteado. Mas o paquiderme irascível de repente se acalmou quando ficou de frente para o sábio. O elefante colocou um joelho no solo e o cumprimentou com respeito: ele "tirou a poeira dos pés do Afortunado com sua tromba e a colocou na própria testa, depois se retirou de marcha a ré enquanto o mestre estava em seu campo de visão[11]". Em seguida, o animal retornou docilmente a seu estábulo.

Ao testemunhar o acontecimento extraordinário, os habitantes de Rajagrha logo ficaram sabendo que aquela tinha sido uma tentativa de assassinato encomendada por Devadatta. Confiando na atitude do elefante, animal venerado por todos, os cidadãos resolveram não fazer mais oferendas para o monge pérfido.

Apesar das derrotas sucessivas, Devadatta não se deu por vencido. Ele já tinha conquistado um grupo de monges simpáticos a sua causa no âmbito da *Sangha*. Confiante nessa influência, resolveu provocar um verdadeiro cisma no seio da *Sangha*.

Com esse objetivo, ele elaborou cinco regras de disciplina cujo rigor ia de encontro direto com a suavidade daquela habitualmente pregada por Buda: os *bhikkhus* jamais deviam aceitar convites de leigos; eles não deviam passar a temporada de chuvas em um *arama*, mas sim no meio da floresta, a céu aberto; deviam usar apenas vestes velhas; e precisavam seguir regime alimentar exclusivamente vegetariano.

Quando Devadatta foi submeter suas novas regras à aprovação de Buda, argumentou que era urgente para os *bhikkhus* renovarem o ideal do ascetismo ao se entregarem a um modo de vida bem mais rigoroso. Como o rival de Buda tinha previsto, e para sua grande satisfação, Buda rejeitou sua iniciativa, alegando que a imposição dessas regras seria contrária ao espírito da *Sangha*. Devadatta começou então, por sua vez, a denunciar, em todos os lugares, o relaxamento e a corrupção moral do "asceta Gautama[12]"... que ele já não podia mais considerar como seu mestre. Levando consigo quinhentos jovens monges recrutados havia pouco tempo em Vaisali, assim como algumas monjas (de acordo com certas lendas), Devadatta partiu para se instalar em um eremitério chamado Gayasisa, nas proximidades de Rajagrha: o cisma da *Sangha* estava consumado.

Com o consentimento de Sakyamuni, os monges Sariputta e Moggallana logo se dirigiram a Gayasisa. Devadatta ficou muito feliz ao vê-los chegar: cegado por seu orgulho, ele se convenceu de que os dois grandes discípulos de Buda o tinham abandonado para se juntar a sua própria comunidade. Que vitória! Os dois *bhikkhus* tomaram o cuidado de enganá-lo. Quando a noite caiu, Devadatta deixou Sariputta e Moggallana conversando na companhia de seus quinhentos recrutas e foi se deitar tranquilo.

No dia seguinte, ao amanhecer, uma surpresa o aguardava: todos os seus fiéis tinham desaparecido! Aproveitando o sono dele, os dois emissários de Buda tinham conseguido fazer com que os quinhentos jovens ascetas se voltassem para a Lei e todos partiram para se unir ao Afortunado. Devadatta ficou embriagado de cólera: sua ira era tamanha que um jorro de sangue quente espirrou de sua boca e de suas narinas.

Depois de confessar sua falta, assim que chegaram, os jovens monges desviados logo reencontraram seu lugar no seio da *Sangha*. Buda, que insistiu apenas na gravidade do erro que haviam cometido, não pronunciou nenhuma sanção ao se encontrar com eles. Em seguida, o Iluminado deu aos *bhikkhus* um ensinamento a respeito do caráter particularmente nefasto de Devadatta, que estava destinado a "morrer de maneira miserável[13]". Um pouco mais tarde, o velho barbeiro Upali, que ao longo dos anos tinha se tornado o discípulo mais versado em matéria dos regulamentos monásticos, questionaria Sakyamuni longamente a respeito do perigo do cisma.

As tramoias sombrias dos líderes das seitas rivais não foram, no fim, nada em comparação com os planos maquiavélicos de Devadatta, o *bhikkhu* "cheio de vícios e de crimes[14]": mas não é verdade que o adversário mais perigoso sempre se esconde em suas próprias fileiras?

Semelhanças perturbadoras

Para favorecer as conversões, impor-se perante a concorrência ou simplesmente fortalecer a fé dos fiéis, as religiões (e não só na Índia) às vezes trazem à tona fenômenos milagrosos. Mas, para alcançar seus objetivos, acontece que elas também se apropriam de relatos edificantes tirados de outros lugares... É por isso que, desde o século XVI, Barlaam e Joasaph se encontram inscritos na lista romana de mártires com a data de 27 de novembro. Homenageados pelas igrejas ortodoxas no dia 26 de agosto, esses dois personagens misteriosos são também conhecidos dos muçulmanos com o nome de Bodhasaph e Bilawahr.

Durante a Idade Média, a história dos santos Barlaam e Joasaph era um relato extremamente popular por toda a Europa. Todos os cristãos da época admiravam o destino exemplar de Joasaph, o jovem príncipe em busca da verdade...
De acordo com a lenda, no dia de seu nascimento, um astrólogo teria feito a previsão a seu pai, o rei Abener, de que o herdeiro do trono um dia iria abraçar a fé cristã e abandonaria o poder temporal para se dedicar inteiramente a Deus. Para afastar a previsão, Abener, que era idólatra, resolveu criar o príncipe em um palácio luxuoso, protegido de qualquer contato com o mundo exterior. Os anos se passaram. Joasaph já era rapaz quando conseguiu convencer o pai a permitir que desse um passeio fora do cerco do palácio. O príncipe então teve três encontros decisivos: com um leproso, com um cego e com um velho. Ele percebeu, de maneira brutal, que o homem está sujeito à doença e ao sofrimento e que ninguém pode escapar da morte... Pouco tempo depois, o asceta Barlaam, que ficou sabendo do destino excepcional do príncipe por meio de revelação divina, foi visitá-lo no palácio, disfarçado de mercador. Ele revelou a Joasaph a existência de Cristo. Instantaneamente tocado pela graça, o príncipe pediu para

ser batizado. Como Barlaam já tinha retornado para a solidão de seu eremitério, o rei tentou desviar o filho do cristianismo por todos os meios. Mas tudo foi em vão. Inabalável em sua fé, o príncipe conseguiu converter até Abener à nova doutrina religiosa. Pouco depois, seu pai morreu e Joasaph renunciou definitivamente à vida mundana para viver como asceta, ao lado de Barlaam, no deserto, em contemplação.

A origem desta lenda durante muito tempo foi atribuída a são João Damasceno, que viveu no século VIII. De acordo com as evidências, no entanto, esta história não passa de uma transmutação surpreendente – um avatar, como diriam na Índia – da juventude lendária do Buda Sakyamuni, adaptada à fé cristã. De fato, fica atestado que a biografia tradicional do sábio indiano foi retomada pelos cristãos do Oriente: não é verdade que este relato particularmente edificante servia para favorecer conversões?

Mas como foi que essa história de origem indiana se difundiu no Ocidente? Da mesma maneira como as especiarias e as sedas foram transportadas pelas caravanas, os contos e as lendas que circulavam eram transmitidos nos bazares situados ao longo das rotas comerciais que ligavam a Ásia e a Europa. Se acreditarmos nos filólogos, a história de Barlaam e Joasaph teria sido transmitida pelos ismaelitas a partir da língua persa, em uma parte derivada de uma tradução em árabe e em outra de uma tradução georgiana do século VII, depois em grego no século X e, a partir daí, em diversas outras línguas: versões latinas, e também etíopes e armênias, ou ainda islandesas seriam encontradas da mesma maneira. No século XIII, uma adaptação em hebraico teria vindo à tona.

Deste modo, desde a Idade Média – vários séculos antes da "descoberta" do budismo pelos pesquisadores – o público europeu já tinha conhecimento do relato tradicional da vida de seu fundador por meio da história de Barlaam e Joasaph... mas sem ter consciência disto e nem mesmo desconfiar do fato. A partir do século XIII, os ocidentais, no entanto, passaram a dispor de um testemunho que poderia servir para fazer a relação, já que Marco Polo tinha, de fato, trazido do Ceilão um relato sobre a juventude de Buda: os habitantes da ilha "lhe dão o nome de Sargamonym Borcam. Dizem que ele foi o melhor homem do mundo e que foi um santo a seu modo. De acordo com o que diziam, ele era filho de um de seus reis, era rico, mas levava uma vida tão pura que não queria se apegar a nada de mundano, nem queria ser rei. [...] O pai ficou muito consternado. [...] Resolveu então mandar construir um lindo palácio e colocar seu filho lá dentro, onde era servido por várias moças, as mais lindas que se pode ver. [...]. Mas não adiantou nada, porque o filho dizia que queria sair à procura daquele que não morreria jamais e que sabia muito bem que todos os seres deste mundo precisam morrer, velhos ou jovens, e que isto nunca iria mudar. Certa noite, ele saiu discretamente de seu palácio, foi até montanhas altas e muito afastadas e começou a viver lá, praticando a virtude; ele levava uma vida muito rude, era muito abstinente, como se fosse cristão [...][1]".

Mas o paralelo entre as duas histórias nunca foi descoberto; ninguém nunca suspeitou. Foi necessário chegar à metade do século XIX para que Joasaph fosse enfim "desmascarado" pelos intelectuais: a leitura comparada da lenda cristã e do *Lalitavistara*, traduzido havia pouco, não podia deixar nenhuma dúvida a respeito da origem do personagem... No entanto, até hoje, uma relíquia do santo é conservada na igreja de santo André de Anvers.

Apesar de os indianistas ocidentais do século XIX terem sido brilhantes ao identificar Sidarta Gautama por baixo dos traços de Joasaph, por outro lado enganaram-se em relação a uma outra abordagem da identidade: de fato, os intelectuais passaram muito tempo achando que Buda e Mahavira, fundador do jainismo, eram um mesmo e único personagem. Na verdade, os pontos comuns e os traços de semelhança entre as biografias dos dois mestres espirituais indianos, tais como narrados por suas respectivas tradições – cada um dos dois conta com literatura muito extensa –, são mais do que perturbadores...

Apresentado como contemporâneo de Buda, Mahavira, o "Grande Herói", teria nascido também com o nome de Vardhamana, no seio de uma *gana sangha* do Nordeste da Índia. Chamada de Kundagrama e situada perto de Vaisali, a pequena "república" tribal onde ele foi criado era dirigida por seu pai, que tinha o nome de... Sidarta. Assim como Sakyamuni, o futuro chefe espiritual dos jainistas pertencia, portanto, à classe dos guerreiros *kshatriya*. Criado em meio ao luxo e em uma atmosfera principesca, ele recebeu educação específica, com o intuito de fazer dele um soberano perfeito. A tradição jainista também adora mencionar como o jovem príncipe Vardhamana impressionava aqueles que o rodeavam com seus incontáveis talentos, sua inteligência e sua valentia. Mas, com trinta anos de idade, quando já estava casado e era pai de família, o rapaz renunciou a sua vida mundana: abandonou todos os bens e a família para levar a vida de asceta errante e descobrir a verdade máxima. Ele logo se livrou de todas as suas vestes e passou a seguir nu pelas estradas, apenas "vestido de espaço". Ao término de doze anos de busca espiritual dificultosa, durante os quais ele praticou diversas austeridades, finalmente alcançou, um dia, o conhecimento supremo, ao meditar embaixo de uma árvore: definitivamente libertado das correntes de seu carma e do *samsara*, ele se transformou em *Jina*, um "Vitorioso". Durante os trinta anos seguintes, Mahavira se dedicou à propagação de sua doutrina, essencialmente no âmbito dos grandes reinos do vale do Ganges. Sem deixar de lado suas penitências e suas meditações, ele organizou a comunidade jainista em quatro grandes ordens: a dos monges, a das monjas e a dos homens e mulheres que são discípulos leigos. O "Grande Herói" teria morrido aos 72 anos, ou seja, uma idade muito avançada para sua época, em Pava – no atual estado do Bihar.

As semelhanças surpreendentes entre os dois mestres espirituais indianos não terminam no relato sobre suas vidas. As doutrinas de Mahavira e de Sakyamuni também comportam numerosos pontos de convergência... Assim como o budismo, o jainismo não prega a glorificação de um deus absoluto, criador do universo. Ele se apresenta como um caminho para a salvação que não é teísta. Constituindo-se contra o poder dos brâmanes e a hierarquia das castas, o jainismo também não reconhece o Veda como sendo autoridade em matéria religiosa. De acordo com Mahavira, todos os homens têm o chamado para se libertar do ciclo das reencarnações e se tornar um *Jina*. Com esse objetivo, ele deve renunciar ao mundo para seguir um caminho que se baseia nas Três Joias – a fé correta, o conhecimento correto e a conduta correta. A conclusão é a seguinte: assim como no budismo, a ética ocupa um lugar essencial no jainismo. Ao rejeitar com a mesma firmeza os rituais sanguinolentos que ainda eram operados pelos brâmanes conservadores, o "Grande Herói" dava ênfase à compaixão.

Um outro traço de semelhança entre os jainismo e o budismo reside nos nomes que os discípulos de Mahavira atribuíram a seu mestre: Tathagata, *arahant* e Buda fazem parte dos epítetos de Vardhamana. Da mesma maneira, a ordem monástica jainista também recebe a denominação de *Sangha*.

Épocas, lugares, castas, etapas importantes da existência, doutrinas, títulos, números simbólicos... Que conclusão podemos tirar deste conjunto de semelhanças que une os dois sábios indianos? Identificação, plágio, influência ou simples coincidência? Que ligação realmente existiu entre o fundador do budismo e o do jainismo?

As semelhanças são, com efeito, tão numerosas e impressionantes que os intelectuais europeus do século XIX no início acreditaram que os dois na verdade seriam a manifestação de um único personagem – mítico ou histórico – que teria sido interpretado de maneiras diferentes por duas tradições religiosas distintas. Em um segundo momento, grandes indianistas, como Horace Hayman Wilson ou Christian Lassen, consideraram o jainismo como uma simples ramificação do budismo: a doutrina de Mahavira só teria aparecido bem depois, vários séculos após a existência de Sakyamuni. Mas esta tese estava longe de ganhar unanimidade entre os especialistas.

Finalmente, em 1884, os trabalhos de Hermann Jacobi estabeleceram de modo indiscutível a existência independente dos dois movimentos religiosos e contestaram os argumentos contrários que ainda pesavam sobre o jainismo. De lá para cá, outros trabalhos surgiram para confrontar a existência histórica da ordem jainista, e também a de seu fundador.

Hoje já não existe mais nenhuma dúvida de que Mahavira é um personagem histórico totalmente à parte. Apesar de os especialistas não entrarem em acordo em relação às datas exatas de sua existência – seu nascimento está fixado em 599 a.C. pela tradição jainista –, estima-se que ele tenha sido contemporâneo de Buda. Está igualmente estabelecido que ele nasceu em uma pequena "república" tribal do Nordeste da Índia e que pertencia à casta dos nobres guerreiros. Os traços de semelhança entre o perfil dos dois grandes sábios indianos revelam uma coincidência histórica e geográfica que não tem, no geral, nada de surpreendente: ela se inscreve no quadro da "revolução religiosa" que agitou o vale do Ganges na época. No que diz respeito às analogias que permeiam os relatos da vida dos dois, não podemos excluir, sem dúvida, a possibilidade de os narradores das duas tradições terem tomado emprestados grandes modelos "arquetípicos" da cultura indiana – como já discutimos anteriormente. Entre os exemplos estão a renúncia à vida luxuosa de príncipe e a revelação adquirida embaixo de uma árvore. Em relação aos títulos honoríficos que o fundador do jainismo às vezes compartilha com Buda, eles eram igualmente usados no âmbito de outras seitas da Índia antiga e não serviriam para constituir uma prova que negasse a existência de Mahavira. Finalmente, o budismo nunca teve exclusividade sobre o termo *sangha*, que significa, literalmente, em sânscrito, "conjunto".

Além disso, também já foi atestado que a religião jainista não deriva de uma ramificação do budismo. O estudo da literatura jainista revelou que a doutrina de Mahavira encontra, ao contrário, sua origem em um passado bem mais antigo que o de Sakyamuni: apesar de Vardhamana ser considerado o fundador histórico da ordem de ascetas dos jainistas, também se atesta que ele foi o reformador de uma longa tradição religiosa pré-existente. O jainismo, que reivindica 23 guias espirituais antes do "Grande Herói", faz com que sua fundação remonte a um período bem anterior à chegada dos arianos à Índia. Entre esta longa linhagem de mestres espirituais, os historiadores concordam em reconhecer a existência de Parshvanatha, o 23º Tirthankara ou "Atravessador de Vau", que viveu no início do século VIII a.C. Outros elementos históricos tendem a provar também a existência do 22º guia, Neminatha. Por outro lado, o número total de tirthankaras permanece sujeito a cautela: se considerarmos que um antigo texto budista redigido em páli chamado *Budavamsa* reivindica a existência de 24 budas, o número talvez tenha apenas significado simbólico.

Seja como for, Mahavira, que foi declarado o 24º e último "Atravessador de Vau" quando ainda estava vivo, sem dúvida reformou a doutrina legada por seu predecessor (ou seus predecessores). O exame dos textos jainistas mostra que os ensinamentos permanecem muito próximos dos de Parshvanatha, mas que trazem um sopro novo ao fazer, principalmente, com que a disciplina e a ética jainistas sejam ainda mais rigorosas. Mahavira colocou a compaixão e o princípio da não violência, ou *ahimsa*, no núcleo de seu ensinamento. Seus discípulos deviam se comprometer a não ser violentos – fosse pelo pensamento, pela palavra ou pelo corpo. E, em cada um dos casos, essa violência não devia ser cometida pessoalmente nem encomendada a outros; não se podia nem mesmo ser um simples cúmplice. Como não se aplica unicamente em relação aos seres humanos, mas sim a todos os seres vivos, a não violência é absoluta. De acordo com essa perspectiva, o vegetarianismo mais restrito, que inclui a proibição de comer raízes, é tomado como modelo. É por isso também que os monges jainistas agitam uma vassoura a sua frente, para não pisar em um inseto ao andar, e usam uma máscara de tule branco, para não engolir uma mosca. O ascetismo e o jejum (que pode até levar à morte), considerados como meios de "neutralizar" o carma ruim que mantém o *atmã* prisioneiro das reencarnações, constituem as práticas essenciais no âmbito do jainismo.

Contrariamente a seus predecessores de meados do século XIX, os especialistas em religiões indianas hoje consideram que, em virtude de sua datação antiga e de seu radicalismo, foi o jainismo que exerceu influência sobre o budismo, e não o inverso. Tirando suas diferenças irredutíveis – especialmente a respeito da existência da "alma" –, que permitem dar crédito a sua existência independente, as diversas coincidências entre as duas doutrinas poderiam ser explicadas por meio da adoção de alguns preceitos morais jainistas pelo budismo. O ponto principal é que os adeptos de Buda adotaram a exigência da não violência e da compaixão absoluta, que é fundamento da ética do jainismo. Em relação a este ponto, os preceitos de Mahavira de fato ultrapassam, de maneira inegável, as prescrições iniciais de Sakyamuni: apesar de este último também se opor aos sacrifícios ritualísticos de animais herdados do vedismo, os textos indicam que ele demonstrava prova de tolerância em relação ao consumo da carne.

No entanto, é preciso lembrar também que o bramanismo não ignorava este novo valor: assim, encontram-se nos *Upanixades* especulações a respeito da não violência e até apelos para que se rejeitem todos os sacrifícios sangrentos, destinados aos renunciantes. Então, a que devemos realmente o surgimento da ideia de não violência universal na Índia antiga? Entre o bramanismo e o jainismo, é difícil decidir. Se Buda provavelmente não foi quem inaugurou a ideia original, parece evidente, por outro lado, que esse conceito ético importante, que aparece como "revolução" na história da humanidade, surgiu pela primeira vez no âmbito da civilização indiana – em detrimento de pensadores ocidentais como René Girard, que atribui apenas ao cristianismo a rejeição ao sacrifício do "bode expiatório[2]" e a instauração da não violência.

A imitação relativa do jainismo pelo budismo encontra, talvez, em parte sua explicação no fato de que a ordem monástica dirigida por Mahavira representava o rival mais sério da *Sangha* fundada por Sakyamuni. Além dos movimentos dos *shramanas*, como já sabemos, o bramanismo acabaria por se revelar, sob os traços do hinduísmo, como o adversário mais perigoso do budismo. Mas, na época da comunidade budista primitiva, eles conviveram com serenidade: apesar de as escrituras antigas informarem que Sakyamuni de vez em quando criticava os brâmanes, isso não impedia que eles fossem engrossar as fileiras da *Sangha* em grande número.

Entre todos os movimentos dos *shramanas* que existiam por volta do século VI a.C., o jainismo constituía a ameaça mais séria ao budismo, que surgira havia pouco tempo. De fato, é possível concluir a partir do exame de textos de diversas tradições religiosas indianas que a ordem dos jainistas contava com imenso respeito no seio da população. A austeridade e o rigor moral dos monges jainistas recebiam a admiração do povo e também das classes dominantes da sociedade, dos brâmanes e dos soberanos *kshatriya*. Tanto que, se acreditarmos nas escrituras jainistas, o soberano de Magada, o famoso Bimbisara, teria chegado a se converter à doutrina de Mahavira. Apesar de ser impossível compartilhar as reivindicações das duas tradições religiosas, essa afirmação pode, na realidade, ser uma ilustração suplementar do fato de que o fenômeno de conversão não tinha caráter verdadeiramente exclusivo na Índia antiga.

A tradição jainista dá conta igualmente de que, quando Mahavira morreu, a ordem que ele fundara em vida contava com várias dezenas de milhares de religiosos em suas fileiras – e com um número ainda maior de discípulos leigos. Com 36 mil monjas e trezentas mil discípulas leigas, as mulheres formavam a ampla maioria do grupo. Esses números, que não podem ser verificados, são sem dúvida exagerados. Mas os especialistas concordam em estimar que a comunidade jainista constituía, no tempo de Buda, uma das seitas mais importantes e mais bem organizadas em existência. Será que Sakyamuni teria imitado o exemplo de seu "falso irmão" quando decidiu fundar a ordem das *bhikkhunis*? Não há como saber.

As escrituras budistas mencionam Mahavira várias vezes, sob o nome de Nigantha Nataputta, ou "o filho da família Nata, adepta das 'correntes soltas'". A tradição jainista, por sua vez, também identifica Buda e o apresenta como adversário nada deplorável, sob o nome de "*shramana* Gautama". Mas nenhum texto menciona qualquer conversa entre os dois mestres espirituais, menos ainda um confronto em debate público. Por outro lado, o cânone páli relata diversas visitas de discípulos importantes de Mahavira a Buda. Obviamente, o texto relata que Buda sempre consegue convencê-los da superioridade de sua doutrina: por meio de demonstrações lógicas, o sábio consegue provar aos adeptos do "Grande Herói" que o caminho do meio é mais razoável do que o ascetismo extremo, porque o arrependimento pode "reaver" uma ação ruim. E mesmo quando não se convencem, os monges jainistas se mostram muito impressionados com o ensinamento de Sakyamuni: "O *shramana* Gautama é astucioso, ele conhece a maneira de seduzir os adeptos das outras escolas[3]", teria informado o monge Dighatapassin a Mahavira, seu mestre.

Independentemente de esses encontros realmente terem ocorrido ou não, a própria relação desses longos diálogos nas escrituras budistas permite pensar que os discípulos de Buda devem ter sentido a necessidade de conservar para o futuro, de maneira preciosa, argumentos dialéticos que permitissem a eles contra-atacar os jainistas de maneira eficaz.

Se tivesse vivido antes, Kautilya, o famoso brâmane que, de acordo com a tradição, foi o conselheiro do imperador Ashoka, certamente teria chamado a atenção de Buda para a vigilância estreita que um dirigente deve exercer sem cessar sobre seus rivais em potencial, e isso vale tanto para as pessoas pertencentes a seu próprio grupo quanto para as de fora. Talvez assim o pérfido Devadatta pudesse ter sido desmascarado mais cedo e o primeiro cisma da *Sangha* pudesse ter sido evitado... Mas, do ponto de vista da história, parece que, entre todos os rivais contemporâneos que Buda teve, o mais plausível não foi o *bhikkhu* sombrio, mas sim o sábio Mahavira. A prova máxima de que ele representava o adversário mais sério de Sakyamuni reside na simples constatação de que o jainismo seria, junto com o budismo, o único movimento sectário da Índia antiga que daria origem posteriormente a uma religião totalmente à parte, verdadeiramente distinta do hinduísmo, capaz de se manter até nossos dias. Claro que, de acordo com o testemunho de Huan Tsang, a seita fundada pelo separatista Devadatta se perpetuou até pelo menos o século VII: o peregrino chinês menciona, de fato, a existência de discípulos de Devadatta instalados em três mosteiros de Bengala. Ainda assim, a ordem fundada pelo *bhikkhu* renegado terminou por desaparecer. O mesmo vale para a seita dos fatalistas Ajivikas. Esta, de acordo com várias fontes, era relativamente importante na época de Sakyamuni e suscitava muitas críticas da parte tanto dos jainistas quanto dos budistas. Mas, apesar de ter conseguido perdurar até o século XIV, ela terminou por recair no esquecimento completo.

No entanto, a não violência absoluta e o ascetismo radical pregados por Mahavira fizeram do jainismo uma religião infinitamente menos popular do que o budismo: seu caráter extremamente exigente constituiu um dos principais freios a seu desenvolvimento. Com o passar dos séculos, o jainismo permaneceu minoritário na Índia e, hoje, conta com apenas dez milhões de adeptos em uma população de mais de um bilhão de habitantes. Ainda assim, se levarmos em consideração o fato de que o jainismo representa a religião de ascetismo mais severo do mundo, sua sobrevivência na Índia contemporânea não deixa de ser uma espécie de milagre. No fundo, as duas grandes correntes de *shramanas* rivais da Índia antiga tiveram seu destino cruzado: apesar de sempre ter tido apenas um pequeno círculo de fiéis, o jainismo não experimentou o declínio terrível que acometeu o budismo em seu país de origem; da mesma maneira que nunca deixou de exercer grande influência na Índia. Basta dizer que Mahatma Gandhi utilizou muito o legado de Mahavira para elaborar sua política de não violência durante a luta pela independência. E a comunidade jainista teve, e ainda tem, papel incontestável na decolagem econômica fulgurante do país no início do século XXI.

Mas apesar de o jainismo ter conseguido atravessar os séculos devido a seu caráter elitista, ele nunca se difundiu além da Índia – ao contrário da doutrina de Sakyamuni. Isso porque o caminho de Buda carregava uma dimensão excepcional que lhe permitiu assegurar o seu futuro e a sua notoriedade além das fronteiras do mundo indiano: acessível a todos e ao mesmo tempo prosélito, o budismo representa a primeira religião com vocação universal da história. E, assim, ele iria se transformar em mensageiro da não violência indiana no resto do mundo.

Extinção

Quase 45 anos tinham se passado desde a Iluminação. Buda, que chegara ao crepúsculo de seus oitenta anos, sabia que não lhe restava muito tempo a viver entre os homens e que sua missão estava chegando ao fim.

Apesar de a pregação da Lei ter tido enorme sucesso com o passar do tempo, ainda assim o velho mestre teve momentos especialmente dolorosos durante seus últimos anos. Claro que Ajatasatru finalmente se desvencilhou de Devadatta. O jovem soberano do reino de Magada foi até ele para confessar seu remorso por ter maltratado seu pai e os dois se reconciliaram. Mas, no reino de Kosala, seu amigo, o soberano Prasenadi, também tinha sido destronado pelo filho, Virudhaka, que assumiu o poder com a cumplicidade de um general. Prasenadi fugiu para o reino de Magada para se colocar sob a proteção de Ajatasatru, mas o velho rei deposto morreu de cansaço quando estava quase chegando a Rajagrha.

Pouco depois desse acontecimento dramático, o jovem rei de Kosala tomou a decisão de atacar os sakyas. Fazia bastante tempo que Virudhaka queria se vingar da tribo de Sakyamuni... Quando era adolescente, o jovem príncipe de Kosala, em visita a Kapilavastu, fora muito mal recebido pelos sakyas: eles tinham chegado até a insultá-lo, chamando-o de filho de escravo. Posteriormente, Virudhaka ficou sabendo, por intermédio de um homem de seu *entourage*, que sua mãe de fato era uma sakya de casta baixa. E pensar que o pai estava convencido de que a esposa era de origem nobre! Como é que os sakyas, que lhe ofereceram a mulher em casamento, tiveram a ousadia de enganar o rei de Kosala daquela maneira?

Aos olhos de Virudhaka, um ultraje desses é uma falta imperdoável. Assim que tomou o poder, o jovem rei formou um exército muito forte que entrou marchando na pequena "república" dos sakyas. Informado por rumores, Buda ficou muito triste, porque sabia que a derrota de sua pequena cidade da infância era inevitável...

Quando o exército de Virudhaka chegou às proximidades de Kapilavastu, os sakyas tentaram detê-lo, sempre evitando matar ou ferir os soldados de Kosala. Eles esperavam que suas rajadas de flechas fossem suficientes para assustar o adversário, para fazer com que o exército fugisse: em sendo discípulos leigos de Buda, eles tinham que evitar qualquer tipo de violência, mesmo em caso de agressão mortal. A reação de Virudhaka não tardou: ele mandou que seus combatentes se lançassem ao ataque armado dos sakyas, que se protegiam atrás da muralha de Kapilavastu. Mas o poderoso exército de Kosala armou o cerco na frente da cidade e não demorou a penetrar nela com força total. De acordo com algumas lendas, os próprios sakyas teriam terminado por abrir os portões de Kapilavastu ao inimigo, com a promessa de que as vidas seriam poupadas...

Seja como for, a tomada da cidade se fez acompanhar de um banho de sangue. Os sakyas foram literalmente exterminados. A sede de vingança do soberano era tão grande que chegou a assustar seus próprios conselheiros: conta-se que eles tentaram deter seu furor sanguinário derramando mil jarros de água colorida de vermelho pela cidade. Mas de nada adiantou. Uma outra lenda informa que Virudhaka, depois de mandar cavar enormes fossos nas ruas de Kapilavastu, teria mandado os sobreviventes do massacre se deitarem lá dentro... antes de ordenar que os elefantes de seu exército os pisoteassem. As mulheres também não foram poupadas, se acreditarmos nos relatos: dizem que o rei de Kosala selecionou as quinhentas sakyas mais bonitas de Kapilavastu para seu harém. Como elas se recusaram a ele, Virudhaka mandou cortar as mãos e os pés delas. Depois disso, foram abandonadas à própria sorte.

Quando Virudhaka e seu exército retomaram o caminho de Kosala, a "república" dos sakyas estava totalmente aniquilada... Até o parque das figueiras-de-bengala, onde Buda gostava de ficar, foi totalmente destruído. Às vezes é mencionada a existência de alguns sobreviventes, chamados de "sakyas dos canaviais[1]", que teriam se feito passar por estrangeiros para que Virudhaka os poupasse. Em todo caso, é certeza que o pequeno estado onde Sidarta tinha sido criado nunca mais iria se recuperar daquele dia fatídico. Dizem que, no momento do massacre de seu povo, Sakyamuni, que estava longe de Kapilavastu, teria sentido uma dor de cabeça repentina e violenta, sintoma de sua profunda tristeza. Mas o Tathagata não interveio, porque os sakyas, de acordo com a lei do carma, não podiam escapar das consequências de suas vidas passadas.

Apesar dessa tragédia e do peso dos anos, Buda passou a se dedicar mais do que nunca a sua missão. Ele sabia que logo iria entrar no *mahaparinirvana*, a "Grande Extinção Total", que colocaria fim a sua última existência terrestre. Mas o mestre quis guiar a *Sangha* e dar continuidade ao ensinamento da Doutrina até seu último momento, sem aliviar seus esforços...

A estação da primavera já tinha começado. O Afortunado deixou Rajagrha, onde estava alojado no Parque das Mangueiras, acompanhado por um pequeno grupo de *bhikkhus*, e se dirigiu para o norte. O cortejo fez uma parada em Pataligrama. Localizado na fronteira do reino de Magada, à margem meridional do Ganges, o pequeno burgo era privilegiado com posição estratégica, e a construção de estruturas de fortificação imponentes estava em curso na época, supervisionada por dois ministros de Ajatasatru. O jovem soberano informara a Buda, antes de sua partida, que tinha a intenção de subjugar em breve a confederação vizinha dos vrjis. O velho mestre não ficou contente com a notícia, mas compreendeu que as "repúblicas" já pertenciam ao passado e que o futuro estava nas mãos das grandes monarquias. O mundo muda, e aquele que ele tinha conhecido na infância estava inexoravelmente fadado a desaparecer. Durante a refeição para a qual os dois altos funcionários o convidaram, Buda, resignado e lúcido, previu um futuro brilhante para a cidade humilde de Pataligrama. Posteriormente, ela viria de fato a se transformar na capital do império Maurya, Pataliputra.

Depois de atravessar o rio a bordo de uma balsa, o Afortunado e seus companheiros prosseguiram na direção do norte e alcançaram Vaisali, a capital rica dos licchavis. Ali o sábio foi muito bem recebido por seus numerosos discípulos, entre os quais se incluíam os príncipes da cidade e a linda cortesã Ambapali. Para uns e para outros, ele deu ensinamentos profundos e os incentivou a dar prosseguimento a suas iniciativas espirituais.

Como a monção tinha começado, o Iluminado se instalou durante algumas semanas logo ao lado da cidade, no Vilarejo dos Bambus. Acometido de uma disenteria violenta, o mestre caiu gravemente doente. Mas se recusou a morrer, levando em conta que ainda não tinha terminado sua missão: "Não convém que eu entre no Nirvana sem ter conversado com aqueles que desconfiam de mim, sem ter falado com a Comunidade de discípulos. Eu desejo, pela minha força de vontade, superar esta doença e reter a vida em mim[2]".

Buda, enfraquecido, ainda não tinha se recuperado completamente quando Ananda veio questioná-lo a respeito da questão da direção da *Sangha* depois de seu falecimento. Sua resposta foi como um testamento:

> Por que, ó Ananda, o Tathagata iria tornar públicas suas intenções relativas à comunidade dos *bhikkhus*? Eu agora estou caduco, ó Ananda, estou velho, sou um idoso de cabelos brancos que chegou ao final de seu caminho e atingiu a velhice: estou com oitenta anos... Entreguem-se a si mesmos, ó Ananda, a seu próprio archote e a seu próprio refúgio, não busquem outro refúgio. Que a Doutrina seja seu archote e seu refúgio, não procurem outro refúgio... Aqueles que, a partir de hoje, ó Ananda, ou depois do meu nirvana completo forem seu próprio archote e seu próprio refúgio e não buscarem outro refúgio, aqueles que fizerem da Doutrina seu próprio archote e seu próprio refúgio e não buscarem outro refúgio, estes serão, ó Ananda, os meus maiores discípulos, que seguirão a boa maneira de se conduzir.[3]

Alguns dias depois, o velho mestre e seu fiel *bhikkhu* foram visitar um *arama* perto de Vaisali. No meio de uma conversa, o Afortunado sugeriu a seu discípulo que, se este lhe pedisse, seria fácil para ele prolongar sua existência durante anos e anos... Mas o corajoso Ananda não aproveitou a ocasião que lhe foi oferecida de suplicar a Buda que permanecesse mais tempo na terra para ensinar aos homens o caminho da salvação. Mais tarde, sua falta de iniciativa seria vigorosamente reprovada por alguns *bhikkhus*. Por outro lado, o sombrio Mara, sempre à espreita, estava pronto para reagir. O deus se apresentou perante o Tathagata e recomendou que ele entrasse sem mais delongas no *parinirvana*. O sábio, que considerava não ter terminado ainda sua missão, rejeitou a proposta logo de cara.

Com o final da temporada de chuvas, tinha chegado a hora de Buda voltar para a estrada. Depois de ter feito o percurso matinal de pedir esmola na cidade, como era seu costume, o Iluminado anunciou solenemente a seus fiéis: "Eu olho agora para Vaisali, porque eu nunca mais a verei e nunca mais retornarei aqui. A partir de agora, vou abandoná-la e ir embora[4]". Suas palavras provocaram desespero profundo entre os discípulos leigos, porque eles perceberam que o falecimento de seu mestre era iminente. Mas Buda, ao recordar as Cinco Nobres Verdades, proibiu que lamentassem sua sorte. Depois, sem se demorar mais, o Afortunado saiu da cidade dos licchavis encabeçando um pequeno grupo de *bhikkhus*.

Seguindo as instruções de Sakyamuni, o cortejo tomou a estrada do nordeste, que levava a Kushinagar. Modesta e pouco frequentada, a capital dos mallas ficava afastada das grandes monarquias do Ganges. Talvez o velho mestre desejasse se deitar em um local mais tranquilo, longe dos olhares... Ou talvez ele tivesse desejado ir pela última vez a Sravasti, a capital de Kosala, ou então a Kapilavastu, a cidade de sua infância. Ninguém sabe ao certo. Mas a pequena cidade de Kushinagar se localizava no caminho que levava tanto a uma quanto a outra dessas localidades.

Bhandagama, Hatthigama, Ambagama, Jambugama, Bhoganagama... A caminho de Kushinagar, Buda e seus companheiros atravessaram diversos vilarejos adormecidos, em que as pequenas casas baixas com paredes de argamassa pareciam ter surgido da terra de que são feitas. E chegou o dia em que o grupo se aproximou de um vilarejo chamado Pava. O bosque onde os *bhikkhus* se instalaram pertencia a um ferreiro chamado Cunda, que foi até lá para prestar homenagem ao Tathagata. Depois de ter escutado o ensinamento do sábio, o aldeão convidou toda a pequena comunidade para almoçar em sua casa. Em sua morada modesta, o homem ofereceu aos monges um prato chamado *sukaramaddava* em páli. Será que o "banquete de porco" designava um pedaço delicado de carne ou um alimento que os porcos adoram especialmente? Apesar de a receita ter desaparecido, o fato é que Buda insistiu para ser o único a comer. Será que ele desconfiava que o ferreiro era um péssimo cozinheiro? Ou será que ele temia que o prato estivesse estragado? Em todo caso, depois da refeição, Sakyamuni pediu a Cunda que enterrasse os restos do prato sob o pretexto de que ninguém, nem homem nem deus, pudesse digeri-los! O mestre tinha razão: naquela noite, ele foi acometido por dores intestinais abomináveis e começou a cuspir sangue.

Ainda assim, Buda retomou o caminho de Kushinagar no dia seguinte. Aquele trajeto se revelou estafante para o velho sábio, que estava mais fraco do que nunca. Ele sem dúvida também sentia um quê de solidão porque, à exceção de seu fiel Ananda e mais uns poucos, seus discípulos mais próximos estavam ausentes. De fato, muitos deles tinham morrido, como Sariputta e Moggallana, falecidos havia pouco. Ananda, que ainda não tinha conseguido alcançar o estado de *arahant* apesar de tantos anos, ficou muito abalado ao saber do falecimento deles. Buda, ao contrário, pareceu se alegrar com o fato de que os dois grandes monges, que já eram *arahants*, tinham se liberado definitivamente do ciclo das reencarnações. O mestre, ao perceber que sua própria vida entrava em declínio, procurava certamente preparar o corajoso Ananda para enfrentar seu falecimento, que estava próximo.

Sob o calor que parecia fazer aumentar as distâncias, o ritmo da caminhada se tornava cada vez mais lento com o passar das horas. Sakyamuni, à beira da exaustão, foi obrigado a parar na beira do caminho. Ele pediu a Ananda que lhe trouxesse água. Infelizmente, o rio mais próximo tinha ficado turvo com a recente travessia a vau de diversas carroças. Seria necessário esperar um bom tempo até a água ficar limpa. Quando Buda finalmente estava saciando sua sede, um nobre malla chamado Pukkusa apresentou-se perante ele. No decorrer da conversa, o sábio descobriu que, assim como ele, o homem tinha sido, no passado, discípulo de Alara Kalama. Que coincidência! Logo convertido à doutrina de Buda, Pukkusa lhe ofertou dois panos costurados com fios de ouro antes de se afastar. Ananda então ajudou o mestre a se enrolar nos pedaços de tecido. Os *bhikkhus* ficaram muito impressionados ao perceber que, de repente, o corpo do Tathagata produzia uma radiação tal que eclipsava totalmente o brilho dourado dos panos.

Buda retomou com muita dificuldade a estrada para Kushinagar. A paisagem lhe trazia memórias irresistíveis de sua infância: uma vasta planície verdejante e úmida em que ao longe se desenhavam as primeiras silhuetas das montanhas eternas. Mas aquele que se comparava a uma "carroça velha[5]" tinha cada vez mais dificuldade para caminhar. Apoiando-se recurvado por cima de um bastão, às vezes ele se escorava nas costas de um monge. As paradas se multiplicaram: alguns textos contam 25. Apesar de uma longa pausa para se refrescar em um curso d'água, ele não desistiu. O mestre nunca se queixava e chegava a insistir junto a Ananda para que o ferreiro, cujas intenções tinham sido puras, não fosse culpado no futuro pelos *bhikkhus* de ter servido a ele um prato que podia muito bem ter sido fatal. Ele foi mais longe e ordenou a seu fiel discípulo que considerasse que o homem que ofereceu a última refeição a Buda adquiriria um grande mérito!

Finalmente, a pequena cidade de Kushinagar apareceu à vista. Mas Sakyamuni, que não conseguia dar mais nem um passo, parou nas proximidades de um bosque de árvores *sal*.

Exausto, ele desejou deitar-se à sombra das árvores gêmeas. Curiosamente, elas estavam totalmente floridas, apesar de não ser época. Ananda preparou com a maior rapidez possível um lugar para ele se deitar entre as duas árvores e depois, com delicadeza, ajeitou o mestre deitado sobre o lado direito do corpo, com a cabeça para o norte e de frente para o este, "como um leão[6]". Ao redor dele, as vestes amarelas dos *bhikkhus* formavam um círculo grave e silencioso.

Buda não voltaria a se levantar. Pétalas de flor de perfume delicado caíam sobre seu corpo imóvel. Algumas horas o separavam do *mahaparinirvana*, a "Grande Extinção Total".

O corajoso Ananda não conseguia controlar suas emoções. Apavorado com a perspectiva de se separar para sempre de seu mestre, o *bhikkhu* praguejou primeiro contra Kushinagar: aquele burgo obscuro não era digno de ser o palco dos últimos momentos de um ser tão excepcional como o Tathagata. Depois, escondido dos olhares, o monge se desmanchou em lágrimas. Não aceitava a ideia de perder aquele que tinha tido tanta compaixão para com ele, um discípulo humilde que ainda precisava progredir tanto para atingir o estado de *arahant*.

Mas, do fundo de seu leito entre as árvores gêmeas, o velho mestre chamou Ananda a sua cabeceira. Reunindo suas últimas forças, acalmou o *bhikkhu* ao lhe dizer, em primeiro lugar, que em uma de suas vidas passadas, ele tinha encarnado um monarca todo-poderoso cuja capital era Kushinagar. Depois consolou Ananda longamente, lembrando a ele o caráter inelutável da morte. Após elogiar sua devoção exemplar perante a assembleia de monges, Buda confiou uma última missão a seu fiel discípulo: pediu a Ananda que fosse ao encontro dos mallas de Kushinagar para informar-lhes sobre sua presença e da aproximação de sua entrada no *parinirvana*. Se desejassem receber suas últimas instruções, estavam convidados a consultá-lo. Em lágrimas, o *bhikkhu* avançou para avisar aos moradores de Kushinagar, que por sua vez se apressaram em grandes números até a cabeceira do famoso mestre da *Sangha*.

Quando a noite caiu, Ananda organizou as entrevistas com o Tathagata em pequenos grupos. Entre os visitantes estava Subhada, um homem religioso de idade extremamente avançada e muito erudito, que alimentava várias dúvidas a respeito de doutrina de Buda. Depois de ter conseguido convencer Ananda, com certa dificuldade, a permitir que falasse com Sakyamuni, Subhada interrogou o sábio longamente. Com paciência infinita, o Afortunado lhe deu seus ensinamentos até que o velho asceta se convertesse. Subhada foi o último *bhikkhu* que teve a honra de receber a ordenação de Buda em pessoa.

Em seguida, pela última vez, o Tathagata mandou Ananda reunir os monges que o tinham acompanhado em sua última viagem. O mestre pediu aos discípulos que lhe fizessem todas as perguntas possíveis, independentemente de dizerem respeito a um ou outro aspecto da Doutrina ou da *Sangha* que ainda continuassem obscuros a seus olhos. Mas os monges permaneceram em silêncio. Buda então pronunciou suas últimas palavras: "Verdadeiramente, *bhikkhus*, eu lhes digo: é da natureza de todas as coisas ser perecível; trabalhem para atingir a sua salvação com diligência[7]".

No decurso da última parte da noite, Buda foi se afastando progressivamente do mundo dos homens. O Afortunado entrou sucessivamente em diversos estados meditativos, ao fim dos quais ele penetrou, com a primeira claridade da aurora, no estado supremo do Nirvana completo. A multidão de mallas imediatamente se dissolveu em lágrimas e lamentos. Apesar de alguns monges também terem imensa dificuldade de conter sua tristeza, todos os que atingiram o estado de *arahant* guardaram atitude serena e reclusa. Ao mesmo tempo em que a terra tremeu, uma chuva de flores caiu dos céus. Ao longe, os deuses, testemunhas do acontecimento, fizeram seus tambores ressoarem demoradamente.

Durante sete dias, o corpo do mestre falecido foi honrado com muita devoção pelos fiéis. Depois Ananda cuidou para que os rituais funerários corressem bem. A obrigação pesou sobre os mallas, porque o costume ditava que as exéquias dos religiosos fossem organizadas pelos leigos. O monge então deu aos notáveis dos mallas todas as instruções necessárias para que o funeral do mestre fosse digno daqueles que a tradição indiana reserva aos monarcas todo-poderosos e universais, a um *Cakravartin*, "Aquele que Faz Girar a Roda". De acordo com os textos canônicos, seis regras devem ser respeitadas de maneira escrupulosa: depois que o cadáver for enrolado em panos – o número varia de dez a mil, de acordo com o relato –, deve ser colocado dentro de um grande recipiente metálico cheio de óleo, depois estendido por cima de uma pira de madeira fragrante. Após a cremação, os restos do corpo devem ser fechados em um túmulo, na frente do qual devem ser postas oferendas de flores e perfumes antes de prestar a última homenagem.

As exéquias de Buda foram conduzidas em perfeita conformidade com as regras. Apenas o acendimento da pira – que foi erguida de acordo com o desejo dos deuses a leste de Kushinagar – perturbou um pouco o bom andamento da cerimônia funerária: quatro príncipes mallas estenderam tochas na direção dela, desesperados, mas a madeira se recusava a queimar... Foi necessário esperar que chegasse ao local o velho *bhikkhu* Kasyapa, que estava entre os melhores discípulos de Buda. Quando o monge venerável prestou sua homenagem aos despojos do mestre, a pira funerária pegou fogo espontaneamente. Com este último milagre, a encarnação derradeira do Afortunado desapareceu, lentamente devorada pelas chamas. Em algumas horas, só restariam relíquias preciosas.

Desta vez, não haveria renascimento.

Kushinagar, 637

Depois de ter visitado Lumbini e o antigo reino de Kapilavastu, Huan Tsang deu sequência a sua viagem pela Índia, seguindo as pegadas de Sakyamuni. O peregrino chinês incansável foi então até Kushinagar: seus passos o levaram diretamente do lugar do último renascimento do bodisatva até onde, oitenta anos depois, Buda atingiu o nirvana completo.

No entanto, quando chegou à antiga cidade dos mallas, depois de uma viagem estafante, o monge chinês ficou um pouco decepcionado:

> No reino de Ju Shi Na Jia Luo, as muralhas da capital estão em ruínas, os vilarejos oferecem apenas uma triste solidão. Os fundamentos de tijolo da antiga capital ocupam um circuito de uma dezena de li. As moradias são raras e dispersas, os burgos e os vilarejos estão desertos. No canto nordeste dos portões da capital, há uma estupa que foi construída pelo rei Açoka. Lá fica a antiga casa de Cunda. No meio dessa casa, há um poço que foi cavado quando alguém quis fazer oferendas à estupa. Independentemente do que tenha acontecido ao longo de meses e de anos, a água continua pura e límpida. A três ou quatro li para o nordeste da capital, passa-se pelo rio A Shi Duo Fa Di. A uma pequena distância da margem ocidental, chega-se a uma floresta de árvores sal. Esta árvore se parece com o hu, mas o tronco é de um branco esverdeado e as folhas são lisas e brilhantes.[1]

Nessas memórias, Huan Tsang relata em detalhes os últimos momentos edificantes do mestre que tinha ficado deitado "entre duas árvores sal[2]" até seu último suspiro. Depois, o monge chinês prosseguiu seu relato com o famoso episódio das disputas que tinham se dado em Kushinagar, logo depois da cremação, em relação à partilha das relíquias do Afortunado:

> Depois que o Buda entrou no Nirvana e seu corpo foi queimado, os reis de oito reinos chegaram com quatro tropas de

soldados. Eles enviaram um brâmane chamado Rijûbhava para dizer aos mallas o seguinte:

– Neste reino, o guia dos homens se apagou para o Nirvana; é por isso que nós viemos de longe, para pedir a vocês uma parte de suas relíquias.

– O Tathagata – responderam os mallas – houve por bem rebaixar sua grandeza e descer a este país ínfimo. Ele se apagou para o Nirvana, o guia iluminado do mundo! Ele morreu, o pai terno dos homens! As relíquias de Ru lai devem naturalmente receber homenagens; mas foi em vão que fizeram esta viagem tão difícil; jamais irão obtê-las.

Então os grandes reis pediram a eles em tom humilde. Ao se verem recebidos por uma recusa, eles reiteraram suas alegações e disseram:

– Como nossos pedidos respeitosos não são atendidos, nosso exército poderoso não está longe.

Mas o brâmane Rijûbhava ergueu a voz e lhes disse:

– Pensem bem [...]. Se hoje vocês recorrerem à violência, será uma coisa absolutamente injusta. Agora, eis aqui as relíquias; será necessário dividi-las em oito partes iguais, para que cada um de vocês possa honrá-las. Por que recorrer ao uso da força das armas?[3]

Huan Tsang informa que os oito grandes soberanos finalmente aceitaram compartilhar entre si as relíquias do sábio morto. Mas, ainda assim, precisaram ceder uma parte a Indra, o "senhor dos deuses[4]", e também aos "reis dos dragões[5]", que se apresentaram igualmente para reclamar sua parte.

Mal a cremação tinha terminado, a partilha das cinzas e dos restos de ossos do Buda histórico logo se degenerou em uma verdadeira disputa... Huan Tsang não foi o único que relatou esta "guerra das relíquias": ela foi narrada por diversas fontes budistas, da mesma maneira como também foi muito ilustrada em estátuas. Será necessário concluir que este episódio um tanto aflitivo de fato ocorreu?

De maneira geral, os especialistas consideram como confiável o conteúdo do *Mahaparinirvana-sutra*, o relato canônico dos últimos momentos da vida de Sakyamuni e de seu funeral, que chegou até nós em seis versões diferentes. Em particular, as causas da morte – intoxicação alimentar e idade avançada do mestre –, assim como o lugar da morte, são unânimes. Por outro lado, muita gente duvida do famoso episódio da partilha das relíquias... Segundo as fontes canônicas, os oitos beneficiários felizardos da divisão foram Ajatasatru, o soberano de Magada, os licchavis de Vaisali, os sakyas de Kapilavastu, os bulis de Allakappa, os koliyas de Ramagama, um brâmane de Vethadipa, os mallas de Pava e, por fim, os mallas de Kushinagar. Mas, de acordo com os trabalhos de André Bareau, esta lista apresenta uma anomalia de tamanho: nenhum representante de Sravasti, de Kausambi ou de Campa aparece nela, apesar de estas três cidades supostamente terem sido centros importantes da *Sangha* na época do Buda histórico. Devido a essas omissões, o especialista chega à conclusão de que, provavelmente, ninguém se deslocou até Kushinagar – com a exceção eventual dos sakyas, que tinham laços estreitos de parentesco e que eram, além do mais, vizinhos próximos dos mallas.

Se nos referirmos aos relatos tradicionais, depois desta partilha, oito grandes estupas teriam sido erguidas pelos beneficiários para abrigar as relíquias preciosas do sábio. Duas outras estupas também teriam sido construídas, uma para receber os restos da "canoa" em que o corpo de Buda repousava quando foi cremado e a outra para recolher as cinzas da pira. Assim como a maior parte dos locais ligados ao budismo na Índia, Kushinagar, que caiu no esquecimento a partir do século XII, foi redescoberta no decorrer do século XIX: depois de sua identificação como a cidade da Kasia – no atual estado de Uttar Pradesh – por Alexander Cunninghan, em 1862, as primeiras escavações foram efetuadas por seu assistente Archibald Campbell Carlleyle em 1875. No entanto, nenhum vestígio de barro contemporâneo à época do mestre chegou a ser descoberto no sítio arqueológico de Kushinagar: a base original da estrutura que hoje chamamos de "Estupa Nirvana" data apenas do século III a.C.

É possível que as oito ou dez estupas originais não tenham jamais existido. Na melhor das hipóteses, teriam sido construídas, em todo caso, de argila crua, de acordo com a técnica mais usual naquela época, fato que serviria para explicar por que elas não resistiram ao tempo. Ligadas à antiga tradição de túmulos erguidos sobre os restos mortais de personalidades importantes, as estupas não estavam reservadas apenas ao uso dos budistas na época antiga. Foi Ashoka o primeiro a oferecer ao budismo estupas imponentes e suficientemente sólidas para atravessar os séculos. Segundo a tradição, o imperador teria mandado juntar todos os restos mortais sagrados de Sakyamuni: guardados em relicários, eles teriam sido distribuídos em 84 mil estupas espalhadas por toda a Índia. Apesar de este número ser certamente simbólico, o fato é que, a partir daquela época, a estupa se transformou no monumento por excelência da arquitetura budista. Geralmente erguendo-se no meio de um amplo conjunto monástico, a estupa é a guardiã eterna das relíquias sagradas. Ela pode guardar tanto uma mecha de cabelo, um dente ou um dedo de Buda quanto um resto mortal proveniente de um de seus melhores discípulos, ou ainda um objeto que esteve em contato com eles – como uma tigela de pedir esmola, por exemplo. Nem todas as estupas contêm relíquias do mestre, mas, para os fiéis, essas estruturas continuam sendo, ainda assim, fortemente associadas à pessoa do Buda histórico e a seu *parinirvana*.

A veneração de relíquias fechadas dentro das estupas adquiriu importância fundamental a partir da época de Ashoka na propagação e depois na manutenção da doutrina budista. Aliás, já há mais de dois mil anos, as relíquias não param de se multiplicar, na esteira da expansão do budismo, e sempre em conexão com a fundação de novos centros monásticos. É por isso que hoje podemos admirar estupas por toda a Ásia e encontramos relíquias supostamente do Buda histórico bem além das fronteiras da região em que ele viveu.

Mesmo na Índia, diversos locais sagrados – como Kushinagar, Sanchi ou Sarnath – orgulham-se de possuir restos mortais sagrados do sábio histórico. Mas é incontestavelmente o Sri Lanka que possui a relíquia mais famosa de toda a península indiana: um dente de Buda. Todos os anos, devotos se deslocam até o Dalada Maligawa de Kandy para louvá-lo. Fora do subcontinente indiano, não faltam lugares: o "pagode de ouro" de Shwedagon, na Birmânia, o Pha That Luang, no Laos, e ainda o Sennyū-ji de Kioto, no Japão, são também lugares famosos por abrigarem uma relíquia preciosa de Sakyamuni. A China também conta com diversos locais semelhantes, como por exemplo o templo de Famensi, na província de Shanxi, em que uma falange do mestre foi encontrada na década de 1980. Afinal, a multiplicação das relíquias nunca cessa! Em 2001, uma caixinha de pedra com um cabelo de Buda foi retirada das ruínas do pagode Leifeng, na província de Zhejiang, na China. Por fim, no momento da globalização, ninguém se impressiona com o fato de que relíquias budistas, separadas de suas volumosas estupas, viajam de avião com frequência para a veneração dos fiéis, que hoje se espalham pelos quatro cantos do mundo...

Mas será que todos esses restos sagrados preciosos são da época de Buda? Mesmo se nos limitarmos aos que parecem ser mais antigos, tudo leva a crer que não. Das 84 mil estupas que supostamente foram construídas por Ashoka para abrigar o mesmo número de relíquias do mestre, apenas alguns vestígios foram identificados de fato. No entanto, apenas dois relicários puderam ser estudados pelos cientistas. O primeiro foi desenterrado em 1958 nas ruínas da antiga cidade de Vaisali, a capital dos licchavis. Ele continha algumas cinzas, um pedaço de couro, um pedaço minúsculo de ouro e uma concha quebrada. Desde que foi descoberto, o conjunto é conservado no museu de Patna, no estado do Bihar – apesar das objeções dos budistas que exigem que os objetos sagrados sejam transferidos para Bodh-Gaya.

O segundo relicário já foi mencionado no começo do nosso caminho que acompanha os vestígios de Buda: ele de fato provém de Piprahwa, um dos dois lugares que se afirmam como sendo a antiga Kapilavastu, na fronteira entre a Índia e o Nepal: trata-se de uma urna que estava fechada em um estojo de pedra colocado na base de uma estupa. Sua descoberta por William Peppè, um administrador britânico, remonta a 1898. A urna continha apenas cinzas, mas a tampa trazia uma inscrição misteriosa, gravada em escrita bramânica. O texto seria traduzido pelo famoso secretário da Royal Asiatic Society, Thomas Rhys David, nos seguintes termos: "Este depósito com as relíquias de Buda, o Afortunado, é o do clã dos sakyas, irmãos do Venerado, em associação com suas irmãs, seus filhos e suas esposas[6]". Ofertadas pelo vice-rei das Índias, lorde Curzon, ao rei da Tailândia, Rama V, as cinzas foram depositadas no templo de Wat Saket, em Bangcoc, enquanto a urna continua guardada no museu nacional indiano em Calcutá. No estojo de pedra que abrigava a urna também se encontravam joias pequenas e um grão de arroz petrificado, que até hoje são mantidos, respectivamente, por um descendente de William Peppè e pela venerável Buddhist Society da Grã-Bretanha.

Depois de exames minuciosos, infelizmente não foi possível estabelecer que o relicário de Piprahwa fosse contemporâneo da morte de Buda. O mesmo acontece com o de Vaisali. É muito possível que a datação dos dois seja apenas da época de Ashoka – como é o caso das estupas mais antigas descobertas até hoje. Além do mais, como Peppè não passava de um amador esclarecido, o fruto de suas pesquisas é visto hoje com uma certa desconfiança pelos cientistas: alguns chegam até mesmo a duvidar da autenticidade da inscrição encontrada por cima da urna de Piprahwa... Essas suspeitas de falsidade, que maculam tantas descobertas efetuadas pelos pioneiros da arqueologia budista, infelizmente têm fundamentação: até mesmo o homem que descobriu Lumbini, pessoalmente, "enfiou a mão no saco de relíquias". Alois Führer, aproveitando-se de sua posição, vendeu a monges birmaneses relíquias "certificadas" de Buda... que, na verdade, não passavam de dentes de cavalo. O escândalo fez com que ele fosse expulso do lndian Civil Service.

Assim como em todas as religiões, a questão da autenticidade das relíquias budistas se rende, sobretudo, à fé dos fiéis. E, desse ponto de vista, é forçoso constatar que estupas e relicários que abrigariam restos mortais do sábio histórico são, em todos os lugares e sempre, objeto de fervor religioso impressionante.

O espetáculo dos rituais de devoção ao redor das estupas budistas lembra, de maneira bastante impressionante, os dos *pujas* que os hindus executam para homenagear suas infindáveis deidades. O objeto de veneração recebe diversas homenagens ritualísticas que consistem em prostrações, saudações com as mãos unidas, caminhadas em círculo da esquerda para a direita e oferendas de todos os tipos: flores – especialmente de lótus –, perfumes e incenso, lamparinas, guarda-sóis e bandeirinhas de pano, danças, cânticos e música; às vezes também roupas, alimentos vegetarianos e bebidas. Um culto assim às vezes espanta: será que está mesmo de acordo com a vontade do mestre? Não é verdade que ele se mostrava contrário aos rituais?

O *Mahaparinirvana-sutra* informa que Ananda teria colocado exatamente esta questão a Buda, algumas horas antes de sua morte:

> – Como, ó venerado, nós devemos tratar os restos corporais do Tathagata?
> – Ó Ananda, não se preocupe em venerar os restos corporais do Tathagata. Cuide de sua própria saúde, dedique-se a sua própria saúde, trabalhe com diligência, ardor e resolução para o seu próprio bem. Existem, ó Ananda, entre os guerreiros *kshatriya*, os brâmanes e os chefes de família, sábios que confiam no Tathagata; eles farão um culto com os restos corporais do Tathagata.
> – Mas como, ó venerado, eles devem tratar os restos do corpo do Tathagata? [...]
> – Ó Ananda, da mesma maneira como é a conduta em relação ao corpo de um monarca todo-poderoso e universal, da mesma maneira deve ser a conduta em relação ao corpo do Tathagata. A estupa do Tathagata deve ser erguida em um grande cruzamento; e para todos aqueles que ali colocarem

flores ou perfumes, para todos aqueles que lhe façam homenagem, para todos aqueles que se sentirem bem de olhá-la, a estupa trará felicidade e alegria durante muito tempo. [...] Existem muitas pessoas que irão purificar seu pensamento ao dizer: "Eis aqui uma estupa erguida em nome de tal Afortunado que é um Buda perfeito". [...] Desta maneira, depois de purificar o pensamento, depois do desaparecimento de seu corpo, depois da morte, eles reaparecerão em um destino feliz, no mundo celeste. Por esta razão, ó Ananda, o Tathagata que é um Arahant, o Buda perfeito, é digno de uma estupa.[7]

Uma outra passagem do *Mahaparinirvana-sutra* indica que também foi Sakyamuni quem instituiu a prática das peregrinações, principalmente a lugares associados aos acontecimentos principais de sua derradeira existência:

Existem, ó Ananda, quatro lugares que um filho de família provido da confiança serena deve ir ver. Quais são estes quatro lugares? O lugar em que dizem: Aqui nasceu o Tathagata [...]. Aqui o Tathagata atingiu a Iluminação perfeita [...]. Aqui o Tathagata colocou em movimento a Roda da Lei [...]. Aqui o Tathagata atingiu o nirvana completo [...]. Os *bhikkhus*, as *bhikkhunis*, os discípulos leigos, homens e mulheres, visitarão esses locais.[8]

A convite do mestre, religiosos e *upasakas* certamente foram em grande número até Lumbini, Bodh-Gaya, Sarnath e Kushinagar. Ashoka, no século III a.C, assim como o monge Huan Tsang, quase dez séculos depois dele, só estava dando continuidade à prática da peregrinação aos locais sagrados dos budistas. Inevitavelmente, esse trajeto logo se confundiu com o culto das estupas que abrigavam as relíquias do Afortunado – e isso apesar do fato de ele ter reservado esse tipo de devoção apenas aos leigos. Com o passar dos séculos, enquanto as relíquias não paravam de se multiplicar, os fiéis de Buda adicionaram quatro outros destinos aos locais de peregrinação em que Sakyamuni parou. São os lugares onde se deram, de acordo com a tradição budista, os Quatro Milagres Secundários: Rajagrha, onde o sábio acalmou o elefante furioso;

Sravasti, onde ele fez aparecer uma mangueira na ocasião do debate público; Samkasya, onde ele desceu do céu em uma escada de cristal depois de fazer uma visita aos deuses; e, por fim, Vaisali, onde um dia um macaco roubou a tigela de pedir esmola do Afortunado para lhe fazer uma oferenda de mel.

No fundo, apenas uma questão se coloca: a do significado da morte de Buda para seus fiéis. Quando fazem suas peregrinações aos locais sagrados, qual é a ligação que os budistas, religiosos ou leigos, têm com seu mestre falecido? De acordo com o cânone budista, o termo *parinirvana* designa a "extinção completa" daquele que já se livrou do *samsara* durante sua existência: quando morre, chega ao fim definitivo de seu último renascimento. Por outro lado, como a doutrina budista nega a existência do *atmã*, a morte de Buda então corresponde, teoricamente, à anulação absoluta: tudo que compunha sua pessoa deixa definitivamente de existir. Depois de seu *parinirvana*, o Afortunado nunca mais voltaria a renascer, nem aqui nem no além; ele teria rompido todas as ligações com o mundo dos homens. Desta maneira, as homenagens que seus fiéis fazem a ele nas estupas, as oferendas que nelas depositam, não podem chegar até ele. O culto das relíquias, portanto, não consiste em manter "viva" qualquer relação com Buda depois de seu falecimento: em princípio, ao fazer isso, o devoto apenas busca alcançar um ato altamente meritório, do qual ele espera um dia colher os frutos, de acordo com a lei do carma.

Mas as coisas nem sempre são assim tão simples... Os textos canônicos relatam que um dia o *bhikkhu* Malunkyaputta falou com Buda sobre uma coisa que o incomodava: por que ele deixava várias perguntas particularmente importantes e profundas sem resposta, entre elas a que se referia à existência do Afortunado além da morte? Com uma pontinha de ironia, Buda respondeu a seu discípulo que nunca tinha prometido ensinar-lhe se o mundo é ou não eterno, se é limitado ou infinito, se a força vital é idêntica ao corpo ou ao contrário e, finalmente, se ele próprio, o Tathagata, sobrevive ou não depois da morte – ou as duas coisas ao mesmo tempo... Dando continuidade a seu sermão, o mestre então explicou que o conhecimento de todas essas coisas não ajuda em nada para progredir no caminho da salvação e lembra a ele o cerne de seu ensinamento, ou as Quatro Nobres Verdades: a verdade sobre o sofrimento, a verdade sobre sua origem, sobre sua supressão e, por fim, o caminho que leva a essa supressão: "Por consequência, ó Malunkyaputta, conserve em sua mente aquilo que eu nunca expliquei como não explicado, e aquilo que eu expliquei como explicado[9]".

O sábio, então, pedia especificamente a seus discípulos que desistissem de saber qualquer coisa a respeito de sua existência, ou de sua não existência, depois do *parinirvana*. Para ele, essas especulações eram vãs na medida em que não serviam para ajudar no progresso interior. Seja como for, as respostas do mestre em forma de "nem sim, nem não" às perguntas que ele classificava como "inúteis[10]" não deixaram, para seus fiéis, nem uma fresta na porta da esperança de transcendência de Buda depois de sua morte – e, de lá para cá, essas respostas nunca deixaram de dar lugar a interpretações múltiplas e divergentes com o passar dos séculos e entre as diversas escolas do budismo.

Finalmente, com a morte de Sakyamuni, é claro que ressurgiram as especulações eternas a respeito da datação de sua existência: desde que a historicidade do fundador do budismo foi estabelecida, no final do século XIX, essa questão – entre tantas outras – nunca deixou de colocar os especialistas em oposição.

Em que momento deve ser fixada a morte do mestre? A escola Theravada situa o *parinirvana* do Buda histórico na ocasião da lua cheia do mês de *vaisakha* – ou melhor, no exato momento de seu nascimento e de sua Iluminação. Portanto, os budistas comemoram este acontecimento triplo na famosa festa do Vesak, que ocorre na lua cheia do mês de maio do calendário ocidental. Nota-se, no entanto, que, para outras tradições budistas, o acontecimento se deu na lua cheia de *karttika*, ou no outono. Mas, no fundo, não faz muita diferença para os especialistas; o debate se concentra em fixar o ano do acontecimento. E a tarefa é das mais árduas: de fato, é muito difícil desgrenhar o emaranhado de informações que as diversas escolas budistas da Índia antiga deixaram para nós, mas também as legadas pelas tradições mais recentes, como por exemplo a chinesa e a tibetana.

No século XIX, era a tradição cingalesa do Theravada que oferecia mais credibilidade aos olhos dos intelectuais europeus, apesar de a maior parte deles na época utilizar as datas oficiais da vida de Buda fornecidas pelo Caminho dos Antigos: 623 a.C. para seu nascimento e 543 a.C. para sua morte. Mas essa primeira estimativa precisou ser corrigida na ocasião da descoberta de um ponto de ancoragem histórica importante: a data da ascensão ao trono de Ashoka. Ela não foi fácil de estabelecer: os testemunhos do embaixador Megasteno, transmitidos pelos historiadores gregos, primeiro permitiram fixar a data da chegada ao poder do fundador do império Maurya, Chandragupta, por volta de 321 a.C. Depois, com a ajuda das crônicas cingalesas, que fornecem a duração precisa do reinado de Chandragupta e de seu sucessor até a ascensão ao trono de Ashoka, a data foi estabelecida por volta do ano 265 a.C. Além disso, as fontes cingalesas oferecem uma outra informação essencial: elas situam o falecimento de Buda 218 anos antes de Ashoka chegar ao poder. Portanto, os historiadores acabaram por fixar a data da morte do mestre histórico por volta de 483 a.C.

Apesar do consenso necessário da comunidade científica, que desde então concorda em datar o nascimento do Buda histórico por volta de 563 a.C. e sua morte por volta de 483 a.C., as polêmicas na verdade nunca deixaram de existir. A maior parte tende a "rejuvenescer" Buda. A ideia é alimentada pelo problema da longevidade do sábio que, sem dúvida, é exagerada pelos discípulos em seus escritos; pelo questionamento da data exata do sacramento de Ashoka; pelo fato de a tradição cingalesa apresentar uma datação estranhamente sessenta anos anterior à calculada pelos pesquisadores; e, finalmente, pelo estudo das tradições da Caxemira, do Tibete e da China. Apesar de essas duas últimas serem consideradas menos confiáveis, por serem mais tardias, é necessário dizer que as três concordam em fixar a morte de Sakyamuni apenas um século antes do reinado de Ashoka. Mais recentemente, com a escolha de situar o nascimento do mestre por volta de 480 a.C., Richard Gombrich, estudioso especializado em Buda da Universidade de Oxford, relançou a "contenda cortês[11]", como André Bareau a chamava. Talvez essa questão algum dia termine por ser classificada como sem resposta por "falta de provas"... A menos que uma nova descoberta científica permita que se chegue a uma conclusão irrefutável – bem do jeito que o Ocidente gosta.

Para encerrar a questão da morte de Buda, abandonemos as contendas dos especialistas e voltemos ao relato. A literatura budista conta que, depois da partilha das relíquias, chegou a época dos concílios... O primeiro, reunido pelo velho monge Kasyapa, teria acontecido em uma caverna em Rajagrha, já na primeira estação de chuvas que se seguiu à morte de Buda. Ele teria durado sete meses. Ao finalmente atingir o estado de *arahant*, o fiel Ananda teria então apresentado os pontos principais da Doutrina e as bases da regra da *Sangha*. O excelente monge Upali, o antigo barbeiro, por sua vez, teria sido longamente interrogado em relação às questões de disciplina. Reunindo setecentos monges, o segundo conselho teria ocorrido em Vaisali, a capital dos licchavis, um século depois do *parinirvana* de Sakyamuni. Apesar de os especialistas duvidarem da realidade do primeiro e até do segundo concílio, eles reconhecem, por outro lado, a existência histórica do terceiro concílio convocado em Pataliputra por Ashoka, no decurso do qual o cânone budista foi fixado oralmente, de maneira definitiva. Foi então que começou o longo e complexo caminho do budismo, e de sua literatura, em direção a terras longínquas...

É ali que voltamos a cruzar com os passos de Huan Tsang. Depois de ter visitado Kushinagar, o peregrino chinês mais famoso de todos terminou sua peregrinação na terra sagrada de Buda. Mas o monge ainda não estava pronto para voltar a seu país. De fato, ele tinha fixado um segundo objetivo a sua viagem à Índia: encontrar, estudar e levar consigo o maior número possível de textos budistas, ou melhor, de acordo com sua colorida expressão, "aprofundar os textos do elefante perfumado e esgotar a lista do palácio dos dragões[12]". Para isso, resolveu ir a um lugar próximo à antiga Rajagrha, até a cidade monástica de Nalanda. O lugar reunia dez mil monges e sua reputação como centro de saber budista ultrapassava, e muito, as fronteiras da Índia. Huan Tsang passou anos ali, estudando com aplicação o sânscrito e os textos canônicos do Grande Veículo, além das outras grandes doutrinas religiosas indianas. Tanto que, em 643, na ocasião de um grande debate público, o monge chinês se destacou com brilhantismo perante quinhentos mestres religiosos concorrentes, entre eles brâmanes e jainistas, budistas e de outras escolas, além de diversos chefes espirituais heterodoxos. Em 645, ele finalmente tomou o caminho de volta. Depois de ter superado incontáveis obstáculos, do Himalaia à barreira da língua, Huan Tsang conseguiu levar a cabo a missão que tinha fixado para si: quando chegou à China, depois de dezesseis longos anos de ausência, o Peregrino tinha trazido consigo 657 manuscritos budistas.

Apesar de os budistas não terem deixado de louvar a glória das conquistas do "príncipe dos peregrinos", a título justo, ele não foi o homem que inaugurou o budismo na China: como já mencionamos, a expansão da doutrina de Buda fora de sua região de origem já era uma história antiga no século VII d.C. No século III a.C., com o impulso de Ashoka, o budismo se espalhou para o sul da Índia e para o Ceilão antes de conquistar, por rota marítima, todo o Sudeste Asiático. Ao mesmo tempo, ele também se difundiu até a Ásia Central, por meio dos reinos helenistas do atual Afeganistão. No século I, a expansão do Mahayana coincidiu com o apogeu do império Kushana: no noroeste, o Grande Veículo chegou primeiro à civilização sogdiana e depois à bactriana; em seguida, tomando a Rota da Seda ao norte da cadeia de montanhas do Himalaia, ele se propagou até a China. Por volta do primeiro milênio, no norte da Índia, uma versão do budismo muito impregnada pela ioga hindu e a magia tântrica se separou do Mahayana para formar o Vajrayana, ou Veículo de Diamante... Difundido até o Tibete por missionários indianos a partir do século VII, o Vajrayana se tornou rapidamente a religião dominante. Ao contrário do que é possível pensar, o Tibete foi a última região asiática a ser afetada pelo budismo. Mais surpreendente ainda é saber que, por intermédio deste budismo tardio e tão específico, que ficou tantos séculos confinado ao "País das Neves", muitos ocidentais descobriram, por sua vez, a doutrina de Buda no decurso do século XX, depois da famosa Alexandra David-Neel. O encontro foi frutífero: hoje, na França, a maioria dos mosteiros budistas segue rituais tibetanos. Diferentemente da elite intelectual do século XIX, que o rejeitou, o grande público soube acolher com entusiasmo a doutrina de Buda.

Decididamente, os caminhos que levam ao encontro de Sakyamuni são tão múltiplos como impenetráveis.

Epílogo

> Escutado desta maneira.
> Uma vez, Buda estava fixado em Sravasti, no bosque de Jeta, no jardim de Anathapindada.
> Então, o mais honrado do mundo disse aos monges:
> – Há uma coisa que vocês precisam praticar, há uma coisa que vocês precisam difundir. Graças a isso, percebemos os poderes divinos, eliminamos uma boa quantidade de pensamentos desordenados, colhemos os frutos da vida religiosa e chegamos ao Nirvana. De que se trata? Da lembrança do Buda. É necessário praticá-la, é necessário difundi-la. Graças a ela, percebemos os poderes divinos, eliminamos uma boa quantidade de pensamentos desordenados, colhemos os frutos da vida religiosa e chegamos ao Nirvana. É por isso, monges, que é necessário praticar, que é necessário difundir. Aqui está, monges, o que vocês precisam saber.
> Então os monges, depois de escutarem o que Buda tinha ensinado, receberam aquilo com alegria e o colocaram em prática.[1]

A biógrafa só pode louvar a obra exemplar de transmissão da lembrança do sábio, que se garante há quase 2,5 mil anos por meio de seus discípulos – apesar de suas divergências e de múltiplas evoluções que eles incutiram no âmbito da *Sangha*. Sim, os contemporâneos de Buda o escutaram muito bem, sem dúvida, além de suas próprias esperanças. Afinal, como é que algum dos *bhikkhus* que estavam ali reunidos poderia imaginar que seu mestre, por mais excepcional que tenha sido, iria conhecer tal posteridade? Se é que existe um verdadeiro milagre do budismo, ele é o seguinte: a figura de seu fundador, o relato de sua vida, assim como os fundamentos de sua doutrina, foram capazes de atravessar o tempo até os nossos dias e o espaço até países tão distantes de sua terra de origem como os Estados Unidos.

Mas, afinal, o que pensar sobre a vida do Buda histórico como foi relatada por seus fiéis em versões múltiplas? Além dos exageros e dos prodígios apresentados com frequência pelos hagiógrafos, qualquer ocidental que aborda a literatura budista se defronta com um certo número de conceitos e postulados derivados da civilização indiana que lhe são absolutamente estranhos. É necessário, portanto, primeiro superar esse choque cultural – sem isso, nenhum encontro com o sábio é possível.

Desde que as primeiras bases foram estabelecidas no século XIX até os trabalhos universitários atuais, disciplinas científicas – como história ou filologia – fornecem ao leitor não iniciado as chaves indispensáveis para capacitá-los a apreender o máximo possível dessa alteridade. Como um verdadeiro desafio, a elaboração deste conhecimento ocidental foi o fruto de um processo longo e lento – que, de qualquer maneira, não escapou do etnocentrismo, quer dizer, de seu condicionamento e evolução próprios. Como resultado do acaso mais completo ou de um trabalho emérito, descobertas sucessivas terminaram por jogar para longe a ignorância e também os preconceitos do Ocidente em relação ao budismo e, de maneira mais geral, à civilização que o viu nascer.

Mas esses trabalhos não são capazes de responder a todas as questões colocadas pela existência de Sakyamuni tal como a tradição budista a transmite: o estudo comparativo dos textos canônicos, sua relação com a epigrafia, a iconografia e os vestígios arqueológicos comemorativos estão longe de ter trazido todas as respostas esperadas. Desde os primeiros estudos que foram dedicados a ele até hoje, a dimensão verdadeiramente histórica da vida de Buda resiste às investigações científicas. Assim, é necessário contentar-se com o fato de que as contingências materiais e os acontecimentos precisos de sua existência não passam de hipóteses que não podem ser verificadas – em sua maior parte e, talvez, para todo o sempre. Mas será que isto realmente é um fato surpreendente? Não é verdade que o mestre pregava exatamente a impermanência de todas as coisas e a ilusão da existência individual? Como uma ironia, essa impossibilidade de provar qualquer coisa serve, de algum modo, para dar crédito à doutrina de Sakyamuni, que convidava cada um a descobrir, de acordo com as palavras de Claude Lévi-Strauss, "a verdade sob a forma de uma exclusão mútua do ser e do conhecer[2]".

No fundo, entre a tentação de ceder ao maravilhoso e a ambição de distinguir a história do mito para se apoiar apenas no que está confirmado – em outras palavras, quase nada –, descobrimos sobretudo que a vida de Buda simplesmente não pode ser desassociada de sua mensagem. O personagem se despe sem cessar... em benefício de seu pensamento. Nenhum biógrafo pode fugir do fato de que – como o próprio mestre teria chamado por vontade própria – o estudo da vida de Buda equivale a fazer uma viagem no fim da qual se chega, quase que exclusivamente, a sua doutrina. Quase todo o resto não passa de interpretação factual, e as questões permanecem. Assim, é necessário reconhecer que, no caso de Sakyamuni, o exercício biográfico – moderno e ocidental, de maneira eminente – logo se depara com seus limites: a partir do momento em que compreende que a chave do enigma do fundador do budismo não reside tanto no relato de sua vida quanto em seu ensinamento, o biógrafo não demora a constatar que, apesar de tudo, sua ambição e suas visões são muito estreitas. Pior ainda, a historicidade do personagem de repente lhe parece uma questão secundária. A afirmação de Victor Hugo assume então seu sentido completo: "A história tem sua verdade, a lenda tem a dela. A verdade lendária tem natureza diferente da verdade histórica. A verdade lendária é a invenção que tem a verdade como resultado. De resto, a história e a lenda têm o mesmo objetivo: de pintar o homem eterno por baixo do homem momentâneo[3]."

No final das contas, acompanhar a vida de Buda se resume a descobrir um pensamento nascido de uma experiência humana autêntica, cuja profundidade é tão grande que chega a incomodar da mesma maneira profunda o leitor contemporâneo – e o convida a ultrapassar o grande número de lendas e também a falta de conhecimentos científicos para chegar a uma busca pela verdade que transcende as culturas e as épocas. Reduzida a sua essência, a mensagem de Buda já não parece tanto uma doutrina estritamente religiosa, mas sim uma promessa feliz, uma utopia no sentido primário da etimologia grega *u-topos*, quer dizer, uma verdade que não reside em "lugar nenhum"...

Da mesma maneira que o alcance da descoberta decisiva do sábio se comprova universal, a impermanência absoluta que ele ensinou parece, mais do que nunca, confirmada pelos avanços causados por aquilo que chamamos, por um desvio, de "progresso". Perante o turbilhão desenfreado do consumismo e da globalização, as palavras de Buda nos vêm à mente:

> Seja você mesmo sua própria chama e seu próprio refúgio, não busque outro refúgio.[4]

E, de repente, nós nos pegamos sonhando que somos capazes de saborear, apesar de nós mesmos, um pouco da tranquilidade que Sidarta Gautama conheceu, já há 25 séculos... Meditando embaixo de uma árvore, digamos.

> Aquele que, no alto, embaixo e a todo redor, é livre
> Não pode mais se ver como "eu sou".
> Daquilo que antes lhe faltava, ele se libertou:
> Atravessar o rio, jamais retornar.[5]

ANEXOS

CRONOLOGIA

Datas aproximadas da vida de Buda

(segundo as estimativas mais usadas pelos especialistas)

563 a.C. Nascimento de Sidarta Gautama no seio da pequena "república" aristocrática dos sakyas, situada no Terai, na região noroeste da Índia. A tradição também o chama de bodisatva, ou o "ser prometido à Iluminação". Como seu pai, Sudodana, que dirige o clã dos sakyas, Sidarta pertence à classe de nobres guerreiros. Ele recebeu educação adequada a sua posição social; foi criado em Kapilavastu, a capital dos sakyas, em condições privilegiadas.

534 a.C. Quando já era casado e tinha um filho, Sidarta Gautama renunciou à vida mundana. Ele deixou Kapilavastu, abandonando a família, o palácio e todos os seus bens, e se dedicou ao caminho da busca espiritual. Vestido como um asceta, mendigando alimento pelo caminho, ele chegou até o vale do médio Ganges. Depois de ter seguido os ensinamentos de dois mestres espirituais famosos, Sidarta decidiu encontrar por conta própria o caminho da salvação. Seguido por cinco jovens renunciantes, instalou-se em uma floresta próxima ao vilarejo de Uruvela, no reino de Magada. O asceta Gautama entregou-se então a intensos exercícios de retenção da respiração e depois à prática do jejum extremo; acabou renunciando a tudo isso para seguir o chamado caminho "do meio". Por não compreender sua decisão, seus cinco companheiros o abandonaram.

528 a.C. Ao meditar embaixo de uma árvore perto de Uruvela, Sidarta finalmente alcançou a Iluminação, depois de longos anos de busca. Também chamado de "Sakyamuni", Buda – o "Iluminado" – fez seu primeiro sermão, nas proximidades de Benares, a seus cinco antigos companheiros de ascetismo que se tornaram seus primeiros discípulos: a comunidade dos monges budistas nascia. Logo se beneficiando do apoio dos

Ramayana e do *Mahabharata;* o bramanismo dá origem ao hinduísmo.

327 a.C. Expedição de Alexandre o Grande.

321 a.C. Fundação do império Maurya por Chandragupta no Norte da Índia.

Séc. III a.C. Reinado de Ashoka, que amplia o império Maurya até o Deccan. Convertido à doutrina de Buda, o imperador envia missionários para promover o budismo através de seu vasto império, e até além dele: Mahinda, seu filho (ou irmão?), o propaga no Ceilão.

Por volta de 250 a.C. Ashoka reúne em Pataliputra o terceiro concílio budista, durante o qual o cânone é fixado oralmente.

Séc. II a.C. Surgimento de reinos indo-gregos na região Nordeste da Índia.

Séc. I a.C. Registro por escrito do cânon páli no Ceilão.

Séc. I d.C. Os kushanas, protetores do budismo, reinam sobre o Norte da Índia. Surgimento do Mahayana, o "Grande Veículo", que se propaga até a China, passando pela Ásia Central.

Séc. II. Composição das *Leis de Manu*.

Séc. III. Vida do grande filósofo budista Nagarjuna, que redige o *Tratado do Meio*.

319-480. O império Gupta, cujos soberanos são hindus, encarna o período de apogeu da civilização indiana clássica.

Início do séc. V. Viagem do peregrino chinês Fa Hian. Fundação da grande "universidade" budista de Nalanda.

495-520. Ataques dos hunos.

Séc. VII. Início do declínio do budismo na Índia. Viagem do peregrino Huan Tsang.

grandes soberanos de sua época, Buda deu continuidade à pregação de sua doutrina no seio do vale do Ganges durante décadas. À medida que as conversões se sucediam, estabelecimentos monásticos ganhavam vida graças ao apoio material fornecido pelos discípulos leigos. Devido ao pedido de sua tia, o mestre aceitou fundar uma ordem de monjas.

483 a.C. Depois de uma intoxicação alimentar, Buda chegou ao fim da vida com a idade de oitenta anos, na cidadezinha de Kushinagar. Pouco depois, de acordo com a tradição, os monges se reuniram em um conselho nas proximidades de Rajagrha, a capital do reino de Magada, para definir oralmente o cânone budista.

CRONOLOGIA GERAL DA ÍNDIA ANTIGA

Apesar de a maior parte das datações apresentadas aqui permanecer aproximada, um panorama dos grandes acontecimentos políticos, sociais e culturais da história da Índia antiga permite apreender melhor a vida de Buda e, de maneira mais ampla, o surgimento e o desenvolvimento do budismo no seio da civilização indiana.

2600 a.C. a 1700 a.C. Civilização urbana do Indo.

1800 a.C. a 1000 a.C. Chegada dos arianos no Norte da Índia. Composição, em sânscrito arcaico, do *Rig-Veda*, os primeiros hinos sagrados da religião védica.

1000 a.C. a 600 a.C. Fixação sedentária dos arianos que invadiram o vale do Ganges. Uso do ferro.

A partir de 800 a.C. Surgimento de reinos e de "repúblicas" aristocráticas no vale do médio Ganges. Composição dos primeiros *Upanixades*, surgimento do conceito de *samsara*.

Séc. VI a V a.C. Período de efervescência intelectual e religiosa: o bramanismo substitui a religião védica; vários movimentos sectários vêm à tona. Vida de Sidarta Gautama, o Buda histórico, e de Mahavira, o fundador do jainismo.

530 a.C. Conquista do Punjab pelos persas.

De 400 a.C. a 400 d.C. Composição das epopeias gigantescas do

Referências

VIDA E ENSINAMENTOS DE BUDA

Em português:

BOISSELIER, Jean. *A sabedoria de Buda*, tradução Ana Deiró. Rio de Janeiro: Objetiva, 2002.

Em francês:

BAREAU, André. *Recherches sur la biographie du Bouddha dans les Sutrapitaka et les Vinayapitaka anciens*, 3 vol. École française d'Extrême-Orient, 1963, 1971, 1995.

–. *Bouddha*. Seghers, 1962.

–. *En suivant Bouddha*. Éd. du Félin, 2000.

ÉRACLE, Jean. *Paroles du Bouddha tirées de la tradition primitive*. Seuil, 1991.

FOUCAUX, P. E. de. *Le Lalitavistara ou Développement des Jeux. L'histoire traditionelle de la vie du Bouddha çakyamuni,* em *Annales du musée Guimet*. Éd. Leroux, 1884.

FOUCHER, Alfred. *La Vie du Bouddha d'après les textes et les monuments de l'Inde*. Jean Maisonneuve, Librairie d'Amérique et d'Orient, 1987.

OLDENBERG, Hermann. *Le Bouddha: sa vie, sa doctrine, sa communauté*. Bibliothèque de philosophie contemporaine, Librairie Félix Alcan, 2ª edição francesa, 1903.

RAHULA, Walpola. *L'Enseignement du Bouddha. Études suivies d'un choix de textes*. Seuil, 1961.

RENOU, Louis e FILLIOZAT, Jean. *L'Inde classique. Manuel des études indiennes*, t. II. École française d'Extrême-Orient, 1953.

SCHUMANN, Hans Wolfgang. *Le Bouddha historique*. Sully, 1999.

SENART, Émile. *Mahavastu*. Imprimerie Nationale, 1882-1897.

WIJAYARATNA, Môhan. *Sermons du Bouddha*. Éd. du Cerf, 1988.

–. *Le Dernier Voyage du Bouddha*. Lis, 1998.

Em inglês:

DAVIDS, Thomas William Rhys. *Dialogues of the Buddha*, 3 vol., 1899. Pali Text Society, 1995.

LING, Trevor. *The Buddha*. Pelican Books, 1976.

NANAMOLI, *Bhikkhu*. *The Life of the Buddha According to the Pali Canon*. Buddhist Publication Society, Pariyatti Editions, 1992.

–. *The Middle Lenght Discourses of the Buddha*. Wisdom Publications, 2001.

THOMAS, E. J. *The Life of the Buddha as Legend and History*. Routledge & Kegan Paul, 1927.

Na internet, há acesso a vários trechos de textos canônicos, principalmente nos seguintes sites (em inglês):

uwf.edu/wmikulas/Webpage/Leaves/website

www.accesstoinsight.org/

www.canonpali.org

O BUDISMO

Em francês:

Au berceau du bouddhisme, dossier d'Archéologie n° 254. Faton, junho de 2000.

BAREAU, André. *Les Religions de l'Inde*, t. III: *Bouddhisme, jaïnisme, religions archaïques*. Payot, 1966.

–. *Les Sectes bouddhiques du Petit Véhicule*. École française d'Extrême-Orient, 1955.

BECHERT, Heinz e GOMBRICH, Richard (dir.). *Le Monde du bouddhisme*. Thames & Hudson, 1998.

BLOCH, Jules. *Les Inscriptions d'Ashoka*. Les Belles Lettres, 1950.

BURNOUF, Eugène. *Introduction à l'histoire du Bouddhisme indien*. Maisonneuve & Cie, 1876.

CONZE, Edward. *Le Bouddhisme dans son essence et son développement*. Payot, 1995.

Dictionnaire du bouddhisme. Encyclopaedia Universalis et Albin Michel, 1999.

LAMOTTE, Étienne. *Histoire du bouddhisme indien. Des origines à l'ère saka*. Publications universitaires de Louvain, 1958.

MEUWESE, C. (ed.). *L'Inde du Bouddha vue par des pèlerins chinois sous la dynastie Tang*. Calmann-Lévy, 1968.

MISHRA, Pankaj. *La Fin de la souffrance*. Buchet-Chastel, 2006.

Renou, Louis e Filliozat, Jean. *L'Inde classique. Manuel des études indiennes*, t. II. École française d'Extrême-Orient, 1953.

Silburn, Lilian. *Aux sources du bouddhisme*. Fayard, 1997.

Em inglês:

Akira, Hirakawa. *A History of Indian Buddhism from Sakyamuni to Early Mahayana*. University of Hawaii Press, 1990.

Conze, Edward. *Buddhist Thought in India. Three Phases of Buddhist Philosophy*. George, Allen and Unwin, 1963.

Herman, Arthur L. *An Introduction to Buddhist Thought*. University Press of America, 1983.

Ling, Trevor. *The Buddha*. Pelican Books, 1976.

Rowland, Benjamin. *The Art and Architecture of India Buddhist, Hindu and Jaina*. Penguin, 1953.

Warder, K. *Indian Buddhism*. Motilal Banarsidass, 1980.

A Índia Antiga

Em francês:

Basham, Arthur. *La Civilisation de l'Inde ancienne*. Arthaud, 1988.

Filliozat, Jean. *Les Philosophies de l'Inde*. Presses universitaires de France, 1970.

Franz, Heinrich. *L'Inde ancienne. Histoire et civilisation*. Bordas, 1990.

Kosambi, Damodar. *Culture et civilisation de l'Inde ancienne*. Maspéro, 1970.

Renou, Louis. *La civilisation de l'Inde ancienne*. Flammarion, 1981.

Renou, Louis e Filliozat, Jean. *L'Inde classique. Manuel des études indiennes*, 2 vol. École française d'Extrême-Orient, 1947, 1953.

Zimmer, Heinrich. *Les Philosophies de l'Inde*. Payot, 1978, 1997.

Em inglês:

Barua, Benimadhab. *A History of Pre-Buddhistic Indian Philosophy*. Motilal Banarsidass, 1921, 1970.

Bronkhorst, Johannes. *Greater Magadha. Studies in the Culture of Early India*. Brill, 2007.

JAINI, Padmanabh S. *The Jaina Path of Purification*. University of California Press, 1979.

THAPAR, Romila. *The Penguin History of Early India, from the Origins to AD 1300*. Penguin Books India, 2003.

A DESCOBERTA DO BUDISMO PELOS OCIDENTAIS

Em francês:

CLUET, Marc. (dir.) *La Fascination de l'Inde en Allemagne, 1800-1933*. Presses universitaires de Rennes, 2004.

DROIT, Roger-Pol. *L'Oubli de l'Inde. Une amnésie philosophique*. Presses universitaires de France, 1989.

–. *Le Culte du néant. Les philosophes et le Bouddha*. Seuil, 1997.

GIVE, Bernard de. *Les Rapports de l'Inde et de l'Occident. Des origines au règne d'Ashoka*. Les Indes savantes, 2005.

LENOIR, Frédéric. *La Rencontre du bouddhisme et de l'Occident*. Fayard, 1999.

LUBAC, Henri de. *La Rencontre du bouddhisme et de l'Occident*. Aubier, 1952.

Em inglês:

ALLEN, Charles. *The Buddha and the Sahibs. The Men who Discovered India's Lost Religion*. Paperback Edition, 2003.

SINGH, Upinder. *The Discovery of Ancient India. Early Archaeologists and the Beginnings of Archaeology*. Permanent Black Editions, 2004.

Notas

Prólogo

1. OLDENBERG, Hermann. *Le Bouddha: sa vie, sa doctrine, sa communauté*. Bibliothèque de philosophie contemporaine, Librairie Félix Alcan, 2ª edição francesa, 1903.

Nascimento

1. *Lalitavistara ou Développement des Jeux. L'histoire traditionnelle de la vie du Bouddha çakyamuni*. Traduzido por FOUCAUX, P. E. de. Em *Annales du musée Guimet*. Ed. Leroux, 1884.
2. Ibid.
3. Ibid.
4. Ibid.
5. Ibid.
6. Ibid.
7. Ibid.
8. Ibid.
9. Ibid.
10. *Majjhima-nikaya*, 123. Quando as fontes não estão determinadas, as referências das citações de textos canônicos correspondem à edição oficial da Pali Text Society (P.S.T.) de Londres, publicada desde 1822 até hoje.
11. *Lalitavistara*, op. cit.
12. Ibid.
13. Ibid.
14. Ibid.

Lumbini, 1896

1. ALEXANDRIE, Clément d'. *Stromates*. Citado em LUBAC, Henri de. *La Rencontre du bouddhisme et de l'Occident*. Aubier, 1952.
2. POLO, Marco. *La Description du monde*. Librairie générale française, 1998.
3. DIDEROT e d'ALEMBERT. *Encyclopédie*, artigo "Asiatiques", t.I, 1751.
4. LUBAC, op. cit.
5. OZEREY, Michel-Jean-François. *Recherches sur Buddon ou Bouddon, instituteur de l'Asie orientale, précédées.de considérations générales*. Citado em LUBAC, op. cit.
6. OLDENBERG, op. cit.
7. *Archeological Survey Reports*. Citado em SINGH, Upinder. *The Discovery of Ancient India. Early Archaeologists and the Beginnings of Archaeology*.

Permanent Black Editions, 2004. Tradução do inglês para o francês feita pela autora.

8. *A Record of Buddhistic Kingdoms: Being an Account by the Chinese Monk Fa-Hien of his Travels in India and Ceylon (A.D. 399-414) in Search of the Buddhist Books of Discipline*. Tradução do inglês para o francês feita pela autora.

9. BASHAM, Arthur L. *La Civilisation de l'Inde ancienne*. Arthaud, 1988.

10. MEUWESE, C. (edição.). *L'Inde du Bouddha vue par des pèlerins chinois sous la dynastie Tang*. Calmann-Lévy, 1968.

11. WADDELL, Lawrence Austine. Citado em ALLEN, CHARLES, *The Buddha and the Sahibs. The Men Who Discovered India's Lost Religion*. Paperback Edition, 2003. Tradução do inglês para o francês feita pela autora.

12. Ibid.

13. RICKETTS, Duncan. Citado em ALLEN, op. cit.

14. *Les Inscriptions d'Ashoka*. Traduzido por BLOCH, Jules. Les Belles Lettres, 1950.

15. WADDELL, Lawrence Austine. Citado em ALLEN, op. cit.

16. *Milinda-Paña. Les questions de Milinda*. Traduzido por FINOT, Louis. Gallimard, coleção "Connaissance de l'Orient", 1992.

17. Ibid.

CRIAÇÃO

1. *Lalitavistara*, op. cit.
2. Ibid.
3. Ibid.
4. Ibid.
5. Ibid.
6. Ibid.
7. Ibid.
8. Ibid.
9. Ibid.
10. Ibid.
11. *Sutta-nipata*, 3.
12. *Lalitavistara*, op. cit.
13. *Anguttara-nikaya*, 3.
14. *Lalitavistara*, op. cit.
15. Ibid.
16. Ibid.
17. Ibid.
18. Ibid.
19. *Sutta-nipata*, 3.
20. *Anguttara-nikaya*, 3.
21. Ibid.
22. Ibid.

NA FRONTEIRA

1. *A Record of Buddhistic Kingdoms: Being an Account by the Chinese Monk Fa-Hien of his Travels in India and Ceylon (A.D. 399-414) in Search of the Buddhist Books of Discipline*, op. cit.
2. Ibid.
3. MEUWESE, C. op. cit.
4. Ibid.

PARTIDA

1. *Mahasaccaka Sutta*.
2. Ibid.
3. *Mahavastu*.
4. Ibid.
5. *Vinayapitaka des Mahiçâsaka*. Citado em BAREAU, André. *En suivant Bouddha*. Éd. du Félin, 2000.
6. Ibid.
7. Ibid.
8. Ibid.
9. Ibid.
10. Ibid.
11. Ibid.
12. Ibid.
13. *Anguttara-nikaya*, 3.
14. *Majjhima-nikaya*, 36, 100.
15. *Vinayapitaka des Mahiçâsaka*, op. cit.
16. *Nidanakatha*.
17. *Lalitavistara*, op. cit.
18. Ibid.
19. Ibid.
20. *Buddhacharita*.

ÍNDIA, POR VOLTA DE 1800 A.C.

1. *The Hymns of the Rigveda, translated with a Popular Commentary*. Traduzido por GRIFFITH, Ralph T. H., LAZARUS, E.J. and Co., 1889. Tradução do inglês para o francês feita pela autora.
2. Ibid.
3. Ibid.
4. Ibid.
5. *Hymnes spéculatifs du Veda*. Traduzido por RENOU, Louis. Gallimard, coleção "Connaissance de l'Orient", 1956.
6. Ibid.

7. Ibid.
8. *Lalitavistara*, op. cit.
9. Ibid.
10. *Mahavastu*.

Busca

1. *Majjhima-nikaya*, 36.
2. Ibid.
3. Ibid.
4. Ibid.
5. *Sutta-nipata*, 3.
6. Ibid.
7. Ibid.
8. Ibid.
9. Ibid.
10. *Lalitavistara*, op. cit.
11. Ibid.
12. Ibid.
13. Ibid.
14. *Majjhima-nikaya*, 36.
15. Ibid.
16. *Majjhima-nikaya*, 4.
17. Ibid, 36.
18. Ibid.
19. Ibid.
20. *Vinayapitaka des Dharmaguptaka*. Citado em BAREAU, André, op. cit.
21. *Vinayapitaka des Mahiçâsaka*, op. cit.

Vale do Ganges, por volta de 500 a.C.

1. BAREAU, André. "Les origines de la pensée bouddhique", conferência do Institut Bouddhique Truc Iâm, 24 de maio de 1987. Publicado na seguinte página de internet: http://cusi.free.fr/fra/fra0070.htm
2. *Lalitavistara*, op. cit.
3. *Chandogya Upanishad*.
4. *Digha-nikaya*, 2.
5. Ibid.
6. *Anguttara-nikaya*, 3.
7. *Digha-nikaya*, 2.
8. *Katha Upanishad*.
9. *Praçna Upanishad*.

Iluminação

1. *Lalitavistara*, op. cit.
2. Ibid.
3. Ibid.
4. Ibid.
5. Ibid.
6. Ibid.
7. *Jataka*, 1.
8. *Lalitavistara*, op. cit.
9. Ibid.
10. Ibid.
11. Ibid.
12. Ibid.
13. Ibid.
14. *Jataka*, 1.
15. Ibid.
16. *Mahavagga*, 1.
17. *Majjhima-nikaya*, 36.
18. Ibid.
19. *Lalitavistara*, op. cit.
20. Ibid.
21. *Majjhima-nikaya*, 26.
22. *Dhammapada Sutta*.
23. *Mahavagga*, 1.
24. *Lalitavistara*, op. cit.
25. Ibid.
26. Ibid.
27. Ibid.
28. Ibid.
29. *Mahavagga*, 1.
30. *Majjhima-nikaya*, 26.
31. Ibid.
32. Ibid.
33. Ibid.
34. Ibid.
35. Ibid.
36. Ibid.
37. Ibid.
38. Ibid.

A lenda ilustrada

1. *Lalitavistara*, op. cit.
2. *Sutta Pitaka*.

3. Ibid.
4. *Lalitavistara*, op. cit.
5. Ibid.
6. *Milinda-Pañha*. op. cit.
7. *Majjhima Nikaya*, 26.
8. MEUWESE, C. op. cit.

Sermão

1. *Lalitavistara*, op. cit.
2. *Majjhima-nikaya*, 26.
3. *Lalitavistara*, op. cit.
4. Ibid.
5. Ibid.
6. *Atharva Veda*.
7. *Lalitavistara*, op. cit.
8. *Majjhima-nikaya*, 26.
9. *Lalitavistara*, op. cit.
10. Ibid.
11. *Majjhima-nikaya*, 26.
12. *Mahavagga*, 1.
13. *Lalitavistara*, op. cit.
14. Ibid.
15. *Mahavagga*, 1.
16. *Dhamma-cakkappavattana Sutta*.
17. *Lalitavistara*, op. cit.
18. *Mahavagga*, 1.
19. *Anattalakkhana Sutta*.
20. Ibid.
21. Ibid.
22. Ibid.
23. *Lalitavistara*, op. cit.

Europa, século XIX

1. QUILICI, Leana e RAGGHIANTI, Renzo. *Lettres curieuses sur la Renaissance orientale des frères Humboldt, d'August Schlegel et d'autres, avec en appendice quelques lettres de Constant, Renan, Thierry et Tocqueville.* Cromohs (Cyber Review of Modern Historiography), http://www.eliohs.unifi.it, 2008.

2. LUBAC, Henri de. op. cit.

3. SCHWAB, Raymond. *La Renaissance orientale*, Payot, 1953.

4. Ibid.

5. DROIT, Roger-Pol. *L'Oubli de l'Inde. Une amnésie philosophique*. Presses universitaires de France, 1989.

6. Levi, Sylvain. Citado em LUBAC, Henri de. op. cit.

7. Barthélemy-Saint-Hilaire, Jules. *Le Bouddha et sa religion*. Didier et Cie, 1866.

8. *Anattalakkhana Sutta*.

9. Droit, Roger-Pol. *Le Culte du néant. Les philosophes et le Bouddha*. Éd. du Seuil, 1997.

10. Hegel, G. W. F. Citado em DROIT, op. cit.

11. Ibid.

12. Barthélemy-Saint-Hilaire, Jules. op. cit.

13. Nietzsche, Friedrich. *Ecce homo*, "Comment on devient ce que l'on est". Gallimard, 1978.

14. Nietzsche, Friedrich. *Fragment posthume du printemps* (1888), em *Oeuvres philosophiques complètes*. Gallimard, 1976.

15. *Mahavagga*, 1.

16. Freud, Sigmund. *Malaise dans la civilisation*, 1930.

Conversões

1. *Majjhima-nikaya*, 26.

2. *Mahavagga*, 1.

3. *Vinayapitaka des Dharmagupta*, op cit.

4. Ibid.

5. Ibid.

6. *Sutta Pitaka*.

7. *Cullavagga*, 6.

8. *Mahavagga*, 1.

9. *Vinayapitaka des Dharmagupta*, op. cit.

10. *Mahavagga*, 1.

11. Ibid.

12. *Vinayapitaka des Dharmagupta*, op. cit.

13. *Sutta Pitaka*.

De Sarnath a Varanasi

1. Citado em *Dictionnaire du bouddhisme*, artigo "Sarnath". REGNIER, Rita. Encyclopaedia Universalis / Albin Michel, 1999.

2. *Les Inscriptions d'Ashoka*, op. cit.

3. Vasto, Lanza del. *Le Pèlerinage aux sources*. Denoël, 1943.

Milagres

1. *Vinayapitaka des Dharmagupta*, op. cit.

2. *Mahavagga*, 1.

3. *Vinayapitaka des Dharmagupta*, op. cit.

4. Ibid.
5. Ibid.
6. Ibid.
7. Ibid.
8. Ibid.
9. *Mahavagga*, 1.
10. *Vinayapitaka des Mahîçâsaka*, op. cit.
11. *Adittapariyaya Sutta*.
12. *Vinayapitaka des Mahîçâsaka*, op. cit.
13. *Mahavagga*, 1.
14. *Vinayapitaka des Mahîçâsaka*, op. cit.
15. *Mahavagga*, 1.

AUTÓPSIA LITERÁRIA

1. *Les Inscriptions d'Ashoka*, op. cit.
2. *Vinayapitaka des Mahîçâsaka*, op. cit.
3. DUMÉZIL, Georges. *Mythe et Épopée*. Gallimard, 1995.

RECRUTAMENTO

1. *Nidana-Katha*.
2. *Theragatha*.
3. *Vinayapitaka des Dharmagupta*, op. cit.
4. Ibid.
5. Citado em FOUCHER, Alfred. *La Vie du Bouddha d'après les textes et les monuments de l'Inde*. Jean Maisonneuve, Libraire d'Amérique et d'Orient, 1987.
6. Ibid.
7. Ibid.
8. *Lalitavistara*, op. cit.
9. *Cullavagga*, 10.
10. Ibid.
11. Ibid.
12. Ibid.

NAGPUR, 1956

1. AMBEDKAR, Bhimrao Ramji. *Dr. Babasaheb Ambedkar, Writings and Speeches*. Government of Maharashtra, Education Department, 1991. Tradução do inglês para o francês feita pela autora.
2. Ibid.
3. Ibid.
4. *Digha-nikaya*, 16.
5. *Sutta-nipata*, 1.

6. *Theragatha*.
7. *Majjhima-nikaya*, 135.

Missão

1. *Cullavagga*, 6.
2. *Sutta Pitaka*.
3. *Mahavagga*, 8.
4. Ibid. 10.
5. *Majjhima-nikaya*, 89.
6. *Lalitavistara*, op. cit.

Ajanta, 1819

1. ALLEN, Charles. *The Buddha and the Sahibs*. Paperback Edition, 2003. Tradução do inglês para o francês feita pela autora.
2. *Samyutta-nikaya*, 10.
3. *Dhammapada*, 239.
4. *Mahatanhasankhaya Sutta*.
5. *Mahavagga*, 2.
6. *Vinaya Pitaka*.

Rivalidades

1. Citado em FOUCHER, Alfred. op. cit.
2. Ibid.
3. Ibid.
4. Ibid.
5. Ibid.
6. Ibid.
7. Ibid.
8. Ibid.
9. *Cullavaga*, 7.
10. Ibid.
11. Ibid.
12. Ibid.
13. Ibid.
14. Ibid.

Semelhanças perturbadoras

1. POLO, op. cit.
2. GIRARD, René. *Les Origines de la culture*. Desclée de Brouwer, 2004.
3. *Majjhima-nikaya*, 56.

Extinção

1. *Vinaya Pitaka*.
2. *Digha-nikaya*, 16.
3. Ibid.
4. *Ekottara-agama*, citado em Bareau, André. *Recherches sur la biographie du Buddha dans les Sutrapitaka et les Vinayapitaka anciens*, vol. III. Presses de l'École française d'Extrême-Orient, 1995.
5. *Digha-nikaya*, 16.
6. Ibid.
7. *Anguttara-nikaya*, 4.

Kushinagar, 637

1. Meuwese, C. op. cit.
2. Ibid.
3. Ibid.
4. Ibid.
5. Ibid.
6. Citado em "Buried with the Buddha", The Sunday Times, 21 de março de 2004. Tradução do inglês para o francês feita pela autora.
7. *Digha-nikaya*, 16.
8. Ibid.
9. *Culamalunkya-sutta*.
10. Ibid.
11. Bareau, André. op. cit.
12. Citado em Levy, André. *Les Pèlerins bouddhistes*. Jean-Claude Lattès, 1995.

Epílogo

1. Eracle, Jean. *Paroles du Bouddha tirées de la tradition primitive*. Ed. du Seuil, 1991.
2. Lévi-Strauss, Claude, *Tristes Tropiques*, Plon, 1955.
3. Hugo, Victor. *Quatrevingt-treize*. Le Livre de Poche, 2001.
4. *Digha-nikaya*, 16.
5. *Udana*, 7.

Sobre a autora

Formada em línguas orientais, Sophie Royer é especialista em estudos da Índia, país para o qual viaja com regularidade. Durante dois anos, ela produziu e apresentou o programa de televisão *India*, transmitido pela internet (Canalweb). Ela é autora do guia *Les Indes à Paris* (A Índia em Paris, Parigramme, 2002) e coautora de diversas obras – entre elas *Larousse das civilizações antigas* (Larousse, 2006) e *Le Goût de l'Afghanistan* (O gosto do Afeganistão, Mercure de France, 2007). Também participou recentemente da criação do roteiro de diversos documentários, entre eles *Ganga mata* e *Le Monastère de Lamayuru*.

lepmeditores
www.lpm.com.br
o site que conta tudo

IMPRESSÃO:

PALLOTTI
GRÁFICA

Santa Maria - RS | Fone: (55) 3220.4500
www.graficapallotti.com.br